Alzheimer

O programa inovador para prevenção e tratamento

DRA. SANDRA CABOT

EDITORA FUNDAMENTO

2014, Editora Fundamento Educacional Ltda.

Editor e edição de texto: Editora Fundamento
Arte de capa: Zuleika Iamashita
Editoração eletrônica: Bella Ventura Eventos Ltda. (Lorena do Rocio Mariotto)
CTP e impressão: SVP - Gráfica Pallotti
Tradução: A. Mendes Serviços de Processamentos e Análise de Dados Ltda
(Ana Maria Mendes Tavares)
Revisão técnica: Marco Fábio Prata Lima

Dados Internacionais de Catalogação na Publicação (CIP)
(Maria Isabel Schiavon Kinasz)

Cabot, Sandra
C116 Alzheimer: O programa inovador para prevenção e tratamento / Sandra Cabot ; [versão brasileira da editora] - 1.ed. - São Paulo, SP : Editora Fundamento Educacional Ltda., 2014.

Título original: Alzheimer's : What you must know to protect your brain and improve your memory

1. Alzheimer, Doença de. 2. Cérebro - Doenças. I. Título.

CDD 616.831 (22.ed)
CDU 616.89

Índices para catálogo sistemático:
1. Doença de Alzheimer 616.831

Fundação Biblioteca Nacional

Depósito legal na Biblioteca Nacional, conforme Decreto nº 1.825, de dezembro de 1907.

Impresso no Brasil

Telefone: (41) 3015 9700
E-mail: info@editorafundamento.com.br
Site: www.editorafundamento.com.br

Esse livro foi impresso em papel pólen soft 80g/m² e a capa em papel-cartão 250 g/m².

ALZHEIMER

O programa inovador para prevenção e tratamento

Tudo de que você precisa saber para proteger o seu cérebro e melhorar a sua memória.

Este livro é dedicado às mulheres das classes menos privilegiadas.

Introdução

Sensatez, paz e felicidade deveriam ser estados de espírito característicos da idade avançada. Envelhecer é inevitável, e preferimos imaginar que as pessoas idosas convivem com os amigos e a família, experimentam sentimentos intensos, obtêm prazer com as memórias e com os relacionamentos construídos ao longo da vida.

O cérebro saudável e funcional é a melhor ferramenta para tirar proveito da idade.

Podemos nos acostumar com os cabelos brancos e ralos, com a artrite, com menos energia e com a pele enrugada. Afinal, isso é envelhecer, certo? Mas perder a destreza mental e a capacidade de desfrutar nossas conquistas intelectuais e paixões não é aceitável – em particular quando podemos prevenir a deterioração do cérebro.

Na guerra contra a demência, o tempo é o nosso pior inimigo. Não podemos esperar até que seja tarde demais para começar a luta contra a perda da saúde cerebral.

Minha mãe, professora de literatura inglesa, costumava citar o escritor Tennessee Williams[1], autor do livro *Doce Pássaro da Juventude*. Para ele, as três tragédias da vida são estas.

- A deterioração da beleza nas mulheres.
- A perda da virilidade nos homens.
- A passagem do tempo, o grande inimigo.

---

[1] **Tennessee Williams** (pseudônimo de **Thomas Lanier Williams**; Columbus, 26 de março de 1911 – Nova York, 25 de fevereiro de 1983) foi um dramaturgo norte-americano, ganhador de muitos prêmios. Williams foi o vencedor do Prêmio Pulitzer em 1948 e em 1955. Suas peças receberam prêmios do New York Drama Critics' Circle. O livro *Sweet Bird of Youth* [*Doce Pássaro da Juventude*] foi adaptado para o cinema e para o teatro. No Brasil, *O Doce Pássaro da Juventude* estreou em 1960, com Glauce Rocha e Mauro Mendonça. Outra peça sua, *The Rose Tattoo*, de 1952, recebeu o Tony Award. Em 1980, Williams recebeu, do presidente Jimmy Carter, a Medalha Presidencial da Liberdade.

A médio prazo, acredito que essas "tragédias" continuarão a ser inevitáveis. Entretanto, o golpe final é a ruína do cérebro. É ele quem diferencia os humanos dos animais, e é uma pena que, para tantos, esse grande presente seja tão frágil.

Não será fácil encontrar a cura para a demência degenerativa – em especial para o mal de Alzheimer –, pois as células cerebrais mortas ou danificadas não podem ser substituídas. Pode ser que, um dia, um milagre da engenharia genética possibilite o cultivo de células cerebrais saudáveis a partir de células-tronco. Mas esse recurso só estará disponível para os muito ricos.

PODEMOS PREVENIR OU DETER O PROGRESSO DA DEMÊNCIA E DO ALZHEIMER SE AGIRMOS NOS ESTÁDIOS INICIAIS DA DOENÇA.

Porém, podemos prevenir ou deter o progresso da demência e do Alzheimer se agirmos nos estádios iniciais da doença. Qualquer pessoa pode lançar mão dessas estratégias. O objetivo deste livro é ajudar a proteger o cérebro contra a devastação causada pelo tempo e pelas influências destrutivas, internas e externas, que aceleram a degeneração das células do sistema nervoso.

Devemos tomar medidas urgentes, antes que o quadro se agrave

A próxima epidemia que devastará a geração dos "baby boomers"[2] será a demência, e o mal de Alzheimer é a sua forma mais comum. Essa geração mudou de modo positivo a sociedade e acumulou riquezas para desfrutar os anos dourados da aposentadoria. Trabalharam muito, e a última coisa que querem é ficar impotentes e não poderem usufruir os benefícios do próprio trabalho, ou não se lembrarem dos detalhes e das experiências que os tornaram as pessoas singulares que são.

[2] Expressão utilizada em referência aos "filhos" da 2ª Guerra Mundial, visto que, logo após o conflito, houve uma explosão populacional. Nascidos entre 1945 e 1964, hoje são indivíduos que eram jovens durante as décadas de 60 e 70 e que acompanharam de perto as mudanças culturais e sociais dessas duas décadas.

O mal de Alzheimer destrói as células cerebrais e leva a uma condição não funcional, que se traduz na incapacidade total. Logo, a doença nos mata.

A boa notícia é que é possível reparar o dano ao cérebro, como demonstrou um estudo da Universidade do Estado da Carolina do Norte, nos Estados Unidos, que avaliou os efeitos do álcool sobre as células. Os pesquisadores estudaram consumidores crônicos de bebidas alcoólicas e descobriram que, após quatro ou cinco semanas de abstinência, havia formação de novas células nas áreas cerebrais danificadas.

Com certeza, o cérebro passa por um surto de crescimento depois que paramos de consumir quantidades excessivas de álcool.

O abuso crônico dessa substância deteriora partes do cérebro – tais como os lobos frontais e o hipocampo – que estão envolvidas com as atividades de planejamento, aprendizado, pensamento racional e memória. No estudo mencionado, publicado no *Journal of Neurology* (uma publicação internacional da Associação Europeia de Neurologia), os pesquisadores administraram, por quatro dias, álcool a ratos adultos em quantidades comparáveis às ingeridas por humanos consumidores crônicos. Essa quantidade impediu o crescimento de novas células. Porém, depois de quatro ou cinco semanas de abstinência, houve aumento significativo no número de novas células cerebrais. De fato, a proliferação de células cerebrais dobrou após sete dias de abstinência.

Em outro estudo – publicado no jornal Science (uma das publicações do grupo *American Association for the Advancement of Science*) durante a fase final de produção deste livro –, testes realizados em ratos sugeriram que os danos cerebrais causados pelo mal de Alzheimer podem ser, pelo menos em parte, revertidos. Os ratos foram alterados geneticamente de modo que desenvolvessem demência. Entretanto, quando os genes alterados foram desabilitados, a demência parou de progredir, e os ratos melhoraram. Essa recuperação não era esperada.

Embora a abordagem de tratamento dos ratos e dos humanos seja muito diferente, essa pesquisa é inspiradora e derruba a teoria de que não há crescimento de novas células em animais adultos e/ou que as funções cerebrais perdidas não podem ser restabelecidas. No passado, os cientistas acreditavam que o número total de células no cérebro dos adultos era definido na concepção e que, posteriormente, as mudanças se limitavam às alterações no número de conexões entre as células existentes. As pesquisas atuais mostram que cérebros de adultos podem produzir novas células ao longo da vida.

O aprendizado de novas habilidades e as informações recém-adquiridas estimulam a produção de células cerebrais. Com a minha prática médica descobri que a dieta saudável, o exercício regular e suplementos específicos podem favorecer o crescimento e a regeneração das células cerebrais danificadas. Portanto, nunca é tarde para tentar restaurar a saúde do cérebro em pessoas com o mal de Alzheimer ou com outras formas de demência. Essa abordagem funciona, também, para aqueles com memória fraca, e não só para os que sofrem de Alzheimer.

Tudo se resume na qualidade de vida e na felicidade individual e da família, pois a demência pode impedir estas ações.

- A condução de um carro.
- A prática de esportes ou das atividades favoritas.
- A leitura de um livro, o uso do computador, do telefone ou da televisão.
- A administração de contas bancárias .
- A identificação do local onde guardamos a chave de casa.
- A expressão de opiniões.
- A interpretação ou a evocação de fatos imediatos.
- A lembrança dos acontecimentos nos últimos cinco minutos.
- O preparo de refeições.
- O ato de vestir-se.
- A ida às compras ou sair para viajar.

- O reconhecimento dos amigos e dos parentes.
- As demonstrações de afeto.

Infelizmente, quando sofremos do mal de Alzheimer, esses tipos de problemas tendem a piorar – salvo se agirmos. O ritmo da deterioração varia, e pode ser que a doença leve trinta anos para se instalar no cérebro e matar células, antes de acabar, de vez, com a nossa vida. Não tenha dúvida: o Alzheimer pode matar.

Quando não é tratado, ele progride e é fatal. Como veremos no Capítulo 1, há cerca de 170 mil vítimas do Alzheimer somente na Austrália – e, por semana, aproximadamente, 1.000 novos pacientes são diagnosticados com alguma forma de demência adulta e com o Alzheimer, inclusive. Nos Estados Unidos, a situação é bem pior – 1.000 novos pacientes são diagnosticados **por dia.** Anualmente, em média, essa doença mata 100 mil americanos. Esses números são alarmantes e continuam crescendo. Mas não se desespere.

Neste livro, que se baseia em estudos e pesquisas cuidadosas e em anos de prática médica, você encontrará esperança e muitas opções para enfrentar a sua batalha pessoal na prevenção do Alzheimer, ou para impedir a progressão desta e de outras formas de demência. Apresento um programa sensível e fácil, de **Quatro pontos**, que protege e exercita o cérebro. Você poderá adicionar muitos anos saudáveis e produtivos à sua vida. Esse programa é uma ótima oportunidade para salvar o seu cérebro, com um método sensível, tirando vantagem dos últimos avanços na área da Nutrição.

Leia e descubra como poderá vencer a luta contra o mal de Alzheimer, antes que ele saia vitorioso.

Capítulo 1

O QUE É O ALZHEIMER?

A memória e a capacidade de recordar, vividamente, as experiências que vivenciamos estão entre os aspectos mais importantes da boa saúde. Sem uma evocação clara - ou seja, a lembrança dos eventos rotineiros, tanto passados quanto presentes –, perdemos muitas, se não todas, as conexões com a nossa história, além de perdermos a capacidade de planejar e de buscar um futuro feliz.

A vida sem memória é, essencialmente, uma vida sem existência.

Como médica e autora, com interesse mais do que passageiro pela memória e suas desordens, incluindo a demência, posso afirmar que um dos tópicos mais debatidos na área da saúde é a perda de memória potencial - em especial entre os idosos e a geração de "baby boomers", que, agora, envelhece. Os casos graves de perda de memória afetam os pacientes e suas famílias; embora nem o mal de Alzheimer nem a demência possam ser considerados a grande ameaça que todos tanto temem, principalmente para as pessoas que não chegaram à idade da aposentadoria. Como veremos ao longo deste livro, podemos tomar medidas específicas para prevenir, ou amenizar, os sintomas do mal de Alzheimer e de outras doenças que prejudicam, e muito, a memória.

A MEMÓRIA HUMANA PODE RESGATAR FATOS MAIS RÁPIDO DO QUE QUALQUER COMPUTADOR E ARMAZENAR TANTAS INFORMAÇÕES QUANTO UM PUNHADO DE *CHIPS*.

AS CAUSAS DA PERDA DE MEMÓRIA

Quais são as causas mais comuns da perda de memória, e com que frequência esse problema altera a qualidade de vida?

O grau de importância que damos aos lapsos de memória, muitas vezes, é uma medida individual. Por exemplo, aos 20 anos, não esquecíamos onde havíamos colocado o livro que estávamos lendo – com certeza, alguém o mudou de lugar. Aos 30, podemos não lembrar o nome de um amigo de longa data que encontramos na rua; mas, neste caso, o esquecimento foi devido à verdadeira canseira que as crianças deram e à falta de sono. Aos 40, já na porta do mercado, sem saber mais qual era o único item que faltava e que motivou a saída de casa... bem, o excesso de trabalho pode se fazer sentir de diferentes modos. De qualquer maneira, foram esses os motivos que usamos para desculpar os lapsos de memória.

Entretanto, aos 50 anos, à noite, quando paramos no meio da sala sem ter a menor ideia do que estamos procurando, começamos a nos preocupar com a memória e com o fato de que esse lapso pode ser um sinal de problemas sérios no futuro. Será que o que nos aguarda é o mal de Alzheimer? A resposta mais provável é "não".

Na realidade, todos esquecem alguma coisa – uns mais do que os outros, é claro. O esquecimento e a perda de memória temporária são eventos comuns. De modo geral, a memória humana pode resgatar fatos mais rápido do que qualquer computador e armazenar tantas informações quanto um punhado de *chips*. Porém, ela não é perfeita, principalmente quando não há um bom motivo para lembrar.

Não esquecemos a bicicleta vermelha que ganhamos de Natal, aos 7 anos de idade. Mas será que conseguimos nos lembrar de todos os presentes que ganhamos naquele ano? O mesmo se aplica ao primeiro baile do qual participamos. Provavelmente, nos lembraremos do vestido longo, branco com debruns azuis. Mas será que conseguimos nos lembrar do gosto do coquetel de frutas? Ou do bolo que comemos? Se sim, somos um em cada milhão. Esse tipo de memória seletiva – lembrar-se do vestido branco e não do bolo – é uma bênção, pois ela serve para evitar a sobrecarga com informações que são irrelevantes e, em sua maioria, inúteis.

A memória seletiva tem uma prima de primeiro grau, que é quase sempre inofensiva, mas que pode ser frustrante, à qual chamo de NLAH (Não Lembro o que Aconteceu Hoje). A NLAH é um fenômeno recente causado, principalmente, pelo volume de informações que recebemos desta nossa sociedade moderna, onde todos têm números diferentes de telefone fixo, de celular e de fax, sem falar nas senhas de computador e nos endereços de correio eletrônico. Isso é só o começo, pois, diariamente, o cérebro recebe informações e algarismos novos, além de números de contato que raramente usaremos. É muita informação, e, portanto, acredito que em um determinado ponto o cérebro resolva o problema com uma boa "faxina".

Vamos imaginar que o cérebro seja a despensa da cozinha da nossa casa e que os alimentos guardados sejam a nossa memória. Em geral, além dos alimentos que usamos com frequência, colocamos na despensa a comida enlatada que nunca usaremos. Então, o que fazemos? De vez em quando, fazemos uma limpeza geral: separamos os enlatados que estão acumulando poeira para dar para alguém que possa usá-los. Se não vamos usá-los, por que guardar? Certo?

A mente humana opera de modo similar e descarta as informações que não vai usar, mantendo as favoritas. Entretanto, algumas vezes, pode ser que ela, por engano, jogue fora uma caixa de bombons de cereja junto com um pote de patê com a validade vencida. Da próxima vez que quisermos comer um bombom, o sentimento estranho de NLAH nos torturará. Onde estão os bombons? Onde foram guardados? Entretanto – e acho que todos concordarão –, com um pouco de concentração e tempo, encontraremos os bombons.

Mesmo assim, quando o sentimento de que há algo errado com a memória persiste – quando achamos que o problema é mais sério do que uma crise de memória seletiva, ou um caso de NLAH –, é possível que haja uma questão subjacente.

ALÉM DO MAL DE ALZHEIMER E DE OUTRAS FORMAS DE DEMÊNCIA, AS CAUSAS MAIS FREQUENTES PARA AS PERDAS DE MEMÓRIA SÃO ESTAS.

▪ DEPRESSÃO

Quando nos sentimos deprimidos, priorizamos os aspectos mais negativos da vida e do mundo ao nosso redor. Além disso, tendemos a nos esconder no nosso pequeno universo, aquele que gira em torno do nosso umbigo. Dessa forma, pode ser que não tenhamos consciência plena do que acontece no mundo exterior.

As pessoas deprimidas, frequentemente, ficam agitadas e, nesse estado, dificilmente conseguem se concentrar. Portanto, a depressão é a causa principal da perda de memória.

▪ ESTRESSE

O estresse é outro fator comum de perda da memória. Quase todos os eventos estressantes podem afetar a nossa capacidade de armazenar e de evocar fatos. Eles incluem conflitos profissionais, um casamento problemático, relações tensas com os filhos ou com outros membros da família, problemas financeiros causados pelo desemprego ou por investimentos ruins, problemas legais ou médicos, ou morte na família. De modo geral, com o passar do tempo, a situação estressante se resolve, ou se ameniza; e, consequentemente, os lapsos de memória causados pelo estresse diminuem.

▪ ENVELHECIMENTO

À medida que envelhecemos, o organismo perde parte da sua força e resistência, bem como, muitas vezes, o cérebro e a memória perdem a agilidade. Nem todos sofrem essas perdas, e artigos médicos publicados em revistas especializadas afirmam que a memória funciona como um músculo: quanto mais usada, mais forte fica. No decorrer deste livro será detalhado um **Programa de quatro pontos**, construído com base em dieta, suplementos e exercícios para a memória que ajudam a manter a mente forte e ágil, como a de um jovem de 20 anos. Os problemas de memória associados, estritamente, ao envelhecimento – e eles acontecem – são chamados de Prejuízo da Memória Associado à Idade (PMAI). Com frequência, o PMAI é considerado normal, mas pode ser evitado com estratégias antienvelhecimento para estimular o cérebro.

▪ ANSIEDADE

A ansiedade, do mesmo modo que o estresse, pode afetar a capacidade de concentração e levar ao pânico, quando é importante nos lembrarmos de algo e não conseguimos. Dar uma palestra, ou responder às perguntas de um auditório, causa ansiedade na maior parte das pessoas. Esse sentimento, por sua vez, dificulta a formulação de pensamentos complexos, porque parte da mente está tentando não cometer erros e manter a calma. As situações que provocam ansiedade, quando nos sentimos ameaçados ou sem controle, podem gerar uma injeção de adrenalina no cérebro, que embaralha os processos de raciocínio. A ansiedade pode afetar a memória em qualquer idade.

▪ PROBLEMAS DE SAÚDE

Muitas indisposições ou condições físicas podem prejudicar as funções da memória, incluindo estas.

Pressão alta: causa congestão no cérebro.

Acidente vascular: mata as células cerebrais.

Infecções virais: causam inflamação cerebral.

Dor crônica: toma toda a nossa atenção.

Lesões na cabeça: traumatizam as células cerebrais e deixam cicatrizes não funcionais nos tecidos do cérebro.

Anemia: reduz o suprimento de oxigênio no cérebro.

Doença hepática: permite que químicos tóxicos e amônia perturbem a função das células cerebrais (leia mais sobre o assunto no meu livro *The Liver Cleasing Diet*) .

Disfunções cardíacas e respiratórias: podem reduzir o suprimento de oxigênio para o cérebro.

Enxaquecas: reduzem a circulação de sangue no cérebro.

AIDS: em muitos pacientes com imunodeficiência humana (HIV), o vírus ataca as células do cérebro, levando a um tipo de demência.

Doença de Parkinson[3]**:** é um processo degenerativo que pode afetar não somente os centros motores do cérebro, mas, também, os da memória.

Diabete e síndrome metabólica: quando o nível de glicose no sangue causa dano às proteínas no cérebro.

Hipotireoidismo: pode causar disfunção grave da memória e lentidão de pensamento, especialmente quando essa condição não é diagnosticada de imediato. Felizmente, uma vez que se inicie o tratamento, a memória é restaurada sem maiores complicações. Portanto, quando achamos que, mentalmente, estamos vagarosos, devemos consultar o médico para verificar a situação da glândula tireoide, mediante um exame de sangue simples. Podemos nos surpreender!

Deficiência de vitaminas e minerais: em especial das vitaminas dos grupos B e C, ou de selênio, podem causar confusão e lentidão mental. As deficiências de proteína podem reduzir a produção dos químicos cerebrais (neurotransmissores) que repassam as mensagens entre as células do cérebro.

Desidratação: o cérebro desidratado é um cérebro com um volume menor, que, por diversos motivos, não funciona de modo eficaz. A água é o elixir da vida e a fonte de juventude para o cérebro. Muitas pessoas vivem em estado de desidratação crô-

[3] A **doença de Parkinson** ou **mal de Parkinson**, descrita pela primeira vez por James Parkinson, em 1817, é caracterizada por uma desordem progressiva do movimento em decorrência da disfunção dos neurônios secretores de dopamina nos gânglios da base, que controlam e ajustam a transmissão dos comandos conscientes vindos do córtex cerebral para os músculos do corpo humano.

nica, a qual causa dores de cabeça, cérebro anuviado e memória deficiente.

Insônia crônica: causa fadiga profunda, dificuldades de concentração e aumenta tanto a probabilidade de cometermos erros quanto os problemas de memória.

Anestesia geral: algumas vezes pode causar perda de memória, embora em 100% dos casos esse estado seja temporário.

▪ ABUSO DE SUBSTÂNCIAS TÓXICAS

Qualquer substância que entorpeça o cérebro tende a afetar de modo negativo a memória. Abusos dessa natureza variam do uso excessivo de álcool e do alcoolismo crônico ao de diversas substâncias legais e ilegais. Por exemplo, está cientificamente provado que a maconha causa problemas de perda de memória imediata, enquanto outras substâncias mais potentes – como a metanfetamina[4] – podem desencadear lapsos prolongados de memória, em especial nas pessoas dependentes. Outra causa de perda de memória relacionada ao abuso de substâncias tóxicas é o uso excessivo de sedativos e tranquilizantes.

Há outros fatores que prejudicam a memória que não incluem a demência. Felizmente, para a maior parte das pessoas a perda de memória não é permanente.

COMO MELHORAR A MEMÓRIA

Há diversas opções para aliviar, gradualmente, as preocupações com a memória e para aumentar a autoconfiança e conseguir realizar as tarefas diárias com mais tranquilidade.

---

[4] A **metanfetamina (MA)** é uma droga estimulante do sistema nervoso central (SNC), muito potente e altamente viciante, cujos efeitos se manifestam no sistema nervoso central e periférico. A metanfetamina tem-se vulgarizado como droga recreativa em função de seus efeitos agradáveis intensos, tais como a euforia, o aumento do estado de alerta, da autoestima, do apetite sexual, da percepção das sensações e pela intensificação de emoções.

RECOMENDO ESTAS ESTRATÉGIAS MENTAIS E COMPORTAMENTAIS.

- **PRESTE ATENÇÃO**

Ao longo dos anos, alguns pacientes chegavam ao meu consultório com sintomas que, na opinião deles, traduziam um problema médico grave. Quando descobriam que estavam enganados e que não havia nenhum perigo imediato, perdiam a concentração e o foco e não prestavam a devida atenção à causa das suas condições, deixando de lado as medidas que poderiam tomar para prevenir ou reverter a situação. É difícil evocar fatos que passaram quase despercebidos. Precisamos treinar o cérebro a permanecer focado - isso requer disciplina, mas qualquer pessoa tem condições de fazê-lo. Precisamos repetir "Eu tenho que me concentrar no que está ao meu redor, no meu ambiente imediato". A prática diária desse exercício faz com que ele fique cada vez mais fácil - e a memória melhorará, significativamente.

- **DESACELERE E NÃO TENHA PRESSA**

Desacelerar permite a absorção de mais informação, e isso melhora a capacidade de recordar, ajudando a aperfeiçoar a consciência da situação imediata e a evitar acidentes – o que pode salvar vidas. Além disso, se prestarmos atenção e tomarmos consciência dos detalhes do ambiente, podemos nos surpreender com quanto mais agradável a vida nos parecerá.

- **ANOTE O QUE NÃO DEVE ESQUECER**

Quando sentimos que a memória está falhando, é recomendável anotar os números ou os fatos essenciais em situações ou durante discussões importantes. O simples ato de escrever ajudará a nos lembrarmos do fato mais tarde. Além disso, a escrita, ou a digitação no computador, servirá como apoio no futuro. Todos os dias faço uma lista, por escrito, das coisas que preciso fazer e, sem ela, não sei como poderia administrar meu dia, que é atarefado e complicado. Fazer uma lista de tarefas ocupa, em média, cinco minutos do meu tempo. Entretanto, é tão eficaz que alguns dos meus amigos e colegas de trabalho afirmam que a minha memória é fotográfica!

▪ RELAXE

Aprender a relaxar acalma, aumenta a capacidade de concentração e melhora a memória. Quando estamos relaxados, e podemos nos concentrar na tarefa ou na situação imediata, a probabilidade de nos distrairmos é menor. Para relaxar: sente-se e respire profundamente – o relaxamento oferece uma perspectiva totalmente diferente da situação. A melhor hora para as reflexões profundas e a meditação é à noite, quando estamos sozinhos em casa. Essa prática pode nos deixar mais dispostos para o dia seguinte.

▪ DURMA O SUFICIENTE

O sono é vital para manter a mente fresca e para melhorar o lado fisiológico da memória. Há evidências de que dormir menos de cinco horas por noite resulta em prejuízo para o desempenho mental.

▪ ORGANIZE SUA VIDA

Primeiramente, a organização do nosso ambiente e dos nossos pertences ajuda a lembrar o lugar onde tudo foi guardado. Quando somos organizados, há maior probabilidade de lembrarmos o lugar onde colocamos o talão de cheques ou a chave de casa. Quando mantemos uma rotina, as chances de esquecer a reunião do clube de vinho, que acontece na primeira quarta-feira do mês, é bem menor. Não precisamos ficar obcecados, mas a organização pode ser benéfica. O cérebro não consegue fazer quatro coisas diferentes ao mesmo tempo de forma eficaz. Frequentemente, digo: "Mas, claro! Pode continuar contando esta história enquanto escrevo esta receita. Afinal, ao contrário dos homens, as mulheres fazem mil coisas ao mesmo tempo." Na verdade, não é prudente tomar decisões sobre o futuro, ou resolver problemas pessoais, enquanto dirigimos o carro ou trabalhamos em um projeto digno de atenção. Em situações como essas, a frequência de erros aumenta e tendemos a nos esquecer dos detalhes.

▪ DESENVOLVA HÁBITOS SAUDÁVEIS

Muitas vezes, o organismo saudável traduz uma mente e uma memória mais saudáveis ainda. Isso significa praticar exercícios regularmente, comer alimentos nutritivos e ingerir os suplementos adequados, tomar bebidas alcoólicas com moderação e não fumar. Além disso, devemos passar por exames médicos periódicos para identificar qualquer problema que possa afetar a memória. A visita anual ao consultório do médico pode nos ajudar a tirar proveito dos avanços mais recentes na área de medicina preventiva.

▪ PENSE E EXERCITE O CÉREBRO

Como vimos anteriormente, o cérebro – assim como os músculos – pode atrofiar e perder força quando não é regularmente exercitado. Foi documentado que as pessoas mentalmente ativas, inteligentes e bem- -educadas parecem sofrer menos com problemas de memória à medida que envelhecem. A aposentadoria não desliga a mente que passa a maior parte da vida aprendendo e pensando, e as pessoas aposentadas continuam a estudar, aprender e a resolver problemas. Se adotarmos uma postura passiva em frente à televisão, o cérebro pode começar a atrofiar por falta de uso. Esse fato é conhecido como atrofia por desuso... e não é à toa que apelidamos a televisão de "caixa idiota"[5]. Com certeza, esse é um assunto que devemos levar em consideração.

---

[5] No texto original, "idiot box". Esse é um termo americano pejorativo para descrever a televisão, de autoria desconhecida e origem não documentada, mas que, provavelmente, surgiu nos anos 60. Expressa a possibilidade de diminuição do nível de inteligência e de criatividade experimentada pelas pessoas que passam horas a fio assistindo a programas pouco educativos. Em tradução livre, "caixa idiota".

PERDA ANORMAL DE MEMÓRIA

Apesar de toda a discussão sobre as causas mais comuns da perda de memória não relacionada à demência e sobre as medidas que podem ser tomadas para melhorá-la, é inevitável que determinada porcentagem da população, eventualmente, sofra de algum tipo de demência. E a forma mais comum é o mal de Alzheimer. Como distinguir a memória fraca da demência? Como podemos ter certeza de que é o Alzheimer, e não a depressão ou a diabete, que causa os constantes esquecimentos? Infelizmente, aplicar testes para o Alzheimer, ou para outras demências, não é tão simples quanto avaliar o coração ou uma infecção. Há sinais que ajudam a diferenciação entre lapsos de memória normais e perdas de memória específicas, motivo de preocupações e que fazem com que as sugestões e recomendações deste livro devam ser seguidas.

O MAL DE ALZHEIMER, OU OUTRA FORMA DE DEMÊNCIA, PODE ESTAR PRESENTE NESTAS SITUAÇÕES.

- Dificuldade para encontrar a palavra certa, ou perda da capacidade de falar coerentemente.
- Contar as mesmas histórias ou fazer as mesmas perguntas diversas vezes.
- Dificuldades para aplicar as habilidades aprendidas no início da vida, como ler ou se vestir.
- Perda da capacidade de discutir os eventos atuais ou recentes, especialmente quando os assuntos são de interesse.
- Falhas no julgamento ou lógica, tais como se esquecer de verificar se há carros passando antes de atravessar uma rua movimentada, ou achar que é primavera quando o chão está coberto com as folhas amarelas do outono.
- Dificuldade de realizar tarefas diárias, como pagar as contas, fazer a lista de compras, ou se lembrar de dar comida para o cachorro.

- Esquecer, com frequência, o dia da semana e do mês.
- Mostrar sinais de mudança na personalidade, tais como desconfiança, irritabilidade, introversão ou desinteresse.
- Desenvolver comportamentos não característicos, que incluem sair de casa e andar pela rua, sem destino, e se recusar a tomar banho ou mudar de roupa.
- Aumento da frustração em situações novas ou não rotineiras.
- Parecer perdido em ambientes que deveriam ser familiares, incluindo a própria casa.

Resumindo: os problemas de memória ganham importância e servem como indicadores para o mal de Alzheimer quando prejudicam a capacidade de viver e de agir de modo independente, colocando em perigo tanto o indivíduo afetado quanto seus cuidadores. Nesses casos, é pouco provável que as anotações, ou que mais atenção, mais organização, ou que aprender a relaxar faça diferença. Se o mal de Alzheimer, ou qualquer outra forma de demência, é a raiz do problema, é indispensável buscar a ajuda e a orientação de um profissional.

> OS PROBLEMAS DE MEMÓRIA GANHAM IMPORTÂNCIA E SERVEM COMO INDICADORES PARA O MAL DE ALZHEIMER QUANDO PREJUDICAM A CAPACIDADE DE VIVER E DE FUNCIONAR DE MODO INDEPENDENTE.

Entretanto, é importante notar que o mal de Alzheimer e os problemas de memória a ele associados não têm relação com o sexo, a condição socioeconômica ou a etnia. Na verdade, essa doença não faz distinções. Em alguns casos específicos, a origem pode ser genética, mas pode acometer qualquer um, sem discriminações. Quando se instala, é certo que vai piorar progressivamente se permitirmos que a natureza tome o seu curso. O processo pode ser rápido; e, também, gradual. A única certeza é que o Alzheimer vai destruir a mente das suas vítimas, salvo se tomarmos providências que possam prevenir sua progressão. Esta é razão deste livro: para que meus anos de prática de medicina e conhecimento de nutrição possam ajudar a melhorar não só a memória de todos, mas que substituam o desespero pela esperança. As estratégias que desenvolvi oferecem a luz no fim do túnel escuro, que começava com o declínio e só acabava com a morte, propondo a possibilidade de uma vida nova.

COM QUE FREQUÊNCIA O MAL DE ALZHEIMER ACOMETE AS PESSOAS?

Para simplificar o que, na verdade, é muito complicado, o mal de Alzheimer, conforme a definição do *Alzheimer's Association*[6], é uma "desordem progressiva que destrói gradualmente a memória do indivíduo e a sua capacidade de aprender, de raciocinar, de julgar, de se comunicar e de desempenhar as atividades diárias. À medida que a doença progride, os indivíduos também podem experimentar mudanças de personalidade e de comportamento, como ansiedade, desconfiança ou agitação, bem como delírios e alucinações".

Essa definição simples retrata, com precisão, o quadro desagradável que caracteriza o mal de Alzheimer. O impacto da doença nos indivíduos e em suas famílias é devastador, sem contar com os efeitos sobre a saúde pública. Infelizmente, o número de vítimas do Alzheimer está aumentando. Isso se deve, em parte, ao aumento da expectativa de vida, principalmente nos países mais desenvolvidos; e, também, ao fato de que creditávamos à senilidade, ao esquecimento, ou à velhice comportamentos, que, agora, são reconhecidos pelo seu verdadeiro nome: mal de Alzheimer.

Essa doença é a causa principal da demência nos idosos. Em termos globais, estimamos que, em 2020, 30 milhões de pessoas sofram com seus sintomas. Algumas dessas previsões antecipam 50 milhões de indivíduos sofrendo de Alzheimer, aproximadamente, em 2050.

---

[6] **Alzheimer's Association**: a Associação do Alzheimer foi fundada em 1980, nos Estados Unidos, e é uma organização voluntária líder para os cuidados, o apoio e a pesquisa para o mal de Alzheimer.

Na Austrália, cálculos baseados em informações sólidas estimaram que, em 2004, 170 mil indivíduos sofriam de Alzheimer. A expectativa era de que esse número dobrasse nas duas décadas seguintes, e estimativas bem informadas antecipam que a doença afetará entre 500 mil e 600 mil indivíduos na Austrália por volta de 2041.

Os especialistas na área declaram que alguma forma de demência acomete, aproximadamente, mil australianos a cada semana. As últimas estimativas publicadas sugeriam que o número de indivíduos sofrendo de algum tipo de demência havia ultrapassado os 200 mil em 2005. Por volta de 2050, pode haver 730 mil pessoas sofrendo de demência em todo o país – 25% a mais do que qualquer estatística anterior.

Essas projeções de aumento são devidas à educação generalizada, à conscientização sobre a doença e à revisão do número de australianos com expectativa de vida de mais de oitenta anos.

De modo geral, alguma forma de demência que prejudica a memória afeta, aproximadamente, 5% dos australianos com mais de 65 anos de idade, e 20% dos australianos com mais de 80. As estatísticas demonstram que o mal de Alzheimer responde por cerca de 60% dos casos de demência. A seguir, o detalhamento desses números.

- Por volta de 2050, estimamos que mais de 420 mil mulheres e mais de 310 mil homens sofrerão de alguma forma de demência. Esses números significam cerca de 3% da população de mulheres australianas e quase 2,5% dos homens.
- A frequência média de demência moderada a grave entre os australianos é de, aproximadamente, um em cada 15, para os indivíduos com 65 anos de idade, ou mais. Entre os que têm 80 a 84 anos, a frequência é de, aproximadamente, um em cada nove. Nos indivíduos com 85 anos de idade ou mais, a frequência aumenta para um em cada quatro.
- Aproximadamente, metade dos residentes da Austrália com demência moderada a grave moram nas suas casas, ou nas de seus cuidadores.

- Em 2003, último ano para o qual há dados disponíveis, a demência custava ao sistema de saúde da Austrália, aos cuidadores e às famílias cerca de 6 bilhões de dólares por ano.

Nos Estados Unidos, com uma população bem maior, são diagnosticados, anualmente, aproximadamente 360 mil casos de mal de Alzheimer, e cerca de cem mil vítimas da doença morrem. Estima-se que, por volta de 2050, 14 milhões de americanos sofram com essa doença, um número quase três vezes maior do que os cinco milhões atuais. A seguir, dados coletados nos Estados Unidos.

- Um em cada dez indivíduos relata caso de mal de Alzheimer na família, e um em cada três indivíduos conhece ou conheceu alguém que sofre da doença.
- Há estimativas de que 10% da população com mais de 65 anos de idade e metade da população com 85 anos de idade, ou mais, sofram de Alzheimer.
- O custo médio das despesas com saúde, nos Estados Unidos, para os americanos com o mal de Alzheimer é, aproximadamente, 174 mil dólares.

Esses dados – junto com milhares de outros números e fatos similares sobre os pacientes com o mal de Alzheimer e sobre o gasto financeiro dos seus cuidados – estabelecem um cenário que parece destinado a se tornar cada vez mais preocupante, em especial quando adotamos o modo de pensar convencional (PC) sobre a prevenção (PC = ninguém sabe) e sobre a reversão (PR = não pode ser feito) do processo do Alzheimer. Essa situação pode ficar ainda mais deprimente quando consideramos os custos humanos dessa doença, que variam desde a perda da dignidade do paciente, e dos cérebros brilhantes e afetuosos que desligam bem antes da hora, até o custo emocional, caro e doloroso, para os membros da família.

Contudo, ao propor alternativas para reprimir essa condição, este livro oferece um leque de possibilidades que se infiltra na nuvem negra chamada mal de Alzheimer.

Com base em trinta anos de pesquisa médica e prática clínica, acredito, firmemente, que não há somente uma, mas uma série de estratégias que podem reprimir, ou desacelerar, o mal de Alzheimer e outros tipos de demência, melhorando a memória.

O ABRANGENTE PROGRAMA DE QUATRO PONTOS PARA O BEM-ESTAR E A PREVENÇÃO INCLUI ISTO.

- Superalimentos para o cérebro
- Suplementos nutricionais e herbáceos
- Sucos crus
- Evitar a ingestão de substâncias tóxicas para o cérebro
- Redução dos níveis de glicose no sangue
- Uma dieta especialmente balanceada
- Exercícios cerebrais
- Terapias voltadas para o estilo de vida
- Meditação/esportes

Seguir esses conselhos permitirá o aperfeiçoamento e o rejuvenescimento do cérebro, além da devida evocação, percepção e desfrute das experiências enriquecedoras e das conquistas intelectuais que nos fazem os seres humanos especiais que somos.

Capítulo 2

O CÉREBRO NORMAL *VERSUS* O CÉREBRO COM O MAL DE ALZHEIMER

Este livro não tem a intenção de ser educativo, propriamente, e não foi escrito para instruir meus colegas de profissão. Com isso quero dizer que esta obra não inclui explicações altamente profissionais, inacessíveis para a maior parte das pessoas – dentre as quais os amigos, a família, os parentes, e todos os que não possuem formação médica formal. A intenção é de que os leitores consigam ter uma visão clara das causas e dos efeitos do mal de Alzheimer e das demências relacionadas, e que se conscientizem de todas as medidas que podem ser tomadas para prevenir ou reverter a doença, neles mesmos ou em seus entes queridos.

> A COMPREENSÃO DAS BASES DO MAL DE ALZHEIMER SERÁ UM INCENTIVO PARA A AÇÃO IMEDIATA QUANDO HÁ SUSPEITA DE RISCO PARA ESSA DOENÇA, OU QUANDO ELA JÁ ESTÁ INSTALADA.

Após a leitura do capítulo anterior, que descreve a devastação que acompanha a doença, a compreensão das bases do processo do mal de Alzheimer será um incentivo para a ação imediata quando há suspeita de risco para essa doença, ou quando ela já está instalada. O ponto de partida dessa compreensão está no órgão mais extraordinário da anatomia humana: o cérebro.

O CÉREBRO HUMANO NORMAL

O cérebro humano é um verdadeiro prodígio! É ele quem permite que as pessoas se sentem, segurem este livro, ajustem a luz à necessidade dos seus olhos e leiam este texto. Sem o cérebro, não poderíamos fazer tudo aquilo que fazemos todos os dias. Pense nisso (com a ajuda do cérebro, é claro).

O cérebro administra todas as funções corporais, desde o piscar por causa de um cisco no olho, passando pelo ato de engolir quando estamos com sede, até o arrotar quando bebemos líquidos muito depressa. Essa administração se faz sentir no extremo oposto do cérebro – quando pulamos porque pisamos descalços sobre uma superfície muito quente. Além disso, ele cuida de funções realmente importantes, como a de respirar, inconscientemente, e a de fazer bater o coração.

Porém, o desempenho dessas funções básicas – mesmo que ao mesmo tempo – pode ser considerado como, somente, um exercício leve.

É o cérebro (com alguma ajuda do coração, sem dúvida) quem nos diz que estamos apaixonados. É ele quem nos avisa quando é hora de chorar ou de rir. É o cérebro que nos permite avaliar opções e tomar decisões. Como médica, fascinada pelo cérebro desde a época de estudante, compreendi que a questão principal não é "O que o cérebro é capaz de fazer?", mas, sim, "O que ele não pode fazer?". A resposta para esta última pergunta é "Há muito pouco que ele não possa fazer!"

Na década de 1960, quando estudei neuroanatomia, todos os estudantes de medicina recebiam um cérebro preservado em solução de formal, dentro de um balde. A ordem era levá-lo para casa e fazer a dissecção conforme as instruções das aulas teóricas e dos textos de anatomia. Bem, levei seis meses explorando, gradualmente, e dissecando o cérebro que me haviam confiado. A jornada foi fascinante. Coloquei o cérebro dentro do balde com a solução de formol, no banheiro social da casa. Agora, ao me lembrar da situação, reconheço que a minha família foi muito compreensiva! Na verdade, quando terminei a dissecção, meu pai preparou um funeral para o cérebro e o enterrou, com todas as honras, no quintal.

Claro que estamos falando de um cérebro "normal", e não do que foi devastado pelo mal de Alzheimer, ou por outra doença similar. Esse tópico requer a formulação de uma pergunta diferente: "Em circunstâncias normais, como funciona essa estrutura magnífica, maravilhosa e complexa?" Certamente abordaremos esse assunto, porque, para entender o Alzheimer, é preciso saber como funciona o cérebro normal. Primeiramente, verificaremos o cérebro normal e as suas funções. Depois, veremos o que acontece com o cérebro quando o mal de Alzheimer se instala, e como e por que essa doença rouba as nossas capacidades físicas e mentais.

A falta de conhecimento médico ou científico não impede, ou funciona como barreira, para a leitura do restante deste capítulo. Apesar de o assunto ser complexo, o cérebro, em geral, é bem conhecido. Diversos textos médicos explicam as diferentes partes do cérebro e as suas interconexões e funções para o desempenho das nossas atividades diárias.

O peso médio do cérebro de um adulto é 1,4 quilo, e o seu tamanho é o de um repolho médio. O cérebro contém um número altíssimo de células nervosas especializadas (aproximadamente 100 bilhões) chamadas de neurônios, com as suas diversas interconexões. É esse número estratosférico de células e a capacidade que elas têm de se comunicarem de modo eficaz que fazem com que o nosso cérebro seja superior ao dos outros animais.

O CÉREBRO HUMANO, ESSENCIALMENTE, TEM TRÊS PARTES PRINCIPAIS

▪ A PRIMEIRA PARTE, NA VERDADE, SÃO DUAS: AS DUAS METADES DO CÉREBRO, CHAMADAS DE HEMISFÉRIOS CEREBRAIS.

Os hemisférios cerebrais são responsáveis por, aproximadamente, 85% do peso total do cérebro. Cada hemisfério possui bilhões de neurônios (veremos detalhes sobre os neurônios mais adiante). A noção de que um dos lados do cérebro abriga a parte "lógica", e que o outro, a "artística", é comum. Atualmente, os especialistas acreditam que as duas metades (ou os dois hemisférios) do cérebro não devem ser definidas pelos seus enfoques principais, mas pelo modo como processam as informações. O hemisfério esquerdo processa os detalhes, tais como o reconhecimento de um rosto amigo em uma sala cheia de gente, ou a descoberta de uma mancha na blusa que emprestamos para a amiga descuidada ir à festa do sábado. O hemisfério direito processa a informação espacial, como a localização de diversos objetos em uma sala, ou o local onde estacionamos o carro no shopping. As duas metades do cérebro – os hemisférios cerebrais – são revestidas por uma camada denominada córtex cerebral. É nele que o cérebro regula o pensamento consciente e a atividade mental, controla os movimentos voluntários e processa a informação sensorial: "Nossa! Está frio na rua!", ou "É melhor deixar a sopa esfriar um pouco antes de tomar outra colherada".

O córtex é a camada mais externa do cérebro – sua superfície não é lisa, mas tem rugas e dobras (verifique o diagrama na página 31). A superfície do cérebro é maior do que o diâmetro do crânio e, durante o crescimento, para se ajustar ao espaço restrito, ele forma depressões e sulcos.

Os hemisférios cerebrais se dividem em quatro áreas distintas, ou lobos – frontal, temporal, parietal e occipital. O lobo parietal registra as sensações físicas; o occipital, os estímulos visuais; o temporal, o barulho ou a audição; e o lobo frontal ativa os músculos. Entretanto, a camada externa (córtex) do cérebro não desempenha somente essas funções básicas. É no córtex humano, uma área bem mais evoluída e maior do que a dos outros animais, que acontecem os processos mais complexos do pensamento. É nele que os diferentes lobos se associam e se integram, e analisam uma diversidade de ideias, experiências e fatos. Por isso, ele é chamado de "mente pensante". É no córtex que estruturamos nossas ideias e decisões, e determinamos o que queremos ser.

▪ A SEGUNDA PARTE DO CÉREBRO É CHAMADA DE CEREBELO.

O cerebelo é composto de duas partes (hemisférios), que são bem menores do que as metades cerebrais. Esses hemisférios representam cerca de 10% da massa cerebral total. Em essência, é o cerebelo quem nos impede de tropeçar nos nossos próprios pés e nos faz evitar uma queda que poderia ter consequências sérias – ele é responsável pela coordenação motora e pelo equilíbrio. Os dois hemisférios do cerebelo recebem as informações enviadas pelos olhos (por exemplo, o sinal de trânsito vai ficar vermelho), pelos ouvidos (o metrô está chegando), pelos músculos e articulações (esse pacote está pesado). Ele processa as informações recebidas e emite instruções como resposta; pise no freio... prepare-se para embarcar... mantenha a coluna reta. Se não fosse o cerebelo, provavelmente, bateríamos em árvores e postes e tropeçaríamos nos obstáculos mais ridículos.

▪ A TERCEIRA PARTE DO CÉREBRO – E A MENOR PORÇÃO DA "ÁRVORE" – É O TRONCO CEREBRAL.

O tronco cerebral está localizado na base do cérebro e se conecta com a medula espinhal. Ele controla as funções autônomas do organismo que nos mantêm vivos, como a frequência cardíaca, o ato de respirar e a manutenção da pressão sanguínea. Caracteriza-se como um tipo de condutor que repassa informações para a medula espinhal que, por sua vez, as encaminha para os músculos (agache-se e preste atenção na bola), para a pele e para os demais órgãos do corpo. Por fim, o tronco cerebral controla o sono e os sonhos. Portanto, às 3 da manhã, você já sabe a quem culpar pela insônia ou pelo pesadelo com monstros.

O cérebro possui muitas outras partes – todas localizadas na área interna dos hemisférios cerebrais (as duas metades maiores).

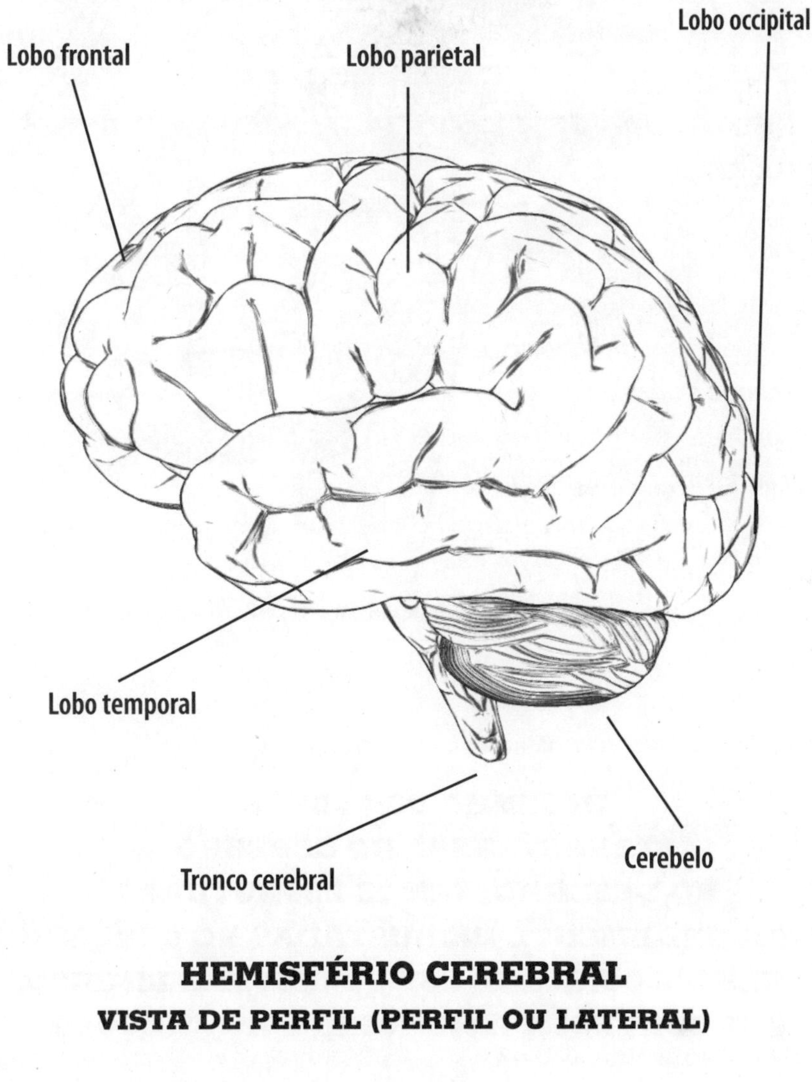

HEMISFÉRIO CEREBRAL

VISTA DE PERFIL (PERFIL OU LATERAL)

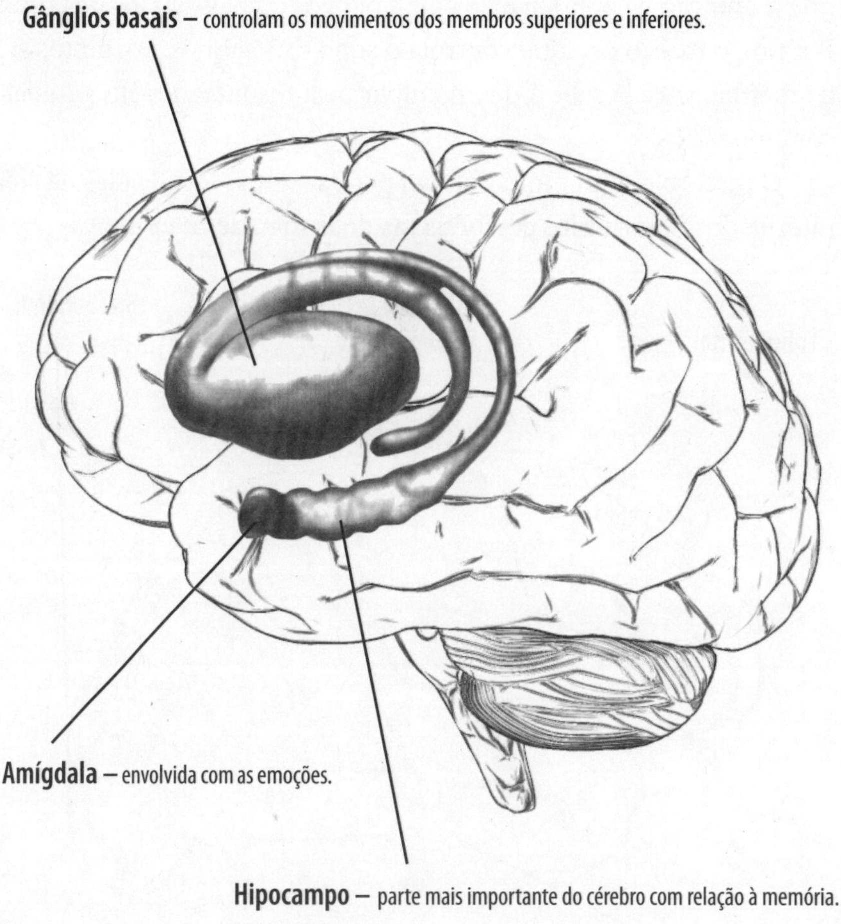

DESENHO DO "CORTE" TRANSVERSAL DO CÉREBRO
NO DESENHO, VEMOS ESTRUTURAS PROFUNDAMENTE INCRUSTADAS NO CÉREBRO. É NESSE LOCAL QUE ESTÁ O SISTEMA LÍMBICO, QUE CONTROLA A MEMÓRIA E AS EMOÇÕES.

As partes internas são estas.

▪ O SISTEMA LÍMBICO

O sistema límbico (em especial, a amígdala) está envolvido com as emoções ("Eu amo o meu filho") e com os comportamentos instintivos ("Melhor eu me agachar... essa bola vai acertar a minha cabeça"). Além disso, esse sistema regula o humor e abriga o olfato ("Nossa, tenho que lavar essas meias, com urgência").

▪ O HIPOCAMPO

O hipocampo (não, não é o campo de futebol dos hipopótamos!) é a chave do aprendizado e da memória de curto prazo. A maioria dos médicos acredita - assim como eu - que é nessa área que as informações se transformam em memórias, antes de serem despachadas para armazenagem em outras partes do cérebro.

▪ O TÁLAMO

O tálamo recebe e processa as informações sensoriais, emocionais e instintivas para encaminhá-las ao córtex cerebral - que é a camada externa das duas metades do cérebro.

▪ O HIPOTÁLAMO

O hipotálamo está localizado abaixo do tálamo e monitora as nossas funções básicas, como a temperatura corporal e a ingestão de alimentos ("Será que eu consigo comer mais um camarão?"). Ele corrige as funções do organismo que estão desequilibradas e controla nosso relógio biológico interno, comandando o sono, por exemplo.

Até agora vimos o fundamental sobre os cérebros normais - com uma exceção: os neurônios e suas funções.

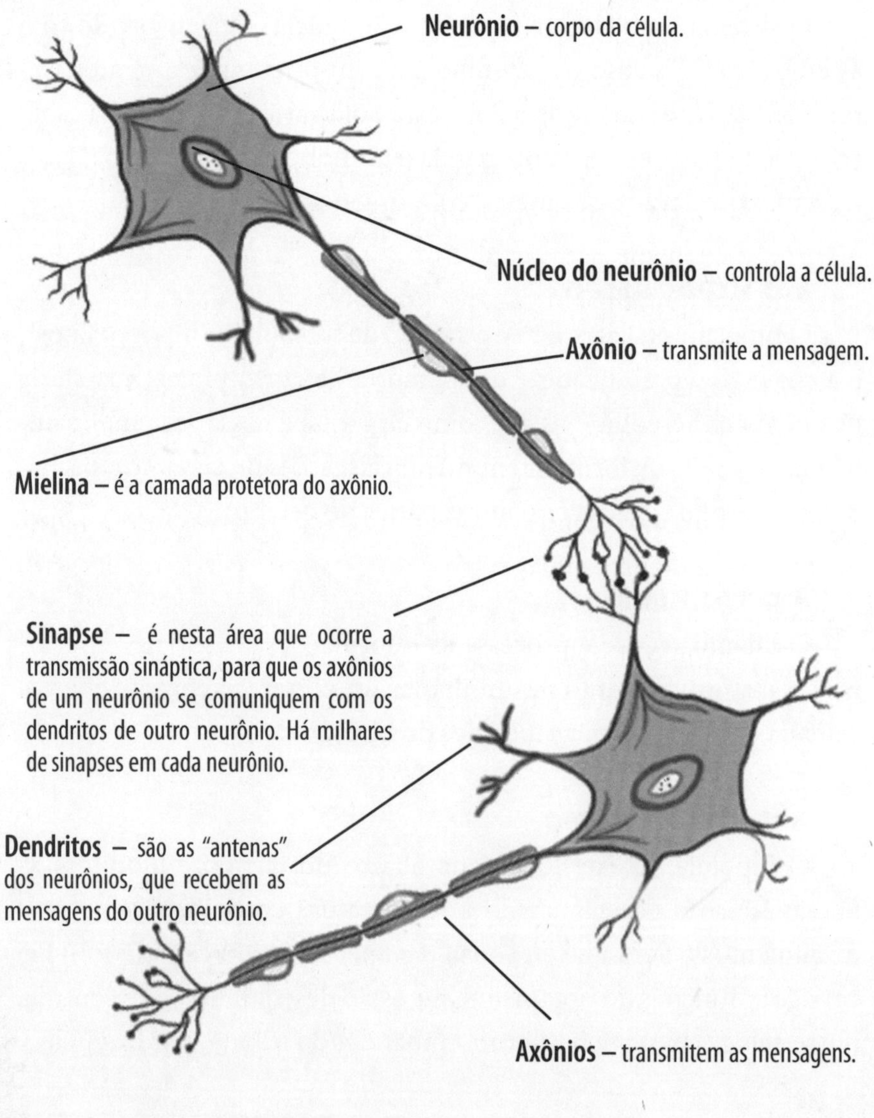

DOIS NEURÔNIOS

NO PROCESSO DE TRANSMISSÃO DE MENSAGEM.

NEURÔNIOS CEREBRAIS

O cérebro humano possui bilhões de células chamadas de neurônios. Bilhões, ou seja, centenas de milhões. Os neurônios são células muito especializadas, e há mais neurônios vivendo em nosso 1,4 quilo de cérebro do que homens na Terra! Eles têm as mesmas funções das instalações elétricas e do encanamento da nossa casa... os neurônios ligam as diversas áreas e nos ajudam a manter a vida organizada e fluindo sem maiores problemas. O neurônio, ou célula cerebral, tem o formato de um ovo estrelado. No centro desse ovo há um núcleo, que é o nome científico da sala de controle que direciona todas as atividades das células.

Os axônios e os dendritos são as instalações elétricas do cérebro. Há dois tipos de prolongamentos que partem do corpo celular (ovo estrelado).

- Um axônio simples, que parece um colar de contas.
- Alguns dendritos, que parecem galhos de árvore secos.

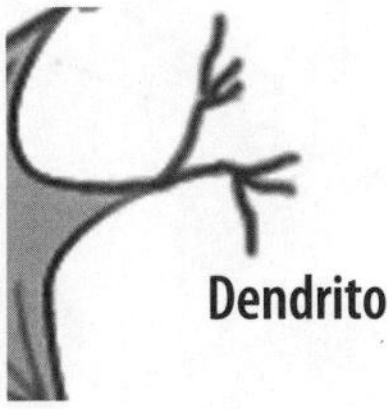

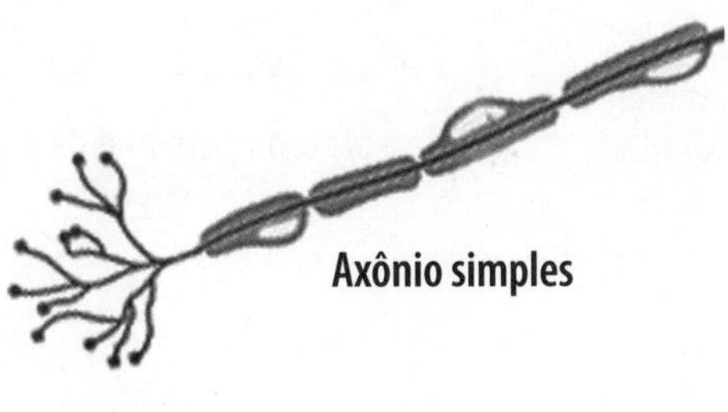

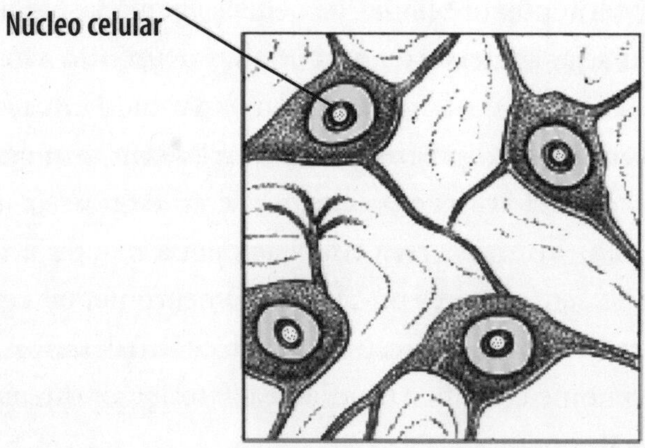

Neurônios de um cérebro normal
Vista microscópica

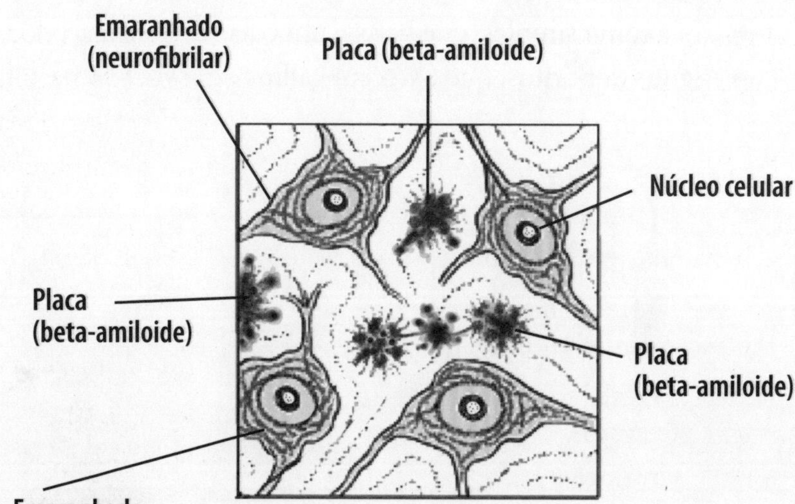

Cérebro afetado pelo mal de Alzheimer
Vista microscópica

O axônio, que é tão fino que faz com que um fio de cabelo pareça monstruosamente grosso, transmite a mensagem para os outros neurônios. E os dendritos as recebem. Portanto, cada célula nervosa cerebral se conecta com milhares de outras por intermédio do axônio (colar de contas) e dos dendritos (galhos secos), o que permite que as células se agrupem e desempenhem tarefas específicas. Em geral, os neurônios estão agrupados e organizados por tipo de tarefa, em função das suas localizações no cérebro. Alguns grupos nos ajudam a memorizar as tabuadas matemáticas, ou a gramática e a ortografia. Outros nos permitem jogar bola, tricotar uma echarpe, descascar uma maçã, ou manobrar um carro. Há grupos que nos ajudam a morder, mastigar e engolir um sanduíche.

O Instituto Nacional de Saúde, que é o departamento responsável por saúde e pesquisa do governo dos Estados Unidos, compara a interação entre os neurônios cerebrais com os processos dos cabos de comunicação instalados nas cidades. "Dia e noite, milhões de chamadas telefônicas são repassadas por cabos de fibra ótica, com uma velocidade incrível, permitindo que as pessoas fechem negócios, compartilhem alegrias e recebam novas informações. Multiplique essa capacidade, e teremos o cérebro. Os neurônios são os grandes comunicadores, sempre em contato com os seus vizinhos." Mesmo quando funciona vagarosamente, o cérebro é tão ativo que faz com que formigas operárias pareçam tartarugas.

> DIA E NOITE, MILHÕES DE CHAMADAS TELEFÔNICAS SÃO REPASSADAS POR CABOS DE FIBRA ÓTICA, COM UMA VELOCIDADE INCRÍVEL. MULTIPLIQUE ESSA CAPACIDADE, E TEREMOS O CÉREBRO. OS NEURÔNIOS SÃO OS GRANDES COMUNICADORES.

A comunicação entre os neurônios depende da liberação de mensageiros químicos chamados de neurotransmissores, que passam dos axônios aos dendritos. Entretanto, o mais importante é que a boa saúde e o funcionamento dos neurônios asseguram que o cérebro continuará a desempenhar o seu papel – recebendo, processando informação e administrando as diversas funções do organismo.

Diferentemente da maioria das células do organismo, as células nervosas cerebrais podem viver 100 anos, ou mais. Desde que permaneçam saudáveis. Para manter a saúde, os neurônios fazem isto.

1. Comunicam-se, fabricando substâncias químicas denominadas neurotransmissores.
2. Protegem-se e se autorregeneram.
3. Decompõem nutrientes e usam oxigênio para gerar a energia necessária para funcionar – em um fenômeno chamado metabolismo.

Se, por qualquer motivo, houver interrupção em um ou mais desses processos que mantêm os neurônios vivos – por exemplo, com o mal de Alzheimer –, as células nervosas não funcionarão de modo adequado.

Em resumo: elas ficarão doentes e morrerão, inevitavelmente.

As células nervosas danificadas e decadentes são a causa do mal de Alzheimer, mas logo voltaremos a esse assunto. Antes disso, é necessário esclarecermos um ponto crucial.

A maioria dos trabalhos médicos sobre o assunto prescreve que as células nervosas doentes, que morrem, não são substituídas, ao contrário dos outros tipos de células do organismo. Na minha opinião – apoiada em novas evidências –, isso não é verdade, e quero provar a razão neste livro. Ao longo da minha carreira médica, percebi que as dietas equilibradas, o exercício regular, o aprendizado de novas habilidades, a ingestão de suplementos específicos e a abstinência de substâncias tóxicas estimulam o crescimento celular e ajudam a regeneração das células cerebrais que sofreram algum tipo de dano. Ao contrário do que ensinam alguns especialistas, a vida saudável e a medicina nutricional podem renovar o compromisso do cérebro com a vida. O sistema e as estratégias que desenvolvi para ajudarem a alcançar esses objetivos são fáceis. Vamos lá, continue a sua leitura.

O CÉREBRO COM O MAL DE ALZHEIMER

À medida que envelhecemos, o organismo passa por alterações degenerativas, assim como o cérebro – ou não? Alguns cientistas acreditam que os neurônios cerebrais (células nervosas) diminuam com a idade, em especial as células fundamentais para o aprendizado e que nos ajudam a resolver problemas complexos. Ao mesmo tempo, as pesquisas do Centro para a Educação e Pesquisa sobre Envelhecimento (CERA), na Universidade de Sydney, na Austrália, não apoiam a teoria da degeneração massiva do cérebro ligada à idade. Pode ser que essa diferença de opiniões não se resolva a curto prazo. Mesmo que essas alterações existam, elas têm um efeito mínimo sobre o cérebro normal.

Como prevenção, siga o meu **Programa de quatro pontos** e proteja seu cérebro, não importa quão "normal" você ache que ele seja. O programa não fará mal nenhum e, com certeza, pode ajudar. Posso até afirmar que não existe cérebro saudável demais.

Assumindo, por enquanto, que a idade promova alterações no cérebro e que os reflexos dessas mudanças sejam um leve declínio da memória, ou alguma dificuldade no processo de aprendizado de novos conceitos, pode ser que a evocação de informações, tais como números de telefone ou endereços, leve um pouco mais de tempo. Mesmo considerando essas mudanças pouco significativas, as pessoas com cérebros saudáveis, aos 70 ou 80 anos, poderiam funcionar tão bem quanto seus filhos e netos.

Mas, por outro lado, há o cérebro com o Alzheimer. Embora ainda haja muito a aprender sobre o progresso dessa doença, o que sabemos até agora é que ela interrompe os três processos que mantêm as células saudáveis: comunicação, regeneração e metabolismo. Nessas situações, as células nervosas param de trabalhar, perdem a conexão com as células vizinhas e, eventualmente, morrem. Todavia, ao longo do processo de degeneração e morte das células nervosas cerebrais, as pessoas experimentam desde mudanças de personalidade e falhas de memória até dificuldades para desempenhar as atividades rotineiras: todos os sinais e os sintomas característicos do mal de Alzheimer.

Os cérebros dos pacientes com Alzheimer diferem, significativamente, dos que são considerados "normais". O Alzheimer gera uma quantidade excessiva de duas estruturas anormais no cérebro.

- As placas beta-amiloides
- Os novelos neurofibrilares

Para simplificar, chamaremos essas estruturas de placas e novelos, somente.

- As placas são depósitos densos de proteína não funcional, encontrados nas partes externas das células nervosas.
- Os novelos são fibras torcidas que se acumulam dentro e em volta das células nervosas.

Os cérebros de idosos saudáveis contêm placas e novelos. Entretanto, os de pacientes com o mal de Alzheimer contêm um número excessivo dessas estruturas.

No caso das placas, a questão é quem nasceu primeiro: o ovo ou a galinha? Por definição, as placas são fragmentos de proteínas inúteis que se unem e se misturam às células cerebrais. No Alzheimer, as placas se desenvolvem no hipocampo e nas áreas do cérebro usadas pela memória, pelo pensamento e pelo processo de tomada de decisões (você se lembra do hipocampo? Não do campo de futebol, mas do local onde fabricamos as memórias?). Entretanto, a medicina ainda não determinou se as placas causam o Alzheimer, ou se elas derivam do processo. Daí a referência ao ovo e à galinha.

Os leitores mais atentos devem se lembrar que comparei as células nervosas, ou os neurônios, a um ovo estrelado. No caso da célula nervosa empacotada por placa, imagine o ovo escondido no meio de ½ quilo de tiras de *bacon* – exagerando bastante a situação. O menor grão de areia, ou a menor partícula de poeira, é um gigante, se comparado à célula nervosa e a sua placa.

Com relação aos novelos, as células nervosas saudáveis têm um sistema ferroviário interno que guia os nutrientes desde o corpo da célula até o final do axônio (o colar de contas). Na presença do Alzheimer, o tipo de proteína especial que mantém o sistema ferroviário funcionando sofre uma alteração química: a proteína se enrosca, e o sistema entra em colapso. Para entendermos como isso funciona, podemos tomar como exemplo os filmes que retratam os incêndios em prédios nos anos de 1800, com pessoas fazendo fila para passar baldes com água, de mão em mão, e apagar o fogo. Pois bem: se algumas dessas pessoas tropeçarem e caírem, a fila vai desmoronar. O mesmo acontece com as células nervosas. O sistema para de funcionar, e, no caso das células nervosas, a comunicação ficará defeituosa. O resultado será a destruição da célula.

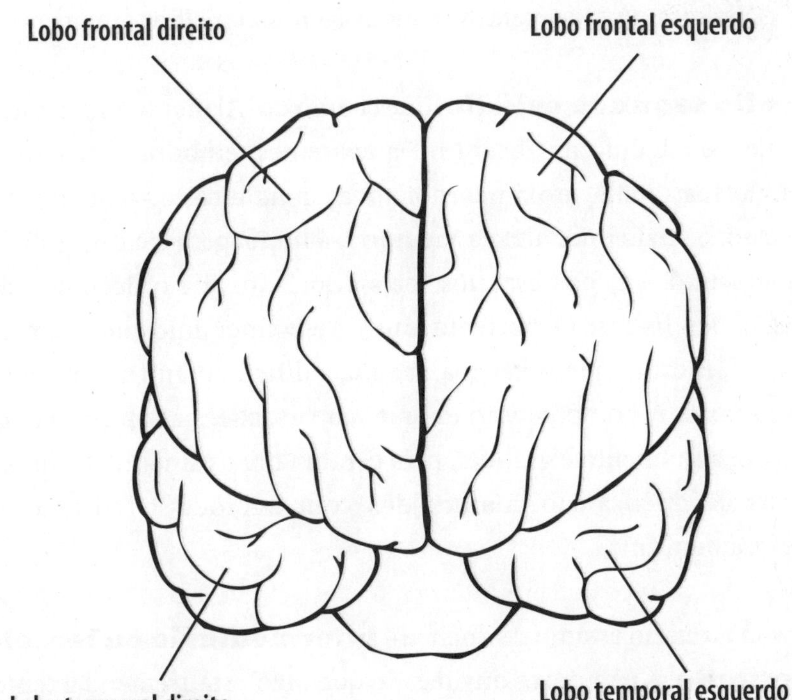

HEMISFÉRIOS CEREBRAIS
VISTA FRONTAL

OS QUATRO ESTÁDIOS DO MAL DE ALZHEIMER

O progresso do Alzheimer varia de paciente para paciente. Entretanto, se a doença não for tratada, os sintomas, em geral, passarão por **quatro estádios.**

- **No primeiro estádio**, a área do cérebro (ainda se lembra do hipocampo?), que transforma as informações em memória, diminui de tamanho. Essa diminuição pode ter início vinte anos antes do aparecimento de qualquer sinal ou sintoma. A perda da memória é a primeira pista de que algo ruim está acontecendo no cérebro, e é por isso que ficamos tão preocupados quando não encontramos as chaves de casa ou esquecemos o nome do nosso melhor amigo.

- **No segundo estádio**, que chamo de "Alzheimer iniciante", os sinais e os sintomas ficam mais aparentes, embora só a vítima e as pessoas mais próximas notem as mudanças. No início do processo, o Alzheimer afeta a memória, a linguagem e a capacidade de raciocínio – e, nos estádios mais avançados, há o declínio das capacidades físicas. O paciente com "Alzheimer iniciante" parece saudável, mesmo que seja cada vez mais difícil entender o mundo e as pessoas. A compreensão de que, na verdade, há um problema sério em andamento é gradual, pois geralmente os sinais e sintomas iniciais da doença são confundidos com o processo normal de envelhecimento.

- O próximo estádio da doença – **intermediário ou terceiro estádio** – não deixa dúvidas de que algo está tremendamente errado. Se a pessoa ainda não tiver consultado um médico e iniciado um programa de rejuvenescimento cerebral, essa é a hora de fazê-lo. Imediatamente. Nesse estágio, os sinais e os sintomas se tornam óbvios e se propagam. Os problemas de comportamento têm início e podem variar da agitação ao perambular pelas ruas, sem rumo. O paciente deverá receber cuidados de alto nível e supervisão intensiva. É nessa fase que a família e as pessoas mais próximas se conscientizam da devastação trazida pelo Alzheimer, não só por causa do declínio físico e mental do indivíduo, mas também pelo estresse e pela pressão impostos a todos os cuidadores.

Não há nada que se diga sobre o Alzheimer que possa ser classificado como benéfico ou bom.

- **No quarto estádio**, ou estádio **final**, a morte do paciente torna-se iminente. As placas e os novelos estão espalhados pelo cérebro, que continua a diminuir de tamanho com a progressão da doença. Os indivíduos perdem a capacidade de comunicação e não reconhecem as pessoas que permaneceram ao seu lado durante a vida. Eles passam a maior parte do tempo deitados, dependentes dos cuidadores e, gradualmente, perdem o controle sobre a própria mente e as funções corporais. Em geral, a morte é causada por outra doença, que o organismo debilitado e o sistema imunológico comprometido não conseguem debelar.

Essa progressão lenta, da boa saúde para a degradação total, mental e física, é trágica. Mas ainda pior é o fato de que até pouco tempo atrás, acontecia isto.

- As pessoas não sabiam nada sobre o Alzheimer e achavam que esse tipo de declínio era consequência normal do envelhecimento.

Ou:

- As pessoas tinham conhecimento da doença, mas achavam que nada podia ser feito para interromper ou retardar seu progresso.

Felizmente, a comunidade médica e a mídia estão alertando, de modo eficaz, a população sobre o mal de Alzheimer e a sua gravidade. Com este livro, você pode tomar medidas simples – e aplicar estratégias fáceis – para prevenir ou retardar esse e outros tipos de demência que deterioram o cérebro. Seguir o **Programa de quatro pontos** pode significar uma nova oportunidade para você e para os seus familiares ficarem livres do Alzheimer, e a possibilidade de seguir feliz, amando e vivendo.

Capítulo 3

FATORES DE RISCO PARA O ALZHEIMER

"Infelizmente, logo esquecemos tudo que pensávamos ser inesquecível". Essas poucas palavras, bastante contundentes, foram escritas por Joan Didion. Elas se aplicam a diversas situações, desde as experiências infantis prazerosas até os corações partidos dos relacionamentos adultos. Contudo, a exatidão delas é indiscutível quando empregadas para descrever os efeitos assustadores que a demência exerce nos indivíduos.

Há diversas causas de demência, desde a AIDS até os tumores cerebrais decorrentes do excesso de eletrochoques, ou do mal de Huntington[7]. Entretanto, a causa mais comum - e a mais temida - é o mal de Alzheimer. Cerca de 60% de todos os casos de demência são devidos ao mal de Alzheimer, e esse número pode aumentar nos próximos anos, à medida que isto aconteça.

- A geração "baby boomer" envelhece.
- Os avanços da medicina continuem a assegurar vidas mais longas.
- O conhecimento sobre o Alzheimer facilite a identificação de suas vítimas.

Como médica, acredito que o Alzheimer, hoje em dia, receba a atenção merecida - das comunidades médicas e científicas e do público em geral - após ter sido minimizado, chamado de senilidade e descrito como "que pena, é velhice!". A verdadeira natureza desse mal, que não tinha identidade própria até o início do século 20,

[7] A **DH** é uma doença degenerativa, hereditária, cujos sintomas são causados pela perda marcante de células em uma parte do cérebro denominada gânglios da base. Esse dano afeta a capacidade cognitiva (pensamento, julgamento, memória), movimentos e equilíbrio emocional. Os sintomas aparecem gradualmente, em geral nos meados da vida, entre as idades de 30 e 50 anos. Entretanto, a doença pode atingir desde crianças pequenas até idosos.

quando foi batizado com o nome de um médico alemão, só foi reconhecida recentemente – uma das doenças mais terríveis e devastadoras da humanidade. Junto com o reconhecimento, veio a merecida notoriedade: ele ocupa um dos primeiros lugares na lista de "isso é uma doença e precisa ser tratada".

Mesmo assim, a falta de informação sobre as medidas, simples e práticas, que podem reduzir a probabilidade de ocorrência do Alzheimer e reparar o dano cerebral no seu estágio inicial é preocupante. As pessoas não devem encarar essa doença como uma sentença de morte, e o **Programa de quatro pontos** que desenvolvi prova que esse mal pode ser interrompido, mediante a associação de uma nova postura com os avanços da medicina nutricional.

Você tem muita sorte, se nem você nem seus familiares ou amigos conhecem as agonias causadas pelo Alzheimer. Mas não pense que isso é um "passe livre". Não marcamos encontro com o Alzheimer. Ele aparece de repente e não segue a lógica. Hoje estamos muito bem, gozando de saúde perfeita. Em um ano, ou dois, podemos estar internados em uma casa de saúde, sem saber de onde viemos ou quem somos. Por favor, não confunda a minha franqueza com crueldade, pois não é isso o que desejo para ninguém. Não quero assustar as pessoas, nem dramatizar a doença e as suas consequências trágicas. Entretanto, acredito que todos devem entender que ninguém é imune ao Alzheimer e que precisamos nos precaver. Todos nós.

Não há vacina contra essa doença, e não adianta fingir que ela não existe, nem rezar para que não aconteça.

Entretanto, como introdução ao **programa de prevenção de quatro pontos**, apresentamos uma lista de fatores de risco que podem ajudar a determinar a probabilidade de ocorrência do Alzheimer.

A título de esclarecimento, os fatores de risco e a história da doença são coisas distintas. Fazer parte de um grupo de risco para determinada doença significa que a probabilidade de ocorrência da doença é maior do que a das outras pessoas, mas não que vamos ficar doentes. Por outro lado, não pertencer ao grupo de risco não significa que não ficaremos doentes. Quer dizer, somente, que a chance de ocorrência é menor.

Por exemplo, a idade é um fator de risco para o Alzheimer. Estima-se que, pelo menos, 2% da população (ou seja, duas em cada 100 pessoas) aos 65 anos e que 30% da população aos 85 sofram do mal. Portanto, a incidência da doença aumenta com a idade. Mas ela não é a causa do Alzheimer. É apenas um fator de risco.

Do outro lado do espectro estão os fatores com riscos negativos. Eles incluem tudo, até a dieta saudável para manutenção da atividade mental. Nesse caso, o "negativo", na verdade, é bom, pois ele anula, ou reduz a probabilidade de ocorrência do Alzheimer e deve ser considerado como positivo.

FATORES DE RISCO PARA O ALZHEIMER

▪ GÊNERO

Ser mulher é um fator de risco para o Alzheimer, pois a proporção é de duas mulheres para cada homem com a doença. A frequência do diagnóstico nas mulheres é maior, provavelmente, porque elas vivem, em média, cinco anos mais do que os homens, e a incidência de demência aumenta com a idade. Portanto, pode ser que esse fator esteja relacionado com a longevidade e não com o gênero.

▪ EDUCAÇÃO

A educação e o lazer que estimulam a mente diminuem a probabilidade do Alzheimer, pois o aprendizado de coisas novas aumenta o número de conexões entre as células nervosas no cérebro, mesmo na idade avançada. Nunca é tarde para aprender e continuar a usar o próprio cérebro como a melhor ferramenta contra a demência.

▪ A DIABETE E A SÍNDROME METABÓLICA

Com relação à diabete como fator de risco, acredito que, se o teor de glicose no sangue estiver alto, o excesso se adere às proteínas celulares fazendo com que fiquem pegajosas e que se enrosquem, impedindo que funcionem de modo adequado. Como profissional, posso afirmar que o excesso de glicose seja tóxico para o cérebro e que deva ser evitado a qualquer custo. Para informações adicionais sobre esse assunto, leia *Can't Lose Weight? You Could Have Syndrom X*[8], de minha autoria. O livro aborda muitas das causas ocultas do excesso de peso e discute a diabete como parte de um desequilíbrio químico que pode levar homens e mulheres a armazenarem gordura. O plano de emagrecimento proposto no capítulo 23 de *Can't Lose Weight*? pode manter o teor de glicose no sangue em níveis saudáveis e assegurar que não haja dano às células cerebrais.

▪ SONHOS

Um dos estudos realizados descobriu que a incapacidade de lembrar dos sonhos aumenta a probabilidade de desenvolver o Alzheimer. Qual é a causa dessa correlação? Os sonhos são controlados por uma área do cérebro rica em células colinérgicas – células produtoras de acetilcolina, importante neurotransmissor cerebral e periférico – do tipo que o Alzheimer destrói.

▪ IDADE

Como já mencionado, a probabilidade de ocorrência do Alzheimer aumenta com a idade. A incidência da doença chega a ser 2% mais alta na população geral com mais de 65 anos, mas pode chegar a 30%, ou mais aos 85.

▪ FUMO

É surpreendente, mas fumar esporadicamente pode reduzir a probabilidade de ocorrência do Alzheimer. Por outro lado, fumar intensamente pode aumentar as chances de que a doença surja. Por quê? Os

[8] Tradução livre: *Não consegue perder peso? Pode ser que você sofra da síndrome X* – livro não publicado no Brasil e lançado pela Editora WHAS Pty, Limited, em 2001, nos Estados Unidos.

cigarros contêm nicotina, que, na verdade, pode estimular as células cerebrais danificadas pelo Alzheimer. Entretanto, fumar exageradamente cria grandes quantidades de radicais livres (moléculas maléficas que podem prejudicar as células), que podem destruir as células cerebrais e danificar os vasos sanguíneos que suprem o cérebro com sangue e nutrientes.

NOTA – Um conselho pessoal: não fume. Primeiro, por todos os riscos que o hábito de fumar impõe à saúde. E, segundo, porque o fumo é altamente prejudicial para os vasos sanguíneos que alimentam o cérebro.

▪ ACIDENTE VASCULAR

Alguns pacientes que sofrem acidentes vasculares cerebrais apresentam depósitos de proteínas beta-amiloides no cérebro, que também são encontrados naqueles com Alzheimer. Além disso, muitos pacientes com Alzheimer apresentam evidências de infartos cerebrais (tecido morto em função da falta de circulação), que é uma característica dos indivíduos que sofrem acidentes vasculares cerebrais.

NOTA – Como diversos médicos pesquisam o Alzheimer e seus fatores de risco, conhecidos e potenciais, as evidências podem ser conflitantes. A falta de evidências concretas pode levar a opiniões diferentes, e acredito que muitos dos fatores de risco em discussão ainda não foram comprovados, sendo, portanto, controversos.

FATORES DE RISCO ADICIONAIS PARA O ALZHEIMER

A listagem dos seguintes fatores adicionais não obedece a critérios específicos.

▪ TRAUMATISMO CRANIANO

O fato de alguns praticantes de boxe e outros atletas, que sofrem golpes repetidos na cabeça, eventualmente desenvolverem o

Alzheimer, ou outra forma de demência, originou a hipótese de que o traumatismo craniano é um fator de risco para o Alzheimer. Um estudo conduzido por uma universidade, com base nos prontuários médicos de veteranos da 2ª Guerra Mundial estabeleceu uma ligação importante entre o traumatismo craniano durante a vida adulta e o início da doença. Entretanto, outros estudos não estabeleceram essa relação, ou os seus resultados não foram conclusivos.

▪ REPOSIÇÃO HORMONAL

Pode ser que a terapia de reposição hormonal desempenhe um papel importante no desenvolvimento da demência. Porém, as suas particularidades ainda não foram determinadas. Os resultados de um estudo de larga escala, chamado de *Women's Health Initiative (WHI) Memory Study*[9], indicaram um aumento na probabilidade de ocorrência de demência em mulheres com 65 anos, ou mais, que se submeteram à terapia de reposição hormonal (TRH). No entanto, outros estudos sugeriram que os suplementos de estrogênio, após a menopausa, reduzem as chances de demência.

Alguns estudos demonstraram que as mulheres com dez anos ou mais de TRH tinham uma probabilidade 50% maior de desenvolver o Alzheimer, se comparadas àquelas sem qualquer tipo de TRH. Os resultados do WHI para a terapia de reposição em mulheres com idade mais avançada que receberam estrogênio derivado da urina de égua (Premarin®) e a progesterona sintética (progestogênios) foram, predominantemente, negativos e demonstraram aumento da probabilidade de ocorrência de acidentes vasculares cerebrais (AVCs). Os acidentes dessa natureza prejudicam as funções cerebrais. Na minha opinião, se os estrogênios com base em soja natural e a progesterona natural fossem usados na TRH, em vez do estrogênio derivado da urina de cavalo e da progesterona sintética, os resultados da pes-

[9] **Women's Health Initiative Memory Study**: estudo da Memória do Estudo Clínico da Iniciativa da Saúde Feminina, que foi um estudo observacional conduzido ao longo de quinze anos, de 1993 a 2005, com patrocínio do Instituto Nacional do Coração, Pulmão e Sangue do governo dos Estados Unidos da América. A investigação foi realizada duas vezes, totalizando dez anos de acompanhamento.

quisa seriam diferentes. Diversas pacientes que estão no climatério, em especial as que experimentam menopausa precoce (antes dos 45 anos), queixam-se de piora no estado mental. Elas relatam piora nos sintomas de depressão, diminuição da libido, sono prejudicado e memória e concentração diminuídas. A maior parte desses sintomas desaparece com o início do tratamento com pequenas doses de estrogênio e de progesterona natural, principalmente sob a forma de comprimidos orais. Algumas vezes, é necessário adicionar uma pequena dose de testosterona natural para restaurar o funcionamento pleno do cérebro. O cérebro possui receptores naturais para esses hormônios (estrogênio, progesterona e testosterona). Portanto, esses hormônios são importantes para as funções cerebrais. Embora ainda não haja prova categórica, na minha opinião, o uso do estrogênio e da progesterona naturais pode ajudar a preservar as funções emocionais e cognitivas do cérebro.

▪ ETNIA

As estatísticas demonstram que a probabilidade de desenvolver Alzheimer é bem maior para as pessoas de pele escura, descendentes de africanos, do que para as de pele clara. Para os latinos, as chances são duas vezes maiores, se comparados aos caucasianos (pele clara). Entretanto, para os asiáticos, a incidência da doença é menor do que para os caucasianos. Não sabemos a causa dessas variações, ou seja, se as bases são genéticas, ligadas à saúde de um modo geral, ou se são devidas às diferenças sociais ou culturais. A verdade é que o mal de Alzheimer acomete a todos os grupos étnicos.

▪ PRESSÃO ALTA

Diversas pesquisas indicaram que a pressão alta é um fator de risco definitivo para o Alzheimer. Dois estudos publicados na edição de 14 de outubro de 2002 da revista médica *Archives of Internal*

[10] *Archives of Internal Medicine* é uma publicação quinzenal da Associação Médica Americana [AMA].

Medicine[10] detalharam essa relação. Uma investigação de cinco anos, com mais de 2.000 idosos afro-americanos, demonstrou que a ingestão de remédios para pressão reduz em mais de 40% a probabilidade do Alzheimer! Os resultados de um estudo europeu concluíram que o tratamento para a pressão alta reduziu as chances de ocorrência da doença em mais de 55%!

▪ OBESIDADE

Um estudo realizado por cientistas americanos e suecos acompanhou 392 homens e mulheres durante dezoito anos – todos com 70 anos de idade no início do trabalho. Cada participante completou uma bateria de testes, aproximadamente, de cinco em cinco anos. Com poucas variações, os resultados demonstraram que a probabilidade de sobrepeso nas mulheres que desenvolveram o mal de Alzheimer era maior do que a dos homens. É importante notar, entretanto, que poucos homens sobreviveram os dezoitos anos de estudo, e esse resultado pode estar distorcido .

▪ DISFUNÇÃO TIREOIDIANA

Há muito a disfunção tireoidiana foi associada ao Alzheimer, em especial na Doença de Graves, que é um distúrbio autoimune que leva à hiperatividade dessa glândula. As razões dessa associação não são claras, ainda. Entretanto, as duas doenças estão associadas à carência de nutrientes antioxidantes (que ajudam a proteger a célula contra danos). Na Doença de Graves, o organismo produz anticorpos que atacam a glândula tireoide. Esse nível alto de anticorpos anormais danifica a célula e causa inflamação. Nesse caso, o dano pode se estender até o cérebro. Podemos lançar mão de terapias nutricionais para reduzir a atividade do sistema imunológico e reduzir o nível de anticorpos, e o plano de prevenção do Alzheimer que estabeleci considera essas terapias. Além disso, alguns pesquisadores suspeitam que, tanto a disfunção tireoidiana quanto o Alzheimer, sejam causados pelo glutamato monossódico (um sal cristalino usado para melhorar o sabor de muitos alimentos) e pelo aspartame (um adoçante de baixa caloria usado em diversos pratos e bebidas e, em particular, nos refrigerantes). Para maiores esclarecimentos, visite a página da web www.dorway.com[11].

▪ ALUMÍNIO

O alumínio se tornou um suspeito, como causa para o mal de Alzheimer, depois que pesquisadores encontraram traços desse metal no cérebro de alguns pacientes. O alumínio é um elemento comumente encontrado na crosta terrestre e em alguns alimentos, em pequenas quantidades, bem como em produtos para a casa. Portanto, o alumínio que absorvemos por meio da dieta pode ser um fator de risco para o Alzheimer. Um estudo publicado recentemente demonstrou que a probabilidade de ocorrência da doença era maior para as pessoas que usavam desodorante antitranspirante e antiácidos contendo alumínio. Outros estudos relataram que a exposição ao alumínio estava associada ao Alzheimer. De um modo geral, os cientistas estão divididos sobre o papel que a exposição ao alumínio desempenha no desenvolvimento da demência. Entretanto, acho prudente manter distância de utensílios de cozinha, antiácidos e de produtos para a casa que contenham alumínio.

▪ DIETA DEFICIENTE

Já há algum tempo sabemos que comer mal prejudica a saúde, e, atualmente, as evidências comprovam que os alimentos que ingerimos afetam o cérebro. Muitos profissionais da área médica declaram que a melhor prevenção para o Alzheimer, ou para outras formas de demência, é a adoção de uma dieta rica em vegetais e frutas, com restrições para os alimentos com açúcar. As vitaminas B, E e C, o selênio e os alimentos com níveis altos de ácido fólico (uma vitamina encon-

[11] www.dorway.com [DORway] é um site americano, independente, criado em setembro de 1996 por David Oliver Rietz, que publica informações sobre os efeitos do aspartame e dos adoçantes, de um modo geral, sobre a saúde.

trada em vegetais verdes), todos, ajudam na prevenção do Alzheimer. Na verdade, uma pesquisa comprovou que as pessoas com níveis baixos de vitamina B12 e de ácido fólico no sangue tinham probabilidade dobrada de desenvolver o mal. Pode ser que a causa resida na relação com a homocisteína, um aminoácido tóxico relacionado com a doença cardíaca e com o Alzheimer. A deficiência de vitamina B12, ou de ácido fólico, pode aumentar o nível de homocisteína no sangue. Esse composto exerce um efeito danoso sobre o sistema nervoso e pode aumentar a produção das placas beta-amiloide, que são em grande quantidade nos pacientes com o Alzheimer. A dieta saudável é um dos pontos-chave do meu programa chamado "Detendo o Alzheimer", o qual será detalhado mais adiante neste livro. Há algumas receitas deliciosas – e saudáveis – esperando por você.

▪ INATIVIDADE

Sabemos que o exercício físico faz bem ao coração, e os cientistas têm enfatizado que aquilo que é bom para o coração, provavelmente, é bom para o cérebro, também. Um estudo revelou que a probabilidade de desenvolver o Alzheimer era quase quatro vezes maior para as pessoas sedentárias, entre 20 e 60 anos de idade, se comparadas aos seus pares mais ativos.

▪ USO DE DROGAS E ÁLCOOL

O consumo leve de bebidas alcoólicas pode beneficiar o corpo e a mente, em especial se a preferência é pelo vinho tinto, que tem antioxidantes. Pesquisas demonstraram que a probabilidade de desenvolver o Alzheimer é menor para as pessoas que bebem vinho tinto com regularidade – em pequenas quantidades. Provavelmente, porque o vinho tinto é rico em componentes antioxidantes, que ajudam a combater os radicais livres. Os radicais livres foram associados ao câncer, ao Alzheimer e a muitas outras doenças. As mulheres são mais vulneráveis do que os homens ao dano cerebral resultante do excesso de álcool. Um estudo conduzido na Universidade de Heidelberg, a mais antiga da Alemanha, localizada na cidade de Heidelberg, comparou imagens cerebrais de 34 homens e 42 mulheres alcoólatras. Embora nas mulheres o alcoolismo estivesse presente por, somente, em média, 5,5 anos, os exames de seus cérebros mostraram o mesmo grau de dano cerebral encontrado no cérebro dos homens, que abusavam da bebida por período superior a dez anos. O uso excessivo do álcool faz com que cérebro encolha em função da morte das células cerebrais. As mulheres são mais suscetíveis a esse tipo de dano.

NOTA – O vinho tinto não é o melhor modo de obter antioxidantes, embora uma taça de vinho por dia não prejudique a ninguém e, provavelmente, reduza o nível de estresse. Entretanto, o consumo excessivo de álcool e/ou de qualquer tipo de droga ilegal – considerando o termo "excessivo" como a palavra-chave no que diz respeito às drogas – pode ser prejudicial para o corpo e para a mente. Não abuse de bebidas alcoólicas, mantenha-se longe das drogas ilegais e use os medicamentos controlados conforme a prescrição do seu médico. O seu cérebro vai agradecer.

• GENÉTICA

Em geral, é aceito que fatores genéticos possam estar envolvidos em cerca de metade dos casos de Alzheimer. Os genes são as unidades mais primárias de hereditariedade do organismo e controlam tudo, desde a cor dos cabelos até o peso e o tamanho do pé. O gene humano ApoE, que auxilia o transporte do colesterol no sangue, tem formas diferentes, e sabe-se que as pessoas que herdam a versão ApoE4 – presente em quase 50% dos pacientes com Alzheimer – têm uma probabilidade maior de desenvolverem a doença. Além disso, as chances de ocorrência do Alzheimer é 1,5 vezes maior para as pessoas que têm um dos pais com a doença; enquanto que, se os dois pais sofrerem de Alzheimer, essa estimativa torna-se cinco vezes maior. Todavia, o gene ApoE4 e/ou os familiares próximos com o Alzheimer, somente, significam uma predisposição para a doença – isso não significa que ela seja inevitável.

Algumas pessoas com anormalidades nos genes das presenilinas desenvolvem uma forma rara de **Alzheimer precoce**. Quando os genes das presenilinas estão danificados (mutações), a produção de placas fica acelerada, e o Alzheimer precoce pode acometer indivíduos com, apenas, 20 anos de idade. Menos de 3% da população acometida pelo mal sofre desse tipo de mutação genética.

▪ APNEIA NOTURNA

Essa condição, caracterizada pela interrupção da respiração durante o sono, é um fator de risco para o Alzheimer e pode ser diagnosticada sem maiores problemas. O tratamento eficaz pode requerer redução de peso, programas de exercícios físicos, dieta com baixo teor de carboidratos e a ingestão de vitamina C. Tudo isso ajuda, mas alguns casos requerem o uso de máscara e máquina respiratória para dormir.

▪ VÍRUS

Atualmente, os cientistas tentam determinar se infecções virais podem causar o mal de Alzheimer – um vírus poderia ficar alojado no organismo, por décadas, sem ser diagnosticado. Eles foram chamados de "vírus invisíveis", com base na tecnologia do avião invisível[12], pois se escondem dentro das células do organismo e, silenciosamente, atuam sobre elas. Pode ser que, em dado momento, a combinação dos fatores estresse, envelhecimento e/ou enfraquecimento do sistema imunológico permita a multiplicação do vírus e cause dano celular. No momento, essa teoria ainda está em fase experimental, mas sabemos que o sistema imunológico forte ajuda a combater muitos tipos diferentes de vírus. O **Programa de quatro pontos** que desenvolvi inclui sugestões para a alimentação diária e suplementos nutricionais que, com certeza, melhorarão as defesas do sistema imunológico.

[12] No original, "stealth virus", nomeado com base no avião fabricado com a Tecnologia Stealth. Ou seja, o corpo de metal de um avião reflete, com facilidade os sinais de radar e isso facilita a identificação e o rastreamento de aviões. O objetivo da tecnologia stealth é fazer com que o avião fique "invisível" ao radar.

▪ OUTROS FATORES DE RISCO

Além dos mencionados, existem diversos outros fatores potenciais de risco – desde a radiação emitida por telefones celulares até os de origem ambiental – que precisam ser mais bem estudados pelos pesquisadores do Alzheimer. Para os médicos, é difícil determinar como e onde estão todos os riscos. Devo enfatizar que os fatores de risco não são as causas básicas da doença, mas elementos que estão, de algum modo, associados à condição. Por exemplo, o nível alto de colesterol é um fator de risco para os infartos cardíacos; entretanto, o colesterol alto não certifica o infarto. Fator de risco significa a maior probabilidade de ocorrência, se considerarmos a média das pessoas. Isso também é verdade para os fatores de risco do Alzheimer e para a própria doença.

Na maior parte dos casos de Alzheimer, há mais de um culpado, e pode ser que a interação de diversos fatores de risco – genéticos, pressão alta e dieta deficiente, por exemplo – seja o que cause a doença em determinados pacientes. Obviamente, há fatores de risco que não podem ser controlados, tais como a genética e a etnia. Em contrapartida, há outros que podem ser reduzidos ou eliminados, como o fumo, a má alimentação e o sedentarismo.

O **Programa de quatro pontos** que desenvolvi prioriza a prevenção e/ou o reparo das mudanças causadas pelo Alzheimer e pelas demências degenerativas relacionadas – mudanças que, se não forem verificadas, poderão levar à incapacidade e à morte. Portanto, recomendo que você comece o programa agora, mesmo que não esteja incluído na população dos fatores de risco. Entretanto, o fator de risco pode funcionar como um incentivo extra. Afinal, por que arriscar a saúde do cérebro?

A DEPRESSÃO E A DEMÊNCIA – SÃO PARENTES?

Esta seção foi escrita pela dra. Rosalind Bresnahan, que tem um interesse especial nas condições depressivas e trabalha com a dra. Sandra Cabot na Clínica Camden, na região sudoeste de Sydney, Austrália.

O QUE É DEPRESSÃO?

Algumas vezes, nos sentimos tristes. Entretanto, a depressão clínica é muito mais do que um estado de tristeza. A depressão clínica, também conhecida como depressão grave, é uma desordem cerebral de base biológica que afeta os pensamentos, os sentimentos, o comportamento e a saúde mental das pessoas, e acomete a um quarto da população ao longo da vida! As pessoas deprimidas sofrem alterações de humor. Essa é a possibilidade diagnóstica principal quando os indivíduos reclamam que se sentem mal ou exaustos, que não estão interessadao em nada, que nada lhes dá prazer, que têm dificuldade para dormir, pouco apetite ou não conseguem se concentrar. Ao redor do mundo, a depressão só perde para as condições cardíacas como causa de incapacidade grave, de acordo com a Organização Mundial da Saúde.

A depressão pode se instalar em qualquer pessoa, em qualquer idade. Essa condição é uma doença grave, que afeta mais de 20% da população mundial. Foi relatado que a depressão é mais comum na geração dos *baby boomers* do que entre aqueles que nasceram antes da 2ª Guerra Mundial. Infelizmente, menos de um terço dos que sofrem de depressão clínica procuram tratamento. Isso se deve ao desconhecimento da natureza química da depressão e ao estigma social que a acompanha.

A depressão é uma doença do cérebro – diversos estudos comprovam esse fato. Muitos fatores – psicológicos, biológicos, ambientais e genéticos – contribuem para o desenvolvimento da condição. Os cientistas acreditam que algumas pessoas herdam uma composição biológica que as predispõe à depressão. Determinados químicos cerebrais – como a noradrenalina, a serotonina e a dopamina – estão envolvidos na depressão grave. Ela tende a ser ocorrência comum em determinadas famílias, e essa tendência, com frequência, é repassada dos pais para os filhos. Quando essa vulnerabilidade genética existe, outros fatores, como o estresse prolongado, as perdas e as mudanças dramáticas na vida, podem disparar a depressão.

Entretanto, a boa notícia é que o tratamento para a depressão é eficaz – e há diversos tipos de tratamentos disponíveis, incluindo os medicamentos e as terapias psicológicas, que, em geral, alcançam resultados positivos. Novas descobertas na área da psiquiatria estão mudando o modo de tratar essa doença.

Se imaginarmos que o cérebro é um computador que gerencia o nosso organismo, pensamentos e sentimentos, então a depressão seria a fonte de energia com potência diminuída, que não é capaz de fazer o equipamento funcionar do modo adequado. Portanto, quando a fonte de energia é fraca ou intermitente, o computador e todos os seus programas operam de maneira deficitária. Os fatores genéticos determinam como o estoque de neurotransmissores é disponibilizado para o circuito de neurônios do cérebro e, quando não há um número suficiente de moléculas químicas operando, a "bateria" fica estagnada. Isso significa que a COGNIÇÃO (memória, pensamento e compreensão), as EMOÇÕES (sentimentos e humores) e o CORPO (dor, fraqueza, dores de cabeça, palpitações, perda ou ganho de peso, e desordens do sono) estão funcionando de modo defeituoso. Frequentemente, a pessoa com depressão se sente esmagadoramente cansada.

> A DEPRESSÃO TENDE A SER OCORRÊNCIA COMUM EM DETERMINADAS FAMÍLIAS, E ESSA TENDÊNCIA, COM FREQUÊNCIA, É REPASSADA DOS PAIS PARA OS FILHOS.

Sabemos que os telefones celulares funcionam com baterias de tamanhos e capacidades diferentes. Quando a capacidade da bateria é grande e está carregada, podemos falar por horas e com mais de uma pessoa por vez. Cerca de 60% das pessoas têm uma bateria cerebral com maior capacidade que as demais 30-40%, conforme dados de pesquisa recente. Se o seu telefone tem uma bateria com capacidade menor (e isso é genético), a sua reserva não o deixará conversar por muito tempo. Muitos fatores de estresse, como doenças, cirurgias, luto, privação de sono e outros problemas rotineiros podem descarregar a bateria, e haverá menos energia disponível para o funcionamento normal do cérebro. O resultado é a depressão.

VOCÊ ESTÁ DEPRIMIDO?

FAÇA O TESTE, UTILIZANDO A LISTA DE ITENS ABAIXO.

Humor depressivo – tristeza, desesperança, desânimo.
Prazer reduzido em contatos sociais e atividades regulares.
Isolamento social.
Comendo muito ou muito pouco com ganho ou perda de peso.
Dormindo muito ou muito pouco.
Agitação ou letargia.
Memória fraca.
Incapacidade de enfrentar as situações e as funções ao desempenhar as atividades normais.
Sentimento de opressão, com perda de controle.
Concentração fraca.
Lentidão de pensamento e na tomada de decisões.
Falta de confiança.
Irritabilidade.
Fadiga ou perda de energia.
Sentimento de menos valia, de desesperança ou de culpa inadequada.
Pensamento recorrente de morte ou de suicídio.

- Muitos dos sintomas da depressão são similares aos da demência precoce.
- A depressão e a demência, com frequência, ocorrem juntas.

Inicialmente, pode ser difícil diagnosticar a depressão, e deve-se consultar um psiquiatra especialista.

Nos pacientes com demência, o tratamento da depressão, concomitante melhorará sintomas como a perda leve de memória, a reclusão e a tristeza.

A OCORRÊNCIA DE DEPRESSÃO NAS PESSOAS MAIS JOVENS É TÃO COMUM QUANTO NAS IDOSAS.

A depressão – e as suas muitas formas – afeta mais de 20% das pessoas com 65 anos tanto quanto mais de 20% dos adultos EM QUALQUER IDADE. Muitos idosos com depressão, na verdade, tiveram episódios da doença ao longo de grande parte de suas vidas, pois essa é uma condição recorrente. Para muitos, o primeiro episódio acontece na adolescência. Para outros, ela se instala nas fases mais tardias da vida - mesmo aos 80 ou 90 anos de idade. Nos idosos, está fortemente associada à dependência e à incapacidade; por exemplo, a perda da visão, da audição, da agilidade e da mobilidade são causas de muito sofrimento para as pessoas e suas famílias.

BARREIRAS AO TRATAMENTO

A depressão é uma doença cerebral biológica que afeta as células nervosas e os impulsos elétricos no cérebro. As pesquisas demonstraram, também, que o tratamento eficaz altera o cérebro. Entretanto, muitos acreditam que essa doença seja uma condição normal do envelhecimento. O pensamento do tipo "quem não ficaria deprimido se..." é comum face a uma doença crônica, à perda ou à transição social. Além disso, há o sentimento das pessoas com depressão, ou que sofrem de outras doenças mentais, sobre a própria doença e sobre o estigma social que as acompanha. A depressão se manifesta de diversos modos e graus, e nem sempre os indivíduos, ou suas famílias, reconhecem os sintomas e têm consciência de que essa é uma doença física. Tampouco conhecem o tratamento. Outros confundem os sintomas com os sinais da demência. Os mais idosos acreditam que a doença seja uma falha de caráter e ficam preocupados com as críticas, acabam por se culpar pelos sintomas e ficam envergonhados demais para buscar ajuda.

DEPRESSÃO NÃO TRATADA

Os idosos com depressão raramente buscam tratamento. Essa doença, quando não é identificada e tratada, pode trazer consequências sérias, inclusive na forma de suicídio. O fator de risco mais significativo para o suicídio é a depressão. Infelizmente, a maioria dos suicidas busca ajuda – 20% deles se consultam com um médico no dia da morte, 40% na semana do suicídio, e 70% no mês da morte. Ainda assim, a depressão passa despercebida.

SINTOMAS DE DEPRESSÃO NOS IDOSOS

Nos idosos, os sintomas podem ser um pouco diferentes. Neles, com frequência, a depressão se caracteriza por problemas de memória, confusão, reclusão, perda de apetite, incapacidade de dormir, irritabilidade e, em alguns casos, delírios e alucinações. As pessoas idosas e deprimidas experimentam sentimentos profundos de tristeza, os quais, quase sempre, não são reconhecidos ou demonstrados com clareza. Quando perguntamos a essas pessoas se elas estão deprimidas, a resposta é "não". Uma dica para identificar a doença é quando há queixas persistentes e vagas, e a pessoa busca ajuda, mantendo um comportamento que requer contato e atenção constantes.

MAIS DO QUE TRISTEZA?

Nas situações de mudanças, tais como as experimentadas pelos idosos, por exemplo, quando têm que sair das casas onde moraram por longo tempo, ou frente à perda de um parente, a tristeza é um sentimento normal. A tristeza e o luto são reações temporárias inerentes às perdas e às dificuldades da vida. Entretanto, diferente da tristeza normal, a depressão clínica não vai embora sozinha e perdura por meses. Ela precisa ser tratada por profissionais. A depressão não resolvida pode afetar o sistema imunológico e aumentar a susceptibilidade a outras doenças. Essa complicação é característica das pessoas idosas.

Em alguns idosos, principalmente nos que têm histórico de depressão, o desenvolvimento de doença debilitante, a perda do cônjuge ou de um amigo, a aposentadoria, a mudança de casa ou qualquer outro evento estressante pode dar início ao episódio depressivo. Devemos ter em mente que isso também pode ser um efeito secundário de alguns medicamentos prescritos para tratar a hipertensão ou o colesterol alto.

SINAIS DE ALERTA

O risco de depressão grave é duas vezes maior para as mulheres idosas do que para os homens. Fatores biológicos, tais como as alterações hormonais, deixam as mulheres mais vulneráveis. O estresse decorrente da responsabilidade de manter o relacionamento, ou de cuidar de um familiar doente e dos filhos, é mais evidente nas mulheres, o que pode contribuir para as taxas mais altas de depressão nesse grupo. Os casos de depressão são altos, também, entre a população de solteiros e de viúvos, bem como entre os que não contam com uma rede de apoio social.

TRATAMENTO DA DEPRESSÃO

Felizmente, o prognóstico é bom. Depois do diagnóstico, 80% das pessoas clinicamente deprimidas, incluindo as idosas, podem ser tratadas com eficácia por meio de medicamentos, psicoterapia, eletroconvulsoterapia (ECT)[13], estimulação magnética transcraniana[14], ou qualquer combinação desses métodos.

Os fármacos antidepressivos fazem efeito positivo na maior parte das pessoas com depressão. Os diferentes grupos de fármacos incluem estas formulações.

- Tricíclicos
- Inibidores de Monoamino Oxidase (IMAOs)
- Inibidores Seletivos de Recaptação de Serotonina (SSRIs)
- Inibidores de Recaptação de Noradrenalina e Serotonina (NSRIs)

A conformidade ao medicamento é muito importante. Evidentemente, algumas pessoas experimentam os efeitos secundários dos medicamentos antidepressivos, e a escolha do tratamento depende do tipo de efeito secundário que pode ser tolerado, em bases individuais. É importante começar com doses BAIXAS e aumentá-las GRADUALMENTE. De um modo geral, os medicamentos antidepressivos são seguros e eficazes, com efeitos secundários mínimos. Geralmente, os médicos testam diversos fármacos e doses para chegar ao que funciona melhor para cada pessoa. Poucas semanas após o início do tratamento, os resultados positivos já aparecem.

A ECT pode ser útil no tratamento de depressões graves em adultos com idade mais avançada. Infelizmente, esse método é subutilizado, pouco disponível, ou onerado pelo mito e pela falta de informação sobre a sua segurança e eficácia. Na ECT, a corrente elé-

[13] A **eletroconvulsoterapia** (ECT) é um método que utiliza o estímulo elétrico para gerar uma convulsão que constitui o elemento terapêutico. É um tratamento efetivo para certos subgrupos de indivíduos que sofrem de doenças mentais graves, em pacientes portadores de transtornos depressivos graves, catatonia, mania e ocasionalmente em outros com esquizofrenia.

[14] A **Estimulação Magnética Transcraniana** é um procedimento médico que utiliza estímulos elétricos e magnéticos excitatórios ou inibitórios para restabelecer o funcionamento cerebral. Atualmente vem sendo amplamente estudada e para o tratamento da depressão, fibromialgia, dor crônica, ansiedade, esquizofrenia, síndrome do pânico, transtorno obsessivo compulsivo (TOC), transtornos de deficiência de atenção com ou sem hiperatividade, transtorno do estresse pós-traumático (TSPT), reabilitação do AVC, tiques, síndrome de Tourette, epilepsia, esclerose múltipla, zumbido, doença de Parkinson, transtorno bipolar, entre outras.

trica passa pelo cérebro enquanto o paciente está anestesiado, e ele melhora, com rapidez, da depressão grave.

A Estimulação Magnética Intracraniana (TMS) é um tratamento novo para a depressão resistente. Um ímã induz uma corrente através da superfície do cérebro, que estimula as células nervosas e trata, de modo bem-sucedido, a depressão difícil e refratária[15]. As pesquisas nessa área ainda estão progredindo, embora muitas pessoas já tenham se beneficiado com esse tratamento em diferentes partes do mundo.

O apoio psicossocial e o tratamento desempenham papel essencial no cuidado dos pacientes que passam por crises significativas durante a vida, que não têm amparo familiar, ou condições de lidar com seus problemas. A terapia cognitivo-comportamental (CBT)[16] é administrada por psicólogos e psiquiatras e provou ser um tratamento não farmacológico adequado para as depressões de leve a moderadas. Esse tratamento pode ajudar as pessoas a reaprender as técnicas de pensamento e de enfrentamento de situações.

Assim como a diabete e a artrite, a depressão é uma doença crônica. Melhorar é só o início do desafio; permanecer bem é o objetivo final. Os especialistas recomendam tratamento de seis meses a um ano para as pessoas que experimentam o primeiro episódio de depressão, ou para aquelas que recaem após o tratamento da fase aguda. Para os indivíduos que já experimentaram dois ou três episódios ao longo das suas vidas, o tratamento deve se estender por dois anos, após a remissão da condição. Para as pessoas com mais de três episódios, pode ser que o

A TERAPIA COGNITIVO-COMPORTAMENTAL PODE AJUDAR AS PESSOAS A REAPRENDER AS TÉCNICAS DE PENSAMENTO E DE ENFRENTAMENTO DE SITUAÇÕES.

[15] **Depressão refratária**: depressão resistente aos antidepressivos de uso corrente.

[16] A **Terapia cognitivo-comportamental** é uma linha de psicoterapia breve, proposta e desenvolvida pelo psicólogo Aaron Beck, nos anos 60. Envolve um conjunto de técnicas e estratégias terapêuticas com a finalidade de mudança de padrões de pensamento. O processo pode levar de três a seis meses, trabalhando a criação de estratégias para lidar com o sofrimento. A Terapia cognitivo-comportamental reinterpreta os elementos que geram emoção negativa.

tratamento tenha que ser administrado para o resto da vida. O tratamento eficaz, que faz com que a pessoa fique bem, é o que previne as recorrências.

ALZHEIMER: A DEPRESSÃO PODE SER UM FATOR?

ESTUDO DE CASO

Janete, na verdade, não estava "normal". A família notou o esquecimento crescente, a tendência à impaciência, a irritabilidade e a confusão com as atividades rotineiras que ela sempre havia desempenhado, tais como o planejamento das compras semanais ou o controle da conta bancária. Janete ligava para a filha, todos os dias, com uma lista longa de preocupações sem importância e parecia não sair muito de casa.

É Alzheimer? Poderia ser depressão? É possível que ambos estejam presentes.

O Alzheimer precoce e a depressão compartilham muitos sintomas, e a distinção entre essas duas condições pode ser difícil, até para os médicos. Portanto, o fato de pessoas com o mal de Alzheimer sofrerem de depressão não deve surpreender.

Além da tristeza, a depressão causa a perda do interesse nas atividades e nos passatempos até então prazerosos. A mesma coisa acontece com o Alzheimer. A reclusão, tanto social quanto emocional, é comum às duas condições, bem como o comprometimento da memória e da concentração.

À medida que a demência progride, a capacidade de comunicação colapsa. Como resultado, fica mais difícil reconhecer a depressão. Grande parte das pessoas que sofre de demência não é capaz de compreender seus sentimentos e nem de falar sobre eles.

Não é difícil entender por que as pessoas com depressão podem ser erroneamente diagnosticadas como sofrendo do mal de

Alzheimer, e vice-versa! É importante reconhecer a diferença, pois a depressão pode ser tratada com facilidade, o que melhora a função cognitiva.

> O ALZHEIMER PRECOCE E A DEPRESSÃO COMPARTILHAM MUITOS SINTOMAS, E A DISTINÇÃO ENTRE ESSAS DUAS CONDIÇÕES PODE SER DIFÍCIL.

Na verdade, o tratamento da depressão melhora, em muito, a qualidade de vida do paciente que sofre de Alzheimer e de depressão. Um exame médico completo com o profissional de saúde adequado ajudará o diagnóstico da depressão concomitante.

A DEPRESSÃO É UM FATOR DE RISCO PARA O ALZHEIMER?

Um estudo recente sugere que a depressão, nos idosos, pode preceder o desenvolvimento do Alzheimer. Os pesquisadores acompanharam, ao longo de sete anos, os sintomas da depressão e do Alzheimer em pessoas com mais de 65 anos de idade.

No início do trabalho, nenhum dos participantes apresentava sintomas do Alzheimer. Entretanto, a probabilidade de ocorrência da doença foi maior para os indivíduos que relataram os sintomas depressivos mais severos no questionário que o grupo completou, anualmente, para o estudo. Na verdade, essa tendência se confirmou depois da análise de cada um dos sintomas depressivos relatados.

É necessário aprofundar as pesquisas sobre esse assunto para explorar essa possível ligação e determinar se o tratamento da depressão reduz a probabilidade do Alzheimer subsequente. Atualmente, a melhor opção ainda é o reconhecimento e o tratamento da depressão nos idosos, independentemente da presença do Alzheimer.

Capítulo 4

OS SINTOMAS E AS MUDANÇAS PROVOCADAS PELO ALZHEIMER

O mal de Alzheimer é uma doença frustrante, não somente pelo fato de aprisionar o cérebro e cercear a capacidade de pensar com clareza, mas também porque o diagnóstico é difícil, em especial nos estádios iniciais, visto que os sintomas podem reproduzir os efeitos naturais do envelhecimento ou de uma gama variada de condições médicas. Os sinais iniciais da doença podem ser leves e não serem percebidos pelos outros, só pela vítima - que pode não dar importância, ignorar esses sintomas, ou, ainda, não falar sobre eles - por medo ou vergonha.

Na minha prática médica, verifiquei que o diagnóstico precoce do mal de Alzheimer pode ser comparado a uma viagem por um território desconhecido, sem mapa nem bússola para orientação. Muito raramente encontramos a estrada principal ou um ponto de referência para nos servir de guia.

No início da década de 1900, Alois Alzheimer, um médico alemão, descreveu, pela primeira vez, os efeitos dessa doença que, desde então, leva o seu nome. Foi relatado que, quando pesquisadores encontraram as notas iniciais do dr. Alzheimer sobre o primeiro caso, constava o seguinte: "Eu me perdi em mim mesmo". Talvez essa seja a melhor descrição do Alzheimer e é tão verdadeira hoje quanto há 100 anos.

"EU ME PERDI EM MIM MESMO."

Após o estudo exaustivo dessa doença, decidi que o meu objetivo profissional seria o de ajudar as pessoas, que correm o risco de desenvolver o Alzheimer, a reduzirem a probabilidade de sofrerem da doença, para que pudessem viver suas vidas com um cérebro saudável. Estando a doença instalada, espero poder trabalhar junto para tentar reparar alguns de seus danos, ou interromper seu curso, e, no caminho, recuperar a personalidade do indivíduo, antes que ela se perca por completo. Esses objetivos me levaram a desenvolver um **Programa de quatro pontos**, para a proteção do cérebro.

Só com o entendimento pleno da doença poderemos derrotar o Alzheimer e classificá-lo como o "célebre medo superado", para que se junte à poliomielite e à caxumba, epidemias que foram erradicadas graças ao arsenal moderno de conhecimentos de saúde.

Entendemos, com propriedade, a causa do mal de Alzheimer (ou seja, as placas e os novelos no cérebro). Entretanto, desconhecemos a "causa da causa" - isto é, a causa das placas e dos novelos. Por exemplo, não existe exame de sangue, ou de imagem, que nos permita determinar, com 100% de certeza, a afirmação "Veja só, essa pessoa está no estágio inicial do Alzheimer". Portanto, diagnosticar o Alzheimer com precisão e, em especial, no seu estágio inicial, pode ser complicado. Temos que nos basear nos sintomas - e isso pode ser mais difícil do que pensamos, pois eles variam muito de pessoa para pessoa. Além disso, muitos indícios do Alzheimer são, também, sintomas de outras doenças.

Na minha opinião, as melhores ferramentas diagnósticas disponíveis são a investigação e a identificação dos sintomas que já conhecemos. Esse processo tem uma eficácia razoável, sobretudo quando estamos cientes dos principais sinais de alerta para o Alzheimer e de algumas das suas alterações mentais e emocionais mais comuns.

Nos capítulos anteriores, mencionamos alguns desses sintomas, sinais e alterações - ou seja, começamos a desvendar os seus mistérios. Agora, aprofundaremos o diagnóstico com o detalhamento desses sintomas, sinais e alterações. Verificaremos, também, as diferenças entre os sinais normais de envelhecimento e os sinais similares que podem indicar, ou que indicam, a presença do mal de Alzheimer.

Pode ser que as informações neste capítulo pareçam repetitivas. Entretanto, a identificação precoce do Alzheimer, com certo grau de precisão e em proveito próprio ou de um familiar, vale o preço da repetição. Somente depois de diagnosticado, o Alzheimer pode ser tratado. Contudo, se o tratamento não estiver dentro de um programa holístico, como o que desenvolvi, a doença consumirá a mente com a mesma determinação mostrada pela nuvem de gafanhotos que devasta uma plantação. Se largado ao léu, eventualmente, o Alzheimer destruirá por completo a mente. Portanto, por que não repetir informações, quando elas possibilitam o diagnóstico preciso?

Nos estádios iniciais, o Alzheimer é insidioso e toma conta das suas vítimas devagar e sorrateiramente, com a tendência a ser "a mesma coisa, de outro modo". Ou seja, a doença, em geral, segue um curso-padrão e exerce o mesmo efeito sobre as pessoas, com o passar do tempo. Porém, o progresso e os sinais do Alzheimer podem variar. Podemos compará-lo aos trens que partem da mesma estação e chegam a um destino comum, por trilhos diferentes. As rotas, os horários de chegada e as refeições servidas no caminho não são as mesmas, mas, no final, todos os passageiros desembarcam em uma só estação, tendo completado a mesma viagem, do ponto A para o ponto B.

O MAL DE ALZHEIMER, EM GERAL, SEGUE UM CURSO-PADRÃO E EXERCE O MESMO EFEITO SOBRE AS PESSOAS, COM O PASSAR DO TEMPO. PORÉM, O PROGRESSO E OS SINAIS DA DOENÇA PODEM VARIAR.

Além disso, cheguei à conclusão de que, em termos de diagnóstico precoce, a diversidade pode ser uma das facetas mais irritantes do Alzheimer. Quando achamos que conhecemos os sintomas e os sinais iniciais, um comportamento novo aparece para desafiar nossas certezas. Na minha prática médica, isso já aconteceu inúmeras vezes. O Alzheimer é bastante consistente com relação ao fato de que mata, se as devidas medidas não forem tomadas; mas a progressão rotineira da doença varia de pessoa para pessoa.

Não obstante, continuo convencida de que é importante conhecer, por exemplo, os dez sinais do Alzheimer. Eles foram identificados pelos especialistas da *Alzheimer's Association*. Dizem que saber é poder, e o mal de Alzheimer é prova concreta da veracidade dessa expressão. Quando nós, ou um de nossos familiares, exibimos um ou mais desses sinais, devemos procurar ajuda profissional (que pode incluir o **Programa de quatro pontos**) imediata. Acredito que, se um desses sinais estiver presente, devemos considerar a prática de ações corretivas.

OS DEZ SINAIS DO MAL DE ALZHEIMER

1. Perda de memória que afete a capacidade de trabalho.
2. Dificuldade de desempenhar atividades rotineiras.
3. Problemas com a linguagem.
4. Desorientação no tempo e no espaço.
5. Bom senso prejudicado ou diminuído.
6. Problemas com o pensamento abstrato.
7. Esquecimento frequente do lugar onde guardou as coisas.
8. Alterações de humor ou de comportamento.
9. Mudanças de personalidade.
10. Falta de iniciativa.

Você consegue identificar esses sinais de alerta na sua vida e saber dizer se eles estão piorando? Se a resposta é sim, continue a ler este livro. O Alzheimer não é uma doença que possa ser ignorada – é uma condição na qual cada minuto conta, uma vez que as engrenagens do seu relógio letal comecem a girar.

Com essa sensação de urgência em mente, vamos comparar indícios do envelhecimento normal com alguns dos de demência. Por exemplo, um episódio ocasional de esquecimento, ou a perda de concentração momentânea, é normal e não deve causar preocupação; mas o esquecimento constante de compromissos, ou a dificuldade extrema para tomar decisões rotineiras, podem ser indicadores do Alzheimer ou de outro problema sério. Além disso, à medida que envelhecemos, nossos interesses mudam, e podemos ficar tristes ou ansiosos por motivos que conseguimos reconhecer. Entretanto, a perda de interesse pelas coisas que adorávamos fazer, ou as mudanças de humor extremas, sem motivo específico, podem ser indicadores de problemas mais sérios.

Do mesmo modo, há diferenças entre as mudanças normais nos movimentos e na coordenação que são características do envelhecimento e aquelas que podem estar relacionadas com o Alzheimer, ou com outra demência. Em circunstâncias normais, uma pessoa idosa precisa de mais tempo de reação às situações e maior grau de cautela com os movimentos físicos. No entanto, se notamos mudanças dramáticas na coordenação, ou se o modo de andar se torna vacilante, ou se o equilíbrio parece diminuir rapidamente, então, há motivo para preocupação e para uma consulta ao médico ou ao neurologista.

Se existe algum ponto positivo no mal de Alzheimer – e, acredite, não gosto nem um pouco de usar o termo "positivo" em relação ao Alzheimer –, é o fato de que ele se instala devagar, e o paciente tem a oportunidade de reunir suas forças e de lutar. O câncer e o infarto podem agir como um "cruzado de direita", potente e devastador, que nocauteia sem perdão. Mas o Alzheimer age como um tapinha carinhoso nas costas. Se não estivermos atentos, podemos não identificar o ataque.

A sutileza do Alzheimer, aliada a sua capacidade de imitar as manifestações de outras doenças, explica o diagnóstico tardio. Para ajudar na identificação precoce e incentivar o início do programa de prevenção do Alzheimer, este livro lista alguns dos seus sintomas mais comuns. Inclui, também, três outras condições que apresentam as mesmas alterações, para que você possa compreender melhor as dificuldades impostas ao prognóstico desse mal. A busca da

SE EXISTE ALGUM PONTO POSITIVO NO MAL DE ALZHEIMER, É O FATO DE QUE ELE SE INSTALA DEVAGAR, E O PACIENTE TEM A OPORTUNIDADE DE REUNIR SUAS FORÇAS E DE LUTAR.

combinação dos sintomas comuns das diversas doenças pode ser a chave para o diagnóstico precoce desse mal.

É preciso ressaltar que alguns desses sintomas aparecem nos estádios iniciais da doença, enquanto outros são característicos dos mais avançados. A lista não segue uma ordem específica, e alguns pacientes podem apresentar manifestações atípicas.

OS SINTOMAS MAIS COMUNS DO ALZHEIMER

ESQUECIMENTO

Esse é um sinal característico do mal de Alzheimer, mesmo que o esquecimento eventual e os lapsos de memória sejam normais em qualquer idade e possam aumentar em frequência à medida que envelhecemos. **Outras causas prováveis:** estresse, excesso de trabalho, abuso de álcool.

PERDA DE CONCENTRAÇÃO

A falta de concentração é uma ocorrência comum na correria da vida atual, mas, se persiste e é incapacitante, a causa provável é a demência. **Outras causas prováveis:** privação de sono, ansiedade, doença depressiva.

DEFICIÊNCIA COGNITIVA

Não há dúvidas de que essa condição afeta a todos em alguma fase da vida, e não deve ser vista como motivo de preocupação, salvo se persistir ou piorar, ou se vier acompanhada de outro sintoma do Alzheimer. **Outras causas prováveis:** estresse, depressão, deficiência nutritiva.

DIFICULDADE NA FALA

Isso inclui a fala arrastada ou a incapacidade de falar e pode ser bem mais séria do que a deficiência cognitiva, em especial quando se instala de repente, sem motivo ou causa anterior. **Outras causas pro-**

váveis: acidente vascular cerebral, esclerose múltipla (EM), doença de Parkinson.

DETERIORAÇÃO DA LINGUAGEM

Essa condição difere da dificuldade na fala, pois envolve a capacidade de formar pensamentos e de estruturá-los empregando as palavras certas. **Outras causas prováveis:** tumor cerebral, acidente vascular cerebral, encefalite.

DIFICULDADE NA LEITURA

Esse é outro sintoma provável do Alzheimer que pode ser considerado grave, independentemente da causa. Se um dia as pessoas conseguem ler normalmente e no outro apresentam dificuldades na leitura, o melhor é buscar ajuda profissional, de imediato. **Outras causas prováveis:** acidente vascular cerebral, tumor cerebral, problemas de visão (consulte o oftalmologista).

DESORIENTAÇÃO ESPACIAL

Esse sintoma está relacionado com a coordenação física ou – mais especificamente – com a falta de coordenação. A diminuição na capacidade de orientação espacial pode dificultar, por exemplo, as brincadeiras com bolas, subir escadas ou completar um quebra-cabeça. Esse pode ser um sinal de envelhecimento, mas nem sempre é só isso. **Outras causas prováveis:** esclerose múltipla, acidente vascular cerebral, alcoolismo.

CONFUSÃO

Mesmo a pessoa mais saudável experimenta momentos de confusão. Mas, quando são frequentes, permanecem por períodos prolongados, ou interferem no processo do pensamento normal, podem ser motivo de preocupação. **Outras causas prováveis:** ansiedade, infecções graves, baixo nível de glicose no sangue.

DESORIENTAÇÃO

O grau de severidade deste sintoma está relacionado com a gravidade da condição. A desorientação momentânea é comum e não deve ser motivo de preocupação. Entretanto, é diferente de quando as pessoas têm problema para lembrar onde estão ou como chegaram lá. **Outras causas prováveis:** crise de pânico, encefalite, determinados medicamentos.

ATITUDE INDIFERENTE

Não estamos falando da indiferença com relação ao programa de televisão que está passando, ou se tanto faz comer purê de batata ou batata frita no jantar. Esse sintoma se refere a um afastamento emocional generalizado dos assuntos antes considerados como interessantes ou importantes. **Outras causas prováveis:** desordem bipolar, depressão, tumor cerebral.

ANSIEDADE

De novo, não estamos falando da ansiedade genérica do tipo que experimentamos com a aproximação da data do casamento da filha, ou de um compromisso para uma palestra, ou da avaliação de desempenho que define o aumento de salário. Como sintoma do Alzheimer, a ansiedade inclui o medo e a preocupação persistentes que interferem nas atividades diárias. **Outras causas prováveis:** hipertireoidismo, depressão, estresse.

DEPRESSÃO E ALTERAÇÕES DE HUMOR GRAVES

Esses são sintomas usuais do Alzheimer. Mas "estar deprimido" um dia não significa ter uma doença cerebral grave, como o Alzheimer. É comum que a depressão grave, que não foi tratada, seja confundida com o mal de Alzheimer. **Outras causas prováveis:** alterações hormonais do climatério, abuso de álcool e de drogas, depressão endógena genética.

AGRESSIVIDADE

O comportamento agressivo é um sintoma comum do Alzheimer, observado nos estádios mais tardios da doença, em geral, e que se manifesta por uma conduta que ultrapassa a agressão leve e que não é característica do indivíduo. **Outras causas prováveis:** abuso de álcool e drogas, depressão, transtorno de estresse pós-traumático.

PERAMBULAR

Esse é um dos sintomas-chave do estágio avançado do Alzheimer, e, com frequência, é uma questão contínua, salvo quando o paciente fica confinado ou quando alguém o acompanha todo o tempo. Em muitos casos, os pacientes que perambulam sem rumo morrem antes de serem encontrados. **Outras causas prováveis:** demência alcoólica, esquizofrenia, intoxicação por drogas.

MUDANÇAS DE PERSONALIDADE

Quando o diagnóstico é o Alzheimer, o indivíduo afetado passa por alterações de personalidade óbvias e inusitadas. Essas alterações incluem a agressividade, a timidez, a reclusão total, a introversão, a dependência, os delírios de grandeza, a falta de controle, ou o comportamento extravagante ou afastado dos padrões. O grau de alteração varia de pessoa para pessoa, mas ela está presente e será perceptível. **Outras causas prováveis:** tumor cerebral, sífilis, envenenamento por mercúrio.

DIFICULDADES PARA ENGOLIR

Esse sintoma do Alzheimer é secundário e comum nos estádios mais tardios. Esse transtorno, com frequência, está relacionado a um desconforto para engolir, que, nessa fase, o paciente tem dificuldade para explicar. **Outras causas prováveis:** doença neuromotora, tumor cerebral, acidente vascular cerebral.

SALIVAÇÃO EXCESSIVA

Outro sintoma bastante comum, embora não muito conhecido, é a salivação excessiva, ou a sialorreia. Entretanto, ele é característica dos estádios mais adiantados e aparece depois que os demais sintomas já formaram o quadro irreversível do Alzheimer. **Outras causas prováveis:** paralisia de Bell[17], doença de Parkinson, doença neuromotora.

INCONTINÊNCIA

Esse é outro sintoma característico dos estádios mais adiantados do Alzheimer e envolve tanto o trato urinário quanto o intestinal. É um distúrbio comum, mas, em geral, não é usado para o diagnóstico, pois, quando aparece, os demais sintomas já formaram o quadro irreversível da doença. **Outras causas prováveis:** diabete, hipertrofia da próstata nos homens, infecções do trato urinário.

Os sintomas mencionados não esgotam as possibilidades para o Alzheimer, mas são os mais comuns, e, quando a maioria deles não está presente, possivelmente, a fonte do problema é alguma outra condição.

O **Programa de quatro pontos** que desenvolvi promove a melhora da saúde e da função do cérebro, mesmo em pessoas saudáveis, além de ajudar muitos pacientes com doenças neurovegetativas, como a esclerose múltipla e a doença de Parkinson – desde que, é claro, essas doenças não tenham alcançado um estádio avançado.

Discutimos os sinais de alerta para o Alzheimer e os seus sintomas característicos e, agora, vamos aplicá-los à doença, verificando as alterações mais comuns observadas nos indivíduos que dela sofrem.

Até agora mencionei várias vezes a palavra "estádio" com relação ao Alzheimer. Nos capítulos anteriores, resumi os estádios típicos que acometem a maior parte das pessoas com essa doença.

[17] A **paralisia de Bell** é uma paralisia do nervo facial (nervo craniano VII) que resulta em inabilidade para controlar os músculos faciais no lado afetado.

Entretanto, assim como outros aspectos envolvendo o Alzheimer, as opiniões dos médicos diferem quanto ao número de estádios esperados. Alguns advogam que há somente três estádios, e outros os desmembram em sete. Na verdade, não há número certo ou errado, mas sim uma variação nas opiniões de acordo com a perspectiva individual e o emprego de parâmetros diferentes. Com efeito, esses números não são importantes se considerarmos que a doença, eventualmente, destruirá o cérebro – independentemente do número de estádios –, salvo se tomarmos medidas definitivas para interromper o Alzheimer antes que ele chegue aos seus estádios finais.

Só menciono a questão dos estádios porque verificaremos, na próxima seção, as alterações mais óbvias do Alzheimer. Essa informação (adaptada do manual *Caring for People with Alzheimer: A Manual for Facility Staff*[18], de autoria de Lisa P. Gwyther, publicado pela *American Health Care Association e pela Alzheimer's Association*[19], com base no Disease Education & Referral Centre[20] do National Institute on Ageing[21]) lista três estádios para a doença: leve, moderado e grave.

Usaremos esses três estádios como base, pois, como mencionado, a progressão do Alzheimer varia de indivíduo para indivíduo, e algumas dessas alterações podem aparecer em fases diferentes das especificadas neste livro, ou podem não aparecer, simplesmente. Além disso, pode acontecer de algumas aparecerem e, depois, sumirem; enquanto outras serão definitivas e piorarão com o tempo.

O mal de Alzheimer pode confundir, e a sintomatologia individual dependerá de diversos fatores, desde o condicionamento físico e o estado nutricional até a força emocional e o apoio da família e dos amigos.

[18] **Caring for people with Alzheimer: A manual for facility staff:** em tradução livre : *Cuidados para pessoas com o Alzheimer: um guia para cuidadores*, não publicado em português.

[19] **American Health Care Association**: uma associação americana, sem fins lucrativos, de organizações de saúde do Estado, que reúne enfermeiras, cuidadores e pessoal de apoio de casas de saúde e de outras instituições para idosos e deficientes em geral.

[20] **Disease Education & Referral Centre**: Centro para a Educação e Referência do Alzheimer, com sede nos Estados Unidos.

[21] **National Institute on Ageing**: o Instituto Nacional do Envelhecimento é a principal agência federal americana para pesquisa sobre o Alzheimer.

MUDANÇAS COMUNS NO MAL DE ALZHEIMER LEVE

- Perder o entusiasmo ou o gosto pela vida – a iniciativa desaparece.
- Perder a memória recente, que pode não ser notada na conversação casual.
- Ter dificuldades para aprender e criar novas memórias.

"Faça de novo. Eu sei que já fiz isso antes, mas, agora, esqueci como se faz."

- Ter dificuldades para encontrar as palavras – pode substituir ou criar palavras com sons similares, ou que significam algo que se parece com a palavra esquecida.
- Parar de conversar para evitar erros.
- Não conseguir se concentrar e ter menos motivação para realizar as tarefas diárias.
- Perder-se ao se dirigir a lugares familiares.

"Tenho certeza de que a biblioteca fica aqui por perto. Nós não fomos à biblioteca outro dia?"

- Resistir a mudanças ou a fazer coisas novas.
- Ter dificuldades para organizar os pensamentos e raciocinar com lógica.
- Perguntar diversas vezes a mesma coisa.
- Retrair-se ou perder o interesse, em geral.
- Ficar irritado com frequência, sem muita sensibilidade para com os sentimentos dos outros, ou sentir raiva incomum quando frustrado ou cansado.
- Não tomar decisões; por exemplo, não expressar preferência por alimentos.

"Acho que estou com fome, mas não sei... Qualquer coisa está bom."

- Demorar a desempenhar atividades rotineiras e demonstrar raiva ou frustração com acontecimentos inesperados. Esquecer-se de pagar, pagar muito mais, ou se esquecer de como fazer o pagamento de compras – pode entregar a carteira ao caixa em vez de entregar a quantia certa para a quitação da conta. Esquecer-se de comer, comer apenas um tipo de comida, ou comer o tempo todo.
- Verificar, procurar ou acumular coisas sem valor, o tempo todo.
- Perder ou colocar as coisas no lugar errado; esconder ou esquecer onde deixou as coisas, tal como colocar as roupas na máquina de lavar louças.

MUDANÇAS COMUNS NO MAL DE ALZHEIMER MODERADO

- A deterioração do comportamento, da aparência, da higiene e do sono fica mais aparente.
- Confundir as pessoas, como, por exemplo, pensar que um filho é um irmão, ou que a esposa é uma estranha.
- A capacidade deficiente de formar juízo cria problemas de segurança quando o paciente está sozinho – fica descuidado, deixa aparelhos elétricos ligados muito tempo, ou pode andar sem rumo e se expor a riscos externos e exploração por terceiros.
- Tem dificuldades para reconhecer pessoas familiares e objetos pessoais que pertencem a terceiros.

"Desculpe-me, senhor! Senhor! O senhor precisa pagar antes de levar esse item!"

- Repetir as histórias, as palavras favoritas ou as declarações diversas vezes.

- Os movimentos são repetitivos ao cair da noite, como, por exemplo, andar de um lado para o outro, ou verificar as fechaduras.
- Não conseguir organizar os pensamentos ou seguir explicações lógicas.
- Ter dificuldades para seguir instruções por escrito, ou terminar tarefas.
- Criar histórias para preencher as perdas de memória – isso é chamado de fabulação e ocorre em pessoas com dano cerebral em decorrência do alcoolismo.

"Tenho certeza de que a mamãe vem me buscar depois do trabalho. Você conhece a minha mãe, não é?"

- Pode ter capacidade para ler, mas não consegue formular a resposta certa para uma solicitação verbal.
- Pode acusar, ameaçar, falar mal, ficar irrequieto ou comportar-se de modo inadequado, com chutes, batendo, mordendo, gritando ou agarrando.
- Pode ficar desleixado ou não ter boas maneiras.
- Pode acusar o cônjuge de traição ou os membros da família de roubo.
- Pode ver, sentir o cheiro, ou o gosto de coisas que não estão presentes.

"Está sentindo o cheiro de gás? É gás, certo? Tenho certeza de que o gás está vazando! Você não está sentindo o cheiro?"

- Adormecer com frequência ou acordar à noite, achando que está na hora de ir trabalhar.
- Ter dificuldades para posicionar o corpo no vaso sanitário ou sentar-se em uma cadeira.
- Pode pensar que a imagem no espelho o está seguindo, ou que a história da TV, na verdade, está acontecendo com ele.

- Precisar de ajuda para encontrar o banheiro, para usar o chuveiro, para lembrar-se de beber água e de escolher roupas de acordo com o clima.

"Querido, você precisa colocar o casaco... Já é inverno e está frio!"

- Exibir comportamento sexual inadequado, tal como confundir a cunhada com a esposa. Esquecer que esse é um comportamento privado e tirar a roupa em público.

MUDANÇAS COMUNS NO MAL DE ALZHEIMER GRAVE

- Não se reconhecer e não reconhecer os familiares próximos.
- Falar de maneira desarticulada, ficar mudo ou falar de modo difícil de entender.
- Pode se recusar a comer, engasgar ou esquecer-se de engolir.
- Gritar, passar a mão ou tocar em tudo, repetitivamente.
- Perder o controle do intestino e da bexiga.
- Pode parecer desconfortável ou gritar quando movido ou tocado.
- Esquecer-se de como andar, ou ficar desequilibrado ou fraco demais para ficar em pé sozinho.
- Pode ter convulsões e cair com facilidade.
- Pode gemer, gritar ou resmungar em voz alta.
- Dormir por mais tempo.
- Precisar de assistência total para todas as atividades diárias.

As mudanças que chegam, sem aviso ou convite, junto com o Alzheimer são tristes, você concorda? Antes, os familiares e os amigos dessas vítimas sofriam também – de forma muito diferente, é claro –, pois, além de prestarem todo o apoio moral e emocional, não era possível fazer muito mais que isso. Agora, essa situação mudou.

Já abordamos a maior parte dos sintomas, sinais e mudanças do Alzheimer – e precisamos desse entendimento. Mas o que ainda não mencionei foi a importância de não deixar que esses sintomas e sinais bloqueiem a nossa visão do que, na verdade, escondem. Em outras palavras, não devemos nos concentrar só na doença. Devemos considerar a pessoa, também, e refletir sobre o que podemos fazer para ajudar o membro da família ou o amigo, ofuscado pela doença, a superar essa condição incapacitante. Além disso, devemos assegurar que eles tenham informação sobre o auxílio que a medicina nutricional pode prestar ao paciente com Alzheimer. Meu programa começa com a convicção revolucionária de que podemos fazer algo eficaz para reduzir o risco de ocorrência, os sintomas e o sofrimento do Alzheimer.

DEVEMOS CONSIDERAR A PESSOA E REFLETIR SOBRE O QUE PODEMOS FAZER PARA AJUDAR AO MEMBRO DA FAMÍLIA OU AO AMIGO, OFUSCADO PELA DOENÇA, A SUPERAR ESSA CONDIÇÃO INCAPACITANTE.

A alma e o coração de uma pessoa saudável ficam mascarados pelos sintomas do Alzheimer e por todas as mudanças mentais e emocionais provocadas pela doença. É necessário redescobrir o indivíduo e ajudá-lo a reconstruir o funcionamento e o estado físico de seu cérebro. É possível retirar essas máscaras para que as memórias possam fluir e para que novas outras se construam. O ponto de início é a consciência dos sinais e dos sintomas precoces da doença. Depois, vem o fortalecimento e a segurança de que a medicina holística – e, no futuro, a engenharia genética – pode ajudar o cérebro a precaver-se contra a destruição trazida pelo Alzheimer e a reduzir essa condição terrível ao "célebre medo superado".

Capítulo 5

TESTES PARA DETECTAR O ALZHEIMER

Por um lado, o Alzheimer é similar a um homem invisível: é quase impossível identificar, fielmente, a doença nos seus estádios pré-sintomáticos ou bastante precoces, a menos que haja uma pista clara - um sinal - que o denuncie. Mesmo que exista um sinal visível, pode ser muito difícil saber se ele é indicador do Alzheimer ou de outro tipo de demência, ou de uma condição médica não relacionada, ou das consequências normais do envelhecimento.

Fiquei impressionada com o comentário da filha de uma celebridade com Alzheimer, que disse que a primeira indicação de que a mãe sofria da doença veio com o não reconhecimento, pela mãe, de uma amiga muito antiga e querida.

Com o Alzheimer, esse sinal - chave para o diagnóstico precoce - é necessário para que possamos interromper ou reduzir o dano cerebral causado pela doença e dar início ao processo de reparo do que é possível recuperar, com o meu **Programa de quatro pontos**. Tradicionalmente, o diagnóstico precoce permite que tenhamos tempo para as decisões referentes aos cuidados e arranjos de moradia, planejamento familiar e financeiro e questões legais, além de ajudar a diminuir a ansiedade da incerteza do "O que é que está errado comigo?"

Já estamos familiarizados com os sintomas precoces e óbvios da doença; entretanto, acredito que a hora de intervir e dar início ao processo de cura seja antes da chegada de qualquer um dos sintomas do Alzheimer.

Durante a preparação deste livro, ainda não havia surgido um teste que pudesse diagnosticar com eficácia o Alzheimer em adultos saudáveis, salvo pela biópsia do tecido cerebral. Retirar um pedaço do tecido cerebral de uma pessoa viva para análise microscópica é uma proposta arriscada e dolorosa – portanto, não existe teste que nos diga, com 100% de certeza, que o Alzheimer está presente no cérebro de alguém que não exiba qualquer sintoma ou sinal emocional.

Esse teste é necessário, muito necessário. Com toda a atenção que o Alzheimer tem recebido das comunidades científicas, tenho certeza de que essa ferramenta não está longe de aparecer – e, se tivermos sorte, em breve.

Mesmo com a disponibilização da minha abordagem holística para a prevenção e a recuperação do mal de Alzheimer, há muito em jogo para a saúde de milhões de vítimas potenciais, sem falar no custo crescente dos cuidados de saúde e o impacto destrutivo, emocional e financeiro, para os pacientes e para as suas famílias.

É imperativo que a comunidade médica melhore seus métodos de diagnosticar o mal de Alzheimer, antes do aparecimento dos primeiros sintomas.

Por sorte, há progresso em direção a essa meta nos campos de imagem de alta tecnologia (mais adiante falaremos sobre os diagnósticos por imagem) e de pesquisa de biomarcadores. Os biomarcadores são substâncias nos fluidos do organismo – sangue, urina ou líquor– que podem ser mensuradas para determinar a existência de determinadas doenças, ou a probabilidade de desenvolvimento de doenças, incluindo o mal de Alzheimer.

Talvez os biomarcadores mais promissores do Alzheimer (para a detecção precoce) sejam as proteínas beta-amiloides e a tau[22], encontradas no líquor. Há pesquisas que demonstram que a contagem da tau – que é liberada quando os neurônios cerebrais (células nervosas) degeneram – é mais alta do que o normal no líquor de pacientes com o Alzheimer. Ao mesmo tempo, a contagem de beta-amiloides no

[22] A **tau** é uma proteína altamente solúvel associada aos microtúbulos (MAP). Em humanos, essas proteínas são encontradas principalmente nos neurônios.

líquor é baixa, teoricamente, porque ela fica presa no cérebro sob a forma de placa beta-amiloide. Lembre-se de que a placa beta-amiloide e os novelos neurofibrilares são as duas anormalidades principais encontradas na necrópsia de cérebros de pacientes com Alzheimer.

Um estudo publicado indicou que a medição dos níveis das beta-amiloides e da tau possibilitava aos médicos o prognóstico fiel da ocorrência eventual do Alzheimer, em nove entre dez casos, ou seja, 90% das vezes. Entretanto, atualmente, o uso desses biomarcadores na identificação do Alzheimer pode apresentar alguns problemas.

1. Até que estudos adicionais, em larga escala, confirmem os resultados e os benefícios dos estudos menores, iniciais, não é provável que esses testes sejam usados de modo abrangente ou que os planos de saúde concordem em pagar por eles.

2. As proteínas beta-amiloides e a tau requerem uma punção lombar, um procedimento que pode ser doloroso e que a maior parte das pessoas evita, salvo se a probabilidade de desenvolvimento de Alzheimer for alta.

RESULTADOS EXPERIMENTAIS INDICAM QUE O DANO CAUSADO PELOS RADICAIS LIVRES É UM DOS SINAIS PRECOCES DO ALZHEIMER.

Outra possibilidade sugestiva e nova na área de pesquisa de biomarcadores envolve os isoprostanos, que são marcadores do dano celular causado pelos radicais livres. Os isoprostanos aparecem no sangue e na urina e podem ser medidos. Resultados experimentais indicam que o dano causado pelos radicais livres é um dos sinais precoces do Alzheimer e pode aparecer mesmo antes da formação de placas e de novelos no cérebro. Os antioxidantes previnem e reduzem o esse prejuízo deixado pelos radicais livres, e a pesquisa contínua nessa e em outras áreas para a detecção de biomarcadores será promissora.

Nesse meio tempo, o padrão atual (se é que existe) para o diagnóstico precoce do Alzheimer assintomático é o processo de exclusão. Se não parece com um morango, não tem cheiro nem gosto de morango, então não é um morango... certo? Bem, a mesma premissa se aplica ao Alzheimer. Entretanto, a conclusão sobre a presença, ou não, da doença em um indivíduo em particular só é precisa em 80 a 90% dos casos. Diversos testes são empregados para tentar identificar a doença, mas precisamos estar cientes de que esses testes não são "à prova de bala".

HISTÓRIA MÉDICA

Um excelente ponto de partida para o diagnóstico de qualquer condição médica é o detalhamento da história do paciente. Para facilitar a discussão, assumiremos que você, leitor, é quem busca um diagnóstico.

A história médica deve incluir informações sobre a sua saúde em geral, os seus problemas anteriores e todos os medicamentos que você toma. No que se refere ao diagnóstico precoce do Alzheimer, ou de outra forma de demência, as entrevistas com amigos e parentes também podem ajudar, pois pode ser que eles tenham adotado estratégias para ajudá-lo a lidar com a deterioração mental. Essas estratégias, sem que você saiba, podem levá-lo a uma visão otimista do seu comportamento. Por exemplo, pode ser que o seu cônjuge compre no mercado os itens que você esqueceu, ou que invente desculpas para os outros familiares quando você se esquece de um aniversário, ou do assunto no meio de uma conversa.

"Nossa, desculpe pelo comportamento do Bill. Ele tem trabalhado muito e não está dormindo direito. Por isso parece tão distraído."

Durante o levantamento da história médica – de novo, quando o Alzheimer for a preocupação principal –, é importante fazer perguntas sobre o desempenho das atividades rotineiras, a resolução de problemas e a administração dos negócios e questões financeiras. Nos estádios iniciais do Alzheimer, pode ser que você demonstre algum grau de falta de interesse nos seus passatempos preferidos, ou precise de lembretes sutis para manter o mesmo nível de higiene que antes – sinais de problemas que talvez você não note, mas que são óbvios para os amigos e os familiares mais próximos. Esse tipo de mudança pode ser insignificante se considerada individualmente, porém pode indicar o Alzheimer quando considerada junto com outros sintomas. Portanto, esse tipo de informação é crucial para o diagnóstico precoce.

TESTES DE LABORATÓRIO

Como vimos, não existe **NENHUM** teste de laboratório, ou qualquer outro, que possa diagnosticar, definitivamente, o mal de Alzheimer. Entretanto, há diversos testes laboratoriais importantes que podem ser usados como padrão nos exames físicos para excluir outras condições médicas – cujos sintomas imitam os do Alzheimer, ou outros tipos de demência ou deficiência cognitiva. Esses testes incluem estas áreas.

- Exames de urina e de sangue para o funcionamento de órgãos (tais como fígado e rim).
- Nível de glicose no sangue.
- Testes de funcionamento da tireoide.
- Níveis de vitamina B12 no sangue, para excluir deficiências.
- Toxicologia para metais pesados (tais como chumbo e mercúrio), álcool, drogas ilícitas, medicamentos controlados etc.
- Exame do líquor para as proteínas beta-amiloides e a tau (específico para o Alzheimer e que requer punção).

Nesse mesmo tópico de exames laboratoriais, gostaria de notar que existem diversos testes alternativos para ajudar os pacientes a determinarem a existência de fatores de risco nutricionais, imunológicos e/ou hormonais no declínio cognitivo, incluindo no Alzheimer e em outras demências. Esses fatores de risco desfavoráveis, em geral, podem ser remediados, e os testes incluem estes elementos

- Um painel para vitaminas, cobrindo A, C, E e K.

- Um painel hormonal, incluindo o estrogênio e a progesterona (para as mulheres, somente), a testosterona, o S-DHEA[23]e a melatonina[24].
- Um painel de ácidos graxos essenciais (EFA) para medir os níveis dos EFAS no sangue.
- Marcadores de inflamação, incluindo a Proteína C-Reativa, o Fator Antinuclear (FAN), os anticorpos antitiroidianos, as imunoglobulinas e velocidade de hemossedimentação (VHS).
- Teste de função suprarrenal, que mede os níveis do cortisol pela manhã e à noite.
- Níveis de homocisteína e de ácido fólico no sangue.

Em conjunto, os testes de laboratório mencionados podem ser muito úteis para a eliminação de outras causas do declínio cognitivo e para especificar os fatores de risco, que podem ser tratados, para o Alzheimer. O teste genético, quando apropriado, ajuda a determinar o diagnóstico com a identificação do risco.

TESTE GENÉTICO

Existem fatores hereditários que podem aumentar a probabilidade de ocorrência do Alzheimer durante a vida, e cerca de 30% dos indivíduos com Alzheimer apresentam história familiar de demência. Isso significa que a maioria (aproximadamente 70%) não tem antecedente familiar de demência.

MAL DE ALZHEIMER PRECOCE & GENES

Os genes da presenilina 1 e da presenilina 2, junto com o gene da proteína precursora de amiloide são encontrados nas famílias que sofrem de uma forma rara, herdada, de Alzheimer – o Alzheimer precoce.

[23] **S-DHEA (Sulfato dehidroepiandrosterona)**: é um esteróide natural produzido na glândula suprarrenal e nas gônadas, cuja estrutura é precursora dos hormônios testosterona e estradiol. Esse é o esteróide, ou hormônio, mais abundante na corrente sanguínea dos seres humanos.

[24] **Melatonina**: não dosada em laboratórios do Brasil

O mal de Alzheimer precoce é definido como uma condição que tem início antes dos 60 anos. Os genes danificados de presenilina podem ser encontrados em três cromossomas diferentes - os cromossomas de número 1, 14 e 21. Esses genes podem ser repassados por gerações e causar o Alzheimer em indivíduos com 20 anos de idade. Os filhos dos portadores de um desses genes mutantes têm 50% de probabilidade de herdar a condição.

Acredita-se que somente cerca de 2% dos casos de Alzheimer sejam causados por esses genes - embora todos aqueles que herdem o gene tenham 100% de probabilidade de desenvolver a doença. Existe um teste disponível para a presenilina 1, e é recomendável que os indivíduos com padrão claro de Alzheimer precoce na família façam o teste.

MAL DE ALZHEIMER TARDIO & GENES

A variante genética E4 do gene da apoliproteína E[25] (ApoE) é um fator de risco para o Alzheimer tardio. No entanto, um dos enigmas que envolve esse gene é o fato de que algumas pessoas portadoras da variante não desenvolvem a doença, enquanto outras, que não possuem, a desenvolvem. Embora exista um teste disponível para esse gene, muitos médicos acreditam que ele tenha pouco valor, pois o gene é inconsistente como marcador para o Alzheimer.

Não obstante a crescente oferta de testes genéticos e de locais especializados à medida que a pesquisa genética para o Alzheimer progride, no momento, esses procedimentos são limitados, e a testagem genética profissional para o Alzheimer só está disponível em alguns poucos laboratórios.

Fico dividida com relação aos testes genéticos, pois não permitem um diagnóstico fiel; pelo contrário, eles só predizem uma probabilidade maior ou menor de desenvolver a doença. Conhecer os fatores de risco individuais é um incentivo extra para o início do

[25] **Apoliproteína E**: no Brasil ainda não são encontrados laboratórios que realizem esse exame.

Programa de quatro pontos e para a proteção do cérebro contra o mal de Alzheimer. Entretanto, esse conhecimento pode gerar uma série de preocupações desnecessárias, dependendo do seu tipo de personalidade. O modo como você reage ao estresse e às informações indesejadas, junto com a sua história familiar, serão fatores decisivos para a testagem genética. É claro que esses testes só trazem benefícios para a saúde em geral – independentemente da sua condição mental – e facilitam a conformidade com o **Programa de quatro pontos** para uma vida mais saudável.

EXAMES DE IMAGEM DO CÉREBRO

Grande parte dos exames de ressonância magnética do cérebro não faz parte da bateria padrão de exames médicos. Entretanto, na minha opinião, esses exames podem desempenhar um papel significativo na identificação precoce do Alzheimer. Primeiro, porque descartam outras condições médicas e, depois, porque reconhecem alguns dos sinais típicos dessa doença. A TC (tomografia computadorizada), que tira raios X do cérebro, ao descartar outras condições médicas, pode ser usada para verificar evidências de tumores, acidentes vasculares cerebrais, coágulos sanguíneos e redução nas dimensões cerebrais. Por outro lado, se considerarmos o reconhecimento dos sinais conhecidos, então, a RM (ressonância magnética) e o PET (tomografia por emissão de pósitrons) têm valor diagnóstico comprovado, em especial porque essa tecnologia tem se desenvolvido de modo constante.

A RM é uma técnica diagnóstica que usa um campo magnético, ondas de rádio e um computador para gerar imagens detalhadas e transversais da anatomia humana. A RM, que produz imagens de tecido mole, que são melhores do que as do raios X, é usada com mais frequência para produzir imagens mais nítidas do cérebro e do seu sistema vascular. Com relação ao Alzheimer, no passado, a RM foi usada para determinar a redução das dimensões cerebrais, que começa de dez a vinte anos antes do início da perda de memória, ou de outros sintomas mais óbvios, e que se acelera com a progressão da doença. Em um estudo, pesquisadores descobriram que a taxa de redução das dimensões cerebrais em indivíduos com o mal de Alzheimer era cerca de 2,5% ao ano, se comparados com 1,4% ao ano para as pessoas saudáveis com a mesma idade.

Recentemente, pesquisadores relataram o uso da RM para examinar as bainhas de mielina que isolam as fiações cerebrais e identificar as placas amiloides presentes nos pacientes com o Alzheimer.

A mielina é, em essência, uma lâmina de gordura que envolve os axônios, isolando essas conexões para acelerar a transmissão das mensagens pelo cérebro. (Você se lembra dos axônios, no capítulo 2? Vistos ao microscópio, eles parecem uma série de contas oblongas em um colar, e há um axônio ligado a cada célula cerebral – neurônio – para a transmissão de mensagens, pois as células cerebrais estão grupadas de modo a permitir a realização de atividades tais como ler um livro ou jogar bola). De acordo com um dos cientistas, o cérebro é "como a Internet. A velocidade, a qualidade e o tipo de banda da conexão determinam a capacidade de processar a informação, e tudo isso depende, em grande parte, do isolamento que reveste as fiações cerebrais".

Pesquisas demonstraram que, à medida que envelhecemos, as bainhas de mielina tendem a se partir, reduzindo a velocidade e a eficácia da comunicação entre as células do cérebro. Além disso, essa deterioração é bem mais acelerada no cérebro com o Alzheimer do que no das pessoas saudáveis. Usar a RM para identificar a quebra da mielina e registrar a taxa de progresso, antes do aparecimento dos sinais óbvios do Alzheimer, certamente,

> O CÉREBRO É "COMO A INTERNET. A VELOCIDADE, A QUALIDADE E O TIPO DE BANDA DA CONEXÃO DETERMINAM A CAPACIDADE DE PROCESSAR A INFORMAÇÃO, E TUDO ISSO DEPENDE, EM GRANDE PARTE, DO ISOLAMENTO QUE REVESTE AS FIAÇÕES CEREBRAIS".

permitiria que os médicos desenvolvessem um programa preventivo, como o que desenvolvi, para aplicação no início do processo da doença.

No Japão, os pesquisadores descobriram que a RM, junto com um corante contendo flúor, permite que o examinador veja as placas na parte externa das células nervosas cerebrais, pois os tecidos vivos contêm pouco flúor, e esse componente assegura um bom grau de contraste. As placas são depósitos densos de proteína que se juntam e se misturam com as células cerebrais. Consequentemente, elas desarranjam o sistema básico do qual o cérebro depende para funcionar de modo correto – que permite a comunicação entre as células nervosas. O corante contendo flúor (os autores da pesquisa asseguram que os níveis usados não são tóxicos) foi injetado em cobaias animais e realçou as placas na RM nos mesmos níveis encontrados em métodos de teste independentes. Enquanto reunia as informações contidas neste livro, a aplicação clínica em humanos ainda precisava ser desenvolvida, mas essa abordagem está sendo considerada com seriedade para o diagnóstico das placas no cérebro humano e do Alzheimer na sua fase assintomática.

O PET difere da maior parte dos exames de imagem porque produz imagens da **atividade cerebral**, em vez de mostrar só as estruturas do cérebro. Há alguns anos, o PET quase nunca era usado para o diagnóstico do Alzheimer – embora tenha sido chamado de "janela para o cérebro" – devido ao seu alto custo (em média, 1.500 dólares estadunidenses por exame) e ao fato de os médicos acharem que era pouco benéfico, considerando que não havia cura para essa doença. Bem, sabemos que o Alzheimer está longe de ser incurável, e, cada vez mais, os familiares dos pacientes solicitam a realização do PET para assegurar o diagnóstico e o melhor tratamento possível.

Concomitantemente ao reconhecimento dos médicos e estudiosos de que o PET pode levar ao diagnóstico preciso em curto prazo e ao tratamento mais eficaz no longo prazo, outros pesquisadores desenvolveram um tipo de corante que, ao ser usado no PET, pode mostrar as mesmas placas que aparecem na RM. A diferença, para enfatizar um ponto importante, é que o PET indica a atividade cerebral, e a RM, a estrutura cerebral. Muitos acreditam que esse novo corante seja uma conquista para a visualização da raiz do Alzheimer. Em estudo conduzido nos Estados Unidos, na Escola de Medicina de Pittsburgh, foi constatado que, nos pacientes com sintomas leves de Alzheimer, o corante aderiu às placas nas áreas do cérebro associadas com a doença. Nos pacientes assintomáticos, não houve adesão do corante.

Além disso, existe um grupo de pesquisadores que acredita que a disfunção cerebral relacionada com o Alzheimer possa se desenvolver antes do surgimento da placa, e o PET poderia ser usado para avaliar a eficácia de um plano de tratamento, em vez de ser o exame de escolha para o diagnóstico precoce. Só o tempo e pesquisas adicionais definirão o melhor papel, e o mais relevante, para o PET no diagnóstico e no tratamento do Alzheimer.

De acordo com o dr. Ron Peterson, da Clínica Mayo[26], "Há evidência crescente de que podemos fazer algo por nós mesmos para prevenir essa doença, e é importante agir logo, antes que sintomas, tal como a perda de memória, se instalem."

> HÁ EVIDÊNCIA CRESCENTE DE QUE PODEMOS FAZER ALGO POR NÓS MESMOS PARA PREVENIR O ALZHEIMER, E É IMPORTANTE AGIR LOGO, ANTES QUE SINTOMAS, TAL COMO A PERDA DE MEMÓRIA, SE INSTALEM

É importante identificar as pessoas com fatores de risco tão logo seja possível, e diversas novas pesquisas oferecem a possibilidade de prognosticar os sintomas antes da manifestação da doença.

Lisa Mosconi e seus colaboradores, na Escola de Medicina da Universidade de Nova York, usaram exames PET para verificar os cérebros de 53 idosos. Esses

[26] A Mayo Clinic é uma instituição sem fins lucrativos, fundada a partir da atuação médica do dr. William Worrall Mayo, na cidade de Rochester, Estado de Minesotta, EUA, em 1863. É uma instituição líder em cuidados, pesquisa e educação médica em todas as áreas clínicas.

indivíduos foram acompanhados durante 24 meses para identificar o desenvolvimento do mal de Alzheimer. Nove deles manifestaram a doença, enquanto 19 mostraram uma deficiência cognitiva leve, que poderia evoluir para o Alzheimer. Os exames PET detectaram redução de atividade no hipocampo do cérebro que, reconhecidamente, foi afetado pela demência. A redução de 15% a 40% da atividade no hipocampo prognosticou 85% dos casos de Alzheimer com nove anos de antecedência.

Alison Godbolt, do Instituto de Neurologia de Londres, empregou um tipo de exame cerebral chamado espectroscopia por ressonância magnética para testar as pessoas com defeitos genéticos que geram 100% de certeza para o Alzheimer, bem como aquelas sem esse defeito. O teste utilizou dois químicos – o aspartame N-acetil e o mA-inositol – e comprovou que os seus níveis podiam indicar quais pacientes desenvolveriam a doença.

Os pesquisadores da Clínica Mayo também descobriram que, de três a cinco anos antes do aparecimento do Alzheimer, havia uma queda dos níveis no sangue de uma proteína chamada beta-amiloide 42. Presumivelmente, essa proteína amiloide, que gera as fibras e as placas que entopem o cérebro e causam o Alzheimer, se acumula no cérebro, em vez de circular no sangue. As empresas farmacêuticas começaram a trabalhar em uma vacina contra essa proteína, na esperança de prevenir o Alzheimer – o que pode ser promissor, pois, até hoje, os fármacos só conseguiram reduzir a progressão da doença, mas não curá-la.

TESTES DE AVALIAÇÃO MENTAL

Junto com os exames de imagem e laboratoriais existem testes de avaliação das capacidades mentais, que são úteis para o diagnóstico do Alzheimer e para o monitoramento dos seus sintomas. Esses testes avaliam as funções mentais básicas e, com frequência, são usados para acompanhar o declínio ou a melhora do paciente. Em essência, eles verificam a capacidade básica de pensar e a orientação no tempo e no espaço. O mais usado é o Miniexame do Estado Mental (MMSE)[27] (fonte: *Alzheimer's Disease Education and Referral Center*, um serviço do *National Institute on Ageing)*.

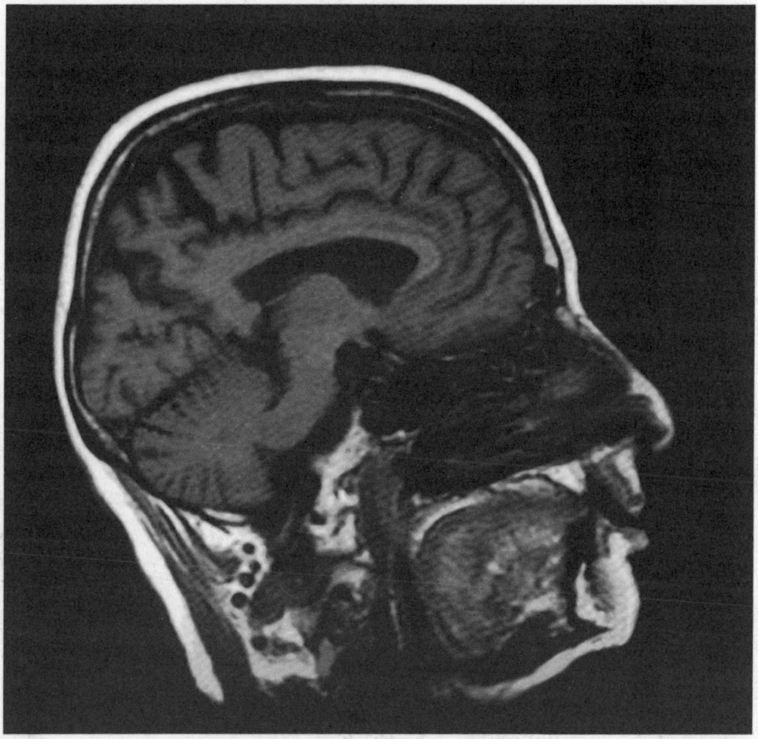

IMAGEM DO CÉREBRO POR RESSONÂNCIA MAGNÉTICA (RM)

[27] No original "Mini-Mental State Examination" é um teste que foi adaptado para o Brasil com o nome de Miniexame do Estado Mental, sendo o teste mais utilizado para avaliar a função cognitiva por ser rápido (em torno de 10 minutos), de fácil aplicação, não requerendo material específico. Deve ser utilizado como instrumento de rastreamento, não substituindo uma avaliação mais detalhada, pois, apesar de avaliar vários domínios (orientação espacial, temporal, memória imediata e de evocação, cálculo, linguagem-nomeação, repetição, compreensão, escrita e cópia de desenho), não serve como avaliação diagnóstica, mas sim para indicar funções que precisam ser investigadas. É um dos poucos testes validados e adaptados para a população brasileira.

MINIEXAME DO ESTADO MENTAL

Orientação

Pergunte à pessoa isto.

- Qual é (o ano) (a estação do ano) (a data) (o mês)?
- Onde estamos (estado) (país) (bairro ou cidade) (hospital) (andar)?

Marque um ponto para cada resposta certa.

Registros

Pergunte ao paciente se você pode testar a sua memória e cite três objetos comuns - por exemplo, "maçã", "mesa" e "moeda". Pronuncie esses objetos vagarosa e claramente, em um segundo cada. Em seguida, peça que a pessoa repita os três objetos.

Marque um ponto para cada resposta certa.

Atenção e cálculos

Peça à pessoa que soletre a palavra "mundo" de trás para a frente.

Marque um ponto para a resposta certa.

Evocação

Peça à pessoa que evoque as três palavras repetidas durante a fase de Registro.

Marque um ponto para cada resposta certa.

Linguagem

- **Nomear:** mostre um relógio de pulso e peça à pessoa que nomeie o objeto. Repita com um lápis. *Marque um ponto para cada resposta certa.*
- **Repetição:** peça à pessoa que repita o seguinte: "Nem mas, nem talvez." *Marque um ponto para cada resposta certa.*
- **Comando de três estádios:** dê um pedaço de papel em branco para a pessoa e diga: "Pegue o papel com a mão direita, dobre no meio e coloque-o no chão." *Marque um ponto para cada*

parte das instruções executada de modo correto.

- **Leitura:** escreva, em um pedaço de papel em branco, o seguinte: "Feche os olhos." (com letras de tamanho suficiente para que seja possível enxergar claramente). Peça à pessoa que leia o que está escrito. *Marque um ponto se a pessoa fechar os olhos.*
- **Escrita:** dê um pedaço de papel em branco para a pessoa e peça que ela escreva uma frase. Não dite a frase – a escrita deve ser espontânea, conter sujeito e verbo e ser coerente. A gramática e a pontuação corretas não são importantes. *Marque um ponto se a tarefa for concluída com êxito.*
- **Cópia:** em um pedaço de papel em branco, desenhe pentágonos (figuras de cinco lados) intersectados, com lados medindo cerca de 2,5 centímetros. Peça à pessoa que copie o desenho. Todos os dez ângulos devem estar presentes e os pentágonos, intersectados. *Marque um ponto para a cópia bem-sucedida do desenho.*

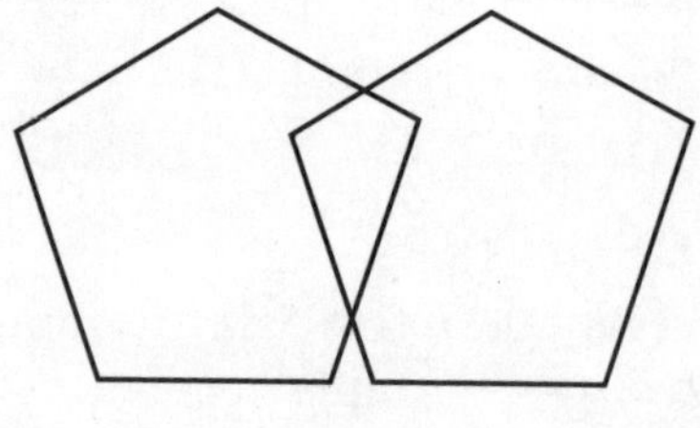

NOTA – Um dos pontos negativos desse teste é que ele não avalia o discernimento e a capacidade de formar julgamentos. Portanto, alguns médicos fazem uma ou duas perguntas adicionais para analisar essas funções, tais como "O que você faria se estivesse no parque da escola do seu neto e sentisse cheiro de fumaça?", ou "Como você reagiria se, da sua janela, visse um estranho tentando arrombar a porta da casa do seu vizinho?".

Há diversas variações do Miniexame do Estado Mental – que perguntam, em essência, a mesma coisa –, incluindo uma versão alterada que será abordada a seguir.

NOTA – Se, um dia, você administrar esse teste, ou qualquer outro desse tipo, a alguém com suspeita de Alzheimer, permaneça calmo, com a voz clara e tranquila e tente não se irritar ou mostrar sua frustração com as dificuldades de entendimento das perguntas ou dos comandos. Esse comportamento não ajuda e, de fato, pode agitar ou confundir ainda mais a pessoa. Demonstrar irritação vai funcionar como barreira para o alcance dos seus objetivos, que são os de determinar a acuidade mental do indivíduo e se os problemas associados com o Alzheimer estão presentes, ou se estão piorando.

Esses testes mentais são válidos para confirmar a presença da demência, mas não conseguem fazer a diferença entre o Alzheimer e outras formas de demência ou de doenças degenerativas cerebrais. Um dos benefícios desse tipo de avaliação é o estabelecimento de um escore de base para as pessoas nos estádios iniciais do Alzheimer, visando a uma comparação posterior, para verificar se houve piora ou para acompanhar a melhora de curto e longo prazo após o início do **Programa de quatro pontos** proposto neste livro.

VERSÃO ALTERADA DO MINIEXAME DO ESTADO MENTAL

1. Pergunte à pessoa o nome do dia da semana, a data, o ano e a estação do ano.

Marque um ponto para cada resposta certa.

2. Pergunte se a pessoa está em casa, no hospital etc. e, depois, se é de manhã, ou de tarde, qual é o bairro e a cidade, o estado e o país.

Marque um ponto para cada resposta certa.

3. Diga que você deseja testar a sua memória e, devagar e claramente, cite três objetos que possam ter significado especial, tais como "celeiro", "cavalo" e "trator" se a pessoa mora na área rural. Em seguida, peça-lhe que repita essas palavras.

Marque um ponto para cada resposta certa.

4. Peça que a pessoa conte, de trás para a frente, de seis em seis, iniciando no número 100 até o 70 (94, 88, 82, 76, 70).

Marque um ponto para cada resposta certa.

5. Pergunte se a pessoa se lembra dos três objetos citados no início do teste ("celeiro", "cavalo" e "trator").

Marque um ponto para cada resposta certa.

6. Primeiro, aponte para um copo em cima da mesa e peça à pessoa que nomeie esse objeto; depois, faça o mesmo com um livro, que esteja posicionado ao lado do copo.

Marque um ponto para cada resposta certa.

7. Peça à pessoa que repita o seguinte: "Hoje é um bom dia para cortar feno."

Marque um ponto para a repetição bem-sucedida.

8. Dê um pedaço de papel em branco para a pessoa e peça que ela "Pegue o papel com a mão direita, dobre no meio e coloque-o em cima da mesa, na frente dela".

Marque um ponto para cada parte das instruções executada de modo correto, com um máximo de três pontos.

9. Peça à pessoa que leia e siga as instruções que você escreverá em um pedaço de papel. Escreva "Feche os olhos".

Marque um ponto se a pessoa fechar os olhos.

10. Dê um pedaço de papel em branco para a pessoa e peça que ela escreva uma frase simples.

Marque um ponto se a pessoa escrever uma frase completa.

11. Desenhe dois quadrados interconectados e peça à pessoa que copie o desenho.

Marque um ponto se a pessoa fizer uma cópia fiel.

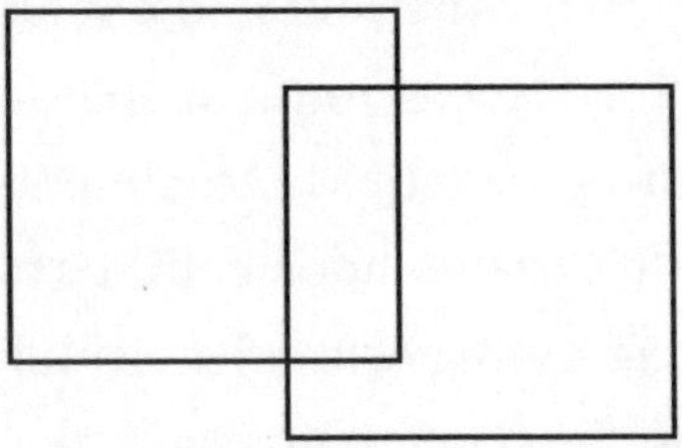

12. Pergunte à pessoa: "O que você faria se estivesse jantando em um restaurante cheio e visse uma vela cair sobre uma cortina de pano?"

Não há pontuação específica para essa pergunta. O objetivo é avaliar a capacidade de formar juízos.

RESULTADOS DOS TESTES

- Em ambos os testes, o escore máximo é de 30 pontos.
- Em ambos os testes, qualquer pessoa com um escore de 22, ou menos, ou com um de zero em qualquer das categorias ou em qualquer pergunta deve passar por avaliações adicionais.
- Lembre-se: algumas das perguntas requerem que o indivíduo seja alfabetizado. Portanto, se a pessoa obtém escore baixo nesse tipo de pergunta é muito importante que o aplicador do teste determine o nível de alfabetização do testando, antes de tomar qualquer decisão, ou fazer qualquer recomendação, sobre as avaliações adicionais.
- A idade e o nível educacional do testando pode interferir nos resultados.

TESTES QUE NÃO DEVEM SER REALIZADOS.

Há uma categoria de testes para o mal de Alzheimer que vale a pena mencionar, mas, somente, porque acredito que não devam ser feitos, em nenhuma circunstância. São os testes "prontos para serem realizados em casa".

Há diversos testes disponíveis no mercado, em especial na internet, para identificar o Alzheimer. Eu não comprei e nem completei nenhum deles, pois acredito que, em sua maioria, representem um desperdício de dinheiro e de tempo. Atualmente, temos testes para a gravidez, como parte dos cuidados com a saúde, que podem ser comprados em farmácia, e a maioria deles é confiável. Isso é inegável.

Com a leitura dos cinco primeiros capítulos deste livro, no mínimo, conseguimos aprender que o mal de Alzheimer, sem falar nas demais formas de demência adulta, é uma doença cujo diagnóstico é complicado até para os profissionais médicos. Portanto, acho difícil que testes caseiros para o Alzheimer sejam mais uma máquina de fazer dinheiro para os seus fabricantes. Se você quer jogar dinheiro fora, eu não vou me opor! Mas, com honestidade, acredito que a comercialização desses testes de autoria duvidosa para uso do público em geral não seja apropriada e pode ser até antiética. Verifique com o seu médico, ou na sua associação para o Alzheimer da sua cidade, se as informações divulgadas são confiáveis.

Alguns pacientes com Alzheimer podem identificar a sua condição e dar início ao próprio tratamento. Mas a maioria das vítimas depende dos amigos e dos familiares para instituir o processo. Gostaria de ressaltar que esse processo pode ser longo e incluir diversas visitas ao médico, ou ao centro de diagnóstico especializado para o Alzheimer – por favor, não desista ou opte pelos atalhos. Os resultados compensarão os esforços dispendidos.

PONTO IMPORTANTE

Na minha opinião, o mal de Alzheimer é uma doença crônica que deve sofrer este processo:

- Ser diagnosticada o mais precocemente possível.
- Ser tratada de modo ativo (ou até agressivo) para reparar os

danos cerebrais e prevenir, ou, pelo menos, desacelerar a progressão.

- Ser gerenciada de forma holística.
- Ser monitorada por longo prazo, com grande dose de compreensão e de compaixão.

Se você, ou um dos seus entes queridos, apresenta sintomas que podem ser reflexo de demência, a avaliação tem que ser a melhor possível. O diagnóstico definitivo do mal de Alzheimer não é fácil e, em geral, requer a avaliação de um especialista. Solicite o encaminhamento, por exemplo, para um médico geriatra (que é o profissional especializado nas doenças relacionadas com o envelhecimento), um neurologista ou um psiquiatra especializado nos problemas da memória.

Junto com o seu médico, explore todas as opções disponíveis e seja franco se não ficar satisfeito. Assegure-se de que o médico responda a todas as suas perguntas com paciência e cuidado. Serão necessários testes completos, e, em geral, eles são administrados por especialistas experientes. O pessoal do consultório do seu médico deve manter uma atitude amigável e de apoio, principalmente nas situações de emergência.

Pode ser que você seja encaminhado para uma Unidade de Problemas de Memória, equipada com médicos, terapeutas ocupacionais e assistentes sociais. É imprescindível ter o diagnóstico e o tratamento corretos desde o início.

Capítulo 6

PROGRAMA DE QUATRO PONTOS

PONTO 1. ESTILO DE VIDA

INTRODUÇÃO

Em quase todas as áreas da vida, a base da prevenção é a educação e o entendimento . Isso é válido tanto para as coisas menores quanto para as mais importantes. Para prevenir uma discussão entre familiares – ou uma guerra entre dois países –, é preciso entender a causa do problema. A probabilidade de sucesso na interrupção, atraso ou na reversão de qualquer efeito depende do domínio da questão. É só isso.

Para tal, até agora, o foco deste livro foi a compreensão do básico do Alzheimer. O **Programa de quatro pontos** que desenvolvi é mais eficaz quando empregado na fase inicial da doença. A prevenção deve ser aplicada nos estádios iniciais, antes que esse mal se instale por completo. De qualquer modo – no reparo ou na prevenção –, a capacidade de identificar o Alzheimer e o conhecimento dos fatores de risco são pontos cruciais para que as pessoas possam se beneficiar desse programa sensível para a manutenção do seu cérebro, ou do cérebro de um familiar.

Passamos, agora, a introduzir o **Programa de quatro pontos** para proteger o cérebro contra o Alzheimer, ou desacelerar o seu progresso.

O **Programa de quatro pontos** que desenvolvi está fundamentado nos aspectos:

1. O meu treinamento médico e os meus anos de experiência clínica.
2. A minha disposição para manter a mente aberta e investigar tratamentos alternativos quando há evidência de que eles funcionam.

3. A minha relutância em seguir as teorias médicas aceitas, tais como as que rezam que não há como prevenir ou reparar o dano cerebral promovido pelo Alzheimer, quando há informações conflitantes.
4. O meu bom senso, que acredito ser uma das ferramentas mais importantes e valiosas que possuo.

Antes de entrar em detalhes, gostaria de mencionar – ou melhor, de **enfatizar** – que nunca é cedo ou tarde demais para iniciar e se tornar um adepto do **Programa de quatro pontos**. Todos, com qualquer idade ou condição física, podem tirar proveito desse plano. Ele pode, também, ajudar as pessoas que estejam perto da aposentadoria e que exibam os sinais iniciais do Alzheimer. E ajudar os idosos, com 80 ou 90 anos de idade, que, pelas estatísticas, fazem parte do grupo de alto risco para a doença. Além disso, e em especial, o programa pode ser benéfico para você.

Se considerarmos os estádios da vida, no contexto do aumento da expectativa de vida oferecido por este século, na verdade os "50 anos são a adolescência da fase adulta". Portanto, aqueles que estão na faixa dos 50 apresentam uma pequena vantagem sobre os mais idosos, pois podem iniciar um programa que visa ao bem-estar e à construção de uma fundação sólida para a boa saúde mental, à medida que envelhecem. Quanto antes melhor, mas nunca é tarde demais.

Muitos dos meus pacientes começaram a aparentar menos idade e a se sentirem mais jovens depois de seguirem as minhas orientações sobre Medicina nutricional. Como sigo as recomendações que dou, mantenho uma rotina que exige muito, física e mentalmente, de uma mulher de 50 anos. Costumo desafiar e exercitar o meu cérebro, sempre, enquanto pratico a Medicina, realizo pesquisas, viajo e emprego pessoas. Essas atividades me mantêm ativa e continuarei a tomar medidas específicas, assim como as estabelecidas no meu programa, para preservar o dom mais magnífico que possuo – as minhas capacidades mentais e emocionais.

O **Programa de quatro pontos** que desenvolvi para interromper o Alzheimer, oferece ajuda prática para combater a doença em todas as suas formas e estádios, desde os sintomas iniciais até os mais óbvios, com uma combinação de mudanças simples e fáceis de manter, de estilo de vida, de dieta e muito mais. Não se surpreenda se, ao longo desse caminho, você começar a se sentir melhor do que nunca. Um dos benefícios secundários desse programa é a desaceleração do processo de envelhecimento e a melhoria da saúde.

Visando a uma melhor compreensão, dividi o programa em quatro componentes principais.

1. Estilo de vida
2. Alimentos para o cérebro
3. Estimulantes cerebrais
4. Jogos para o cérebro

Como veremos, cada um desses componentes, individualmente, pode melhorar a saúde e a capacidade mental em geral. Considerados juntos, os pontos do **Programa de quatro pontos** combinam exercícios – físicos e mentais – com prática médica sólida e as últimas novidades dietéticas e nutricionais. O plano foi projetado para manter o corpo e a mente em excelente condição, fornecendo os conhecimentos e as ferramentas que protegerão o cérebro contra a devastação trazida pelo mal de Alzheimer.

ESTILO DE VIDA

O ESTILO DE VIDA É O PONTO-CHAVE PARA O INÍCIO DO CAMINHO DE QUATRO PONTOS RUMO A UM CÉREBRO SAUDÁVEL.

Se vivermos o suficiente, experimentaremos os efeitos do envelhecimento. Mas como a idade mudará nossas vidas? Continuaremos a gozar de boa saúde e a manter um estilo de vida ativo, ou enfrentaremos o pior, que pode incluir o Alzheimer ou outra forma de demência? Nem sempre essas perguntas podem ser respondidas com certeza absoluta, até que a "velhice" bata à nossa porta – embora o objetivo do **Programa de quatro pontos** seja o de assegurar que o cérebro permanecerá "saudável o suficiente para manter-se saudável".

Apesar da aparente ambiguidade da declaração acima, quanto mais saudável estivermos em uma área, maior será a possibilidade de saúde nas demais – acho que nenhum médico pode discordar desse fato. Por exemplo, se nos exercitarmos para manter o peso, certamente nosso sistema cardiovascular será beneficiado. Na verdade, os cientistas estão descobrindo que muitas das medidas de saúde empregadas no controle de peso, ou para baixar a pressão, ajudam a diminuir a probabilidade de ocorrência do Alzheimer.

Há algum tempo, os médicos acreditavam que o Alzheimer era tão imprevisível quanto o resultado de uma corrida de cavalos. Contando com a sorte, poderíamos vencer; mas nada garantia que a doença passaria ao largo do nosso cérebro. Atualmente, descobertas indicam que os fatores de risco para o Alzheimer são similares aos do infarto, e, portanto, a sorte não é mais parte dessa equação. Um dos meus colegas declarou: "O que faz bem ao coração faz bem ao cérebro." Isso é fantástico, e significa que a comunidade médica acumulou pesquisas e artigos com informações para a saúde do coração.

Desde a virada do século 21, os fatores de risco cardíacos, tais com o fumo, a obesidade, a diabete, a arteriosclerose (oclusão das artérias), e os níveis excessivamente altos de homocisteína (uma proteína) no sangue, foram correlacionados ao mal de Alzheimer. Por exemplo, um estudo de longo prazo, que durou vinte e sete anos e incluiu cerca de 9 mil pessoas, descobriu isto.

- Os fumantes têm uma probabilidade 26% maior de sofrerem de demência.
- As pessoas com pressão alta têm uma probabilidade 24% maior de ocorrência de demência.

- As pessoas com diabete, dos 40 aos 45 anos, têm uma probabilidade 46% maior de desenvolverem demência tardia.

O Estudo do Envelhecimento de Honolulu-Ásia[28] chegou à conclusão similar sobre a pressão sanguínea, ao descobrir que os homens nipo-americanos com pressão diastólica acima de 90 mmHg (ou seja, a leitura da menor pressão) apresentavam uma probabilidade cinco vezes maior de ocorrência de demência na faixa de 80-89 anos de idade. Esses achados foram considerados significativos porque os pesquisadores puderam examinar os cérebros dos participantes do estudo após a morte. A necropsia revelou que os homens que apresentaram as leituras mais altas da pressão na meia-idade possuíam maior número de placas e de novelos no cérebro.

Um estudo sobre a obesidade, realizado na Suécia, e publicado na revista *Archives of Internal Medicine*, revelou que a probabilidade de obesidade, aos 70, 75 e 79 anos de idade era maior para as mulheres que desenvolveram o Alzheimer na faixa etária entre 79 e 88 anos. O pesquisador principal do estudo verificou que o excesso de gordura corporal pode ter um efeito "profundo" nos vasos sanguíneos, fazendo com que eles se "enrijeçam" ao longo do organismo – e isso inclui o cérebro. Os pesquisadores também concluíram que a obesidade, com frequência, engatilha a síndrome metabólica conhecida como síndrome X, que pode levar ao Alzheimer.

A diabete, que é outro fator de risco potencial para a doença cardíaca, pode danificar o cérebro. O açúcar é "grudento" (como você já deve ter percebido, ao segurar algodão-doce ou pirulitos), e acredito que, quando há muita glicose no sangue, o excesso adere às células e faz com que elas se tornem "grudentas", se enrosquem, impedindo

[28] A equipe da dra. **Lenore J. Launer**, do *National Institute on Aging* (EUA) analisou dados coletados em 1965, entre homens nipo-americanos nascidos no começo do século 20. O trabalho, denominado Estudo do Envelhecimento Honolulu-Ásia (HAAS, na sigla em inglês), avaliou o consumo de suplementos vitamínicos de 2.369 destes homens, em 1998, e no período de 1991 a 1993. Os casos de demência foram identificados em duas avaliações: uma feita entre 1994 e 1996, e a outra, entre 1997 e 1999.

seu funcionamento adequado. Estou convencida de que o excesso de glicose no sangue é tóxico para o cérebro e deve ser evitado, a qualquer custo.

> OS PESQUISADORES TAMBÉM CONCLUÍRAM QUE A OBESIDADE, COM FREQUÊNCIA, ENGATILHA A SÍNDROME METABÓLICA CONHECIDA COMO SÍNDROME X, QUE PODE LEVAR AO ALZHEIMER.

Milhões de pessoas no mundo possuem diabete, ou são pré-diabéticas, que é a síndrome X ou a síndrome metabólica. Outras tantas fazem parte dos grupos de risco, em especial para a diabete do tipo 2, que responde por 95% dos casos de diabete.

Um estudo clínico recente sobre a diabete revelou que, com atividade física e dieta, podemos reduzir em 58% a probabilidade de ocorrência dessa condição. Os resultados mostraram que essa redução significativa pode ser alcançada com, apenas, trinta minutos de exercícios diários. Em geral, com caminhadas ou qualquer outro exercício moderado, aliado à perda de 5% a 7% do peso corporal. Essa mudança no estilo de vida funcionou bem tanto para os homens quanto para as mulheres. Foi positiva também para as pessoas com mais de 60 anos, que tinham chances cinco vezes maiores de desenvolverem a diabete e que reduziram esse risco para 71%.

Para informações adicionais sobre perda de peso e redução do nível de glicose no sangue, leia o meu livro *Can't Lose Weight? You Could Have Syndrom X.*

Nele, há um plano nutricional de baixa ingestão de carboidratos que manterá a sua glicose na faixa saudável e se aproveitará do poder da proteína para estimular a perda de peso.

Em meio a tantos pontos negativos relacionados com os fatores de risco, há o fato positivo de que, em geral, podemos reduzir os fatores comuns ao mal de Alzheimer e as condições cardíacas com o auxílio do meu plano de exercícios moderados (como veremos mais adiante neste capítulo), com dieta, suplementos e vitaminas, e com a ginástica mental. Antes de iniciarmos o detalhamento dos exercícios, gostaria de mencionar alguns tópicos que, individualmente, podem ser muito importantes para a boa saúde e para a prevenção do Alzheimer.

O sono é bom para o corpo e para a mente e, na verdade, pode ajudar a impedir o desenvolvimento da doença. Se você tem dificuldade para adormecer, sugiro que converse com o médico para verificar a possibilidade de ingestão de 1-6 gramas de melatonina duas horas antes de ir para a cama. A melatonina é um hormônio natural produzido pela glândula pineal que induz e mantém o sono. Será que a redução da produção de melatonina pelo cérebro, causada pelo envelhecimento, e o fato de as pessoas idosas dormirem menos é mera coincidência? Acredito que não, mas não me atrevo a afirmar que a melatonina seja a solução para todos que têm dificuldades para dormir. As pesquisas recentes não esclarecem essa relação, e pode ser que esse hormônio ajude somente os indivíduos com deficiência significativa. Entretanto, a melatonina pode ter efeito duplo. Ela é um ótimo antioxidante, e evidências indicam que pode ajudar na prevenção da formação das placas que são comuns nos cérebros dos indivíduos com Alzheimer.

É importante notar que determinados países classificam a melatonina sintética como produto nutricional e, portanto, ela não está sujeita aos controles rígidos de qualidade aplicados aos medicamentos de prescrição. Isso significa que a potência da substância nem sempre é monitorada. Portanto, busque a orientação de um nutricionista, ou do seu médico, para assegurar-se da qualidade do produto que comprar.

Outra questão relevante é a suspensão momentânea da respiração durante o sono – pesquisas demonstraram que há uma forte relação genética entre o mal de Alzheimer e a apneia. Um estudo conduzido na Universidade de Stanford, nos Estados Unidos, revelou que uma parte significativa das desordens respiratórias relacionadas ao sono está associada à mesma variante E4 do gene da apoliproteína E (ApoE), que é um fator de risco para o Alzheimer tardio. Se você, ou um de seus familiares, sofre de apneia, sugiro a consulta a um médico, que o encaminhará para um exame em uma clínica especializada em distúrbios do sono. O tratamento eficaz previne a apneia do sono e reduz a chance de dano cerebral em função da privação de oxigênio. Tome medidas imediatas, pois a apneia é uma causa frequente para os acidentes vasculares cerebrais e infartos cardíacos, além de ser também para a demência. Se você realmente não dorme bem, recomendo a leitura do meu livro *Tired of not Sleeping*[29], que discute 68 causas dos problemas de sono e sugere remédios holísticos para tratá-los.

Por fim, e voltando ao ponto de partida, ou seja, que o objetivo do **Programa de quatro pontos** é o de assegurar que o corpo e o cérebro permanecerão "saudáveis o suficiente para manterem-se em pleno funcionamento", nunca é demais enfatizar que os exames médicos regulares são imprescindíveis. Consulte o seu médico e investigue a sua história familiar para determinar os pontos-chave. O tratamento precoce desses problemas reduzirá os fatores de risco para a demência e os acidentes vasculares cerebrais.

ATIVIDADE FÍSICA

Vamos mergulhar direto nesse assunto, que é uma das bases do **Programa de quatro pontos** para a saúde do cérebro. A falta de exercícios regulares gera circulação preguiçosa do sangue nos órgãos vitais – no cérebro, inclusive. A atividade física estimula a fluxo de sangue para o cérebro, trazendo estes benefícios.

- Fornecimento de mais oxigênio para as células cerebrais, que aumenta a eficiência da produção de químicos da memória (neurotransmissores).
- Eliminação de mais toxinas e substâncias inflamatórias do cérebro, que causam placas e matam as células cerebrais.

[29] Em tradução livre: *Cansada de Não Dormir* – livro da dra. Cabot publicado em 2005 pela SBC International, e ainda sem data para lançamento no Brasil.

- Expansão dos pequenos vasos sanguíneos (capilares), que fornecem nutrientes para as células cerebrais, tais como as vitaminas, os minerais e os ácidos graxos essenciais. Sem exercícios físicos, as células cerebrais não são devidamente abastecidas, e o cérebro pode morrer de inanição!

ALGUMAS ESTATÍSTICAS IMPORTANTES

- Um estudo recente publicado no *Journal of the American Medical Association*[30], conduzido com 2.260 participantes homens de 71 a 93 anos que caminhavam mais de três quilômetros por dia, revelou que a probabilidade de que esses homens desenvolvessem demência era a metade da dos que caminhavam menos de um quilômetro por dia.
- Um estudo realizado com cerca de 19 mil mulheres, de 71 a 80 anos, revelou que as funções mentais das mulheres que caminhavam, sem correr, pelo menos 90 minutos por semana eram melhores do que as das que caminhavam apenas 40.
- Um estudo finlandês mostrou que as pessoas de meia-idade que praticavam exercícios regulares pelo menos duas vezes por semana poderiam reduzir em 50% a probabilidade de ocorrência do mal de Alzheimer na idade avançada.

Outras pesquisas revelam resultados similares. Na minha opinião, um dos estudos mais extraordinários que aborda a relação da atividade física com o Alzheimer não foi realizado nem com homens nem com mulheres, mas com ratos. Esse experimento, cujos resultados foram divulgados durante a produção deste livro, mostra que é provável que uma vida ativa iniba alterações cerebrais similares às do Alzheimer nos ratos e desacelere o desenvolvimento de placas que danificam o cérebro.

[30] *Journal of the American Medical Association* é uma publicação quinzenal que teve início em 1883, da Associação Médica Americana, desde 1883, cujo objetivo é promover a ciência e a arte da Medicina.

Essa descoberta é importante e espero que os pesquisadores acompanhem esse estudo e realizem outros testes envolvendo homens e animais.

NOTA - Mencionamos inúmeras pesquisas que indicam que mudanças no estilo de vida podem prevenir o Alzheimer. Entretanto, não existem muitos estudos que abordem a reversão do processo da doença, depois que ela se inicia. Acredito na possibilidade de reparo e recuperação de parte significativa do cérebro e espero que, com o aumento do número de adeptos ao meu **Programa de quatro pontos,** a comunidade científica investigue, com mais profundidade, os resultados e verifique que é possível recuperar o cérebro.

Até agora averiguamos algumas estatísticas impressionantes que parecem apoiar a minha posição de que a atividade física regular é um marco na batalha contra o Alzheimer. O leitor que me acompanhou até aqui está pronto para, pelo menos, considerar uma rotina de exercícios - embora a disposição para segui-la, por qualquer período de tempo, seja uma preocupação constante. Contudo, a adesão a um programa de exercícios não deve ser vista como uma tarefa árdua, em especial se escolhermos aqueles que são prazerosos e moderados.

Criatividade, conhecimento próprio e um pouco de autoconfiança podem superar os obstáculos iniciais - idade e limitação física - que fazem com que as pessoas não se mantenham fisicamente capazes e ativas. Por exemplo, muitos adultos mencionam condições, tais como a artrite, como motivo para não praticar uma atividade física, quando o culpado pode ser o próprio exercício. Se um exercício gera dor nas articulações, ele deve ser modificado de modo que se adapte às necessidades individuais. Converse com o seu médico sobre o encaminhamento a um fisioterapeuta, ou, se preferir, pesquise alguns exercícios na internet; ou, ainda, visite uma academia próxima e converse com um dos professores. A questão é encontrar a modalidade certa e, se necessário, adaptá-la às limitações físicas.

Antes de iniciar um programa de exercícios, verifique isto.

- Se as suas articulações doem; se sim, que tipo de modalidade esportiva evita impacto nessas articulações?
- Quais são as suas atividades físicas preferidas?
- Que tipo de equipamento, ou de aula de ginástica, é mais acessível?
- Quais são as atividades físicas – tais como as tarefas domésticas ou a jardinagem – que podem ajudar o condicionamento aeróbico?

As respostas a essas perguntas permitem a personalização do plano de exercícios considerando as necessidades e limitações individuais – no entanto, elas não acabam com todas as desculpas possíveis. Por exemplo, se acordamos nos sentindo mal, todos os dias, por causa de uma doença crônica, a tendência é pensar que devemos "ir devagar". Afinal, o que pode ser mais benéfico do que o descanso para um corpo não tão jovem, que dói?

A resposta é "muitas coisas"! Na verdade, diversas pesquisas demonstraram que a capacidade física, a força e o equilíbrio podem melhorar a saúde e o bem-estar mental das pessoas com diversas doenças crônicas. O mal de Alzheimer está entre essas condições. À medida que envelhecemos, praticar atividades físicas com regularidade é a chave para desacelerar o declínio no caso de doenças crônicas. Quanto mais velhos ficamos, tanto mais importante se torna o exercício, pois as pessoas idosas têm reserva menor de energia do que as mais jovens. Porém, essa reserva pode ser aumentada mediante o condicionamento físico.

Está certo. Consegui convencê-lo de que é preciso começar um programa de exercícios para ajudar o coração e o cérebro. E o que assegura o sucesso desse programa? Acredito, piamente, que o segredo seja a "motivação, seguida da motivação e acompanhada pela motivação". Em resumo: essa é a chave para o início e a manutenção de um plano de atividades físicas.

Todos nós queremos usufruir dos benefícios da prática de exercícios: saúde cardiovascular melhorada, controle de peso, músculos tonificados e mais fortes, mais energia, bem-estar emocional, e um cérebro saudável e livre do Alzheimer. Para algumas pessoas, encontrar e manter a motivação para uma vida ativa pode ser tão difícil quanto correr um quilômetro em 4 minutos. Felizmente, podemos estabelecer condições que ajudem a adoção e a manutenção desse tipo de programa.

ANTES DE INICIAR OS EXERCÍCIOS

O primeiro passo para as pessoas que querem dar início a um programa de exercícios – em especial para as de 40 anos ou mais, ou para aquelas com problemas médicos – é o exame físico detalhado pelo médico. Depois, devemos refletir sobre as atividades que gostamos de realizar. Temos que lançar mão do bom senso e escolher aquilo que nos dá prazer, deixando de lado conselhos de terceiros.

Devemos considerar a variedade, também. Em vez de realizar um tipo de atividade, por que não variar ou revezar? Não devemos menosprezar o que não é tradicional. Não precisamos fazer o chamado exercício "normal". Podemos ter aulas de dança, sair e cortar a grama, cuidar do jardim. A criatividade é bem-vinda. Pelo menos uma pesquisa revelou que, na prevenção do Alzheimer, a variedade é mais importante do que as calorias perdidas. Não existe uma explicação para esse fato, mas uma teoria prega que a variedade nas atividades mantém um número maior de áreas do cérebro ativas.

INICIANDO OS EXERCÍCIOS

Uma vez que as atividades forem escolhidas, a regra de ouro é não exagerar. No início, talvez você queira se exercitar três vezes por semana, por cerca de 20 minutos. Antes de correr um quilômetro, ou rebater a primeira bola do jogo de tênis, você deve realizar exercícios de aquecimento por 3 a 5 minutos, seguidos de 3 a 5 minutos de alongamento dependendo da modalidade escolhida. Então, é recomendável que você faça 5 minutos de relaxamento.

O alongamento é importante, antes e depois das atividades físicas. A maioria das pessoas conhece a técnica de alongamento, mas não a usa de modo adequado. Devemos manter cada alongamento por 20-30 segundos e repetir os movimentos diversas vezes. Além disso, o alongamento não deve ser doloroso. Não recomendo pulos ao realizá-lo, pois eles podem causar lesões antes mesmo do início da sessão de exercícios.

As lesões, que podem ser evitadas com o aquecimento e o alongamento, são uma das razões principais do abandono dos programas de exercícios antes mesmo que eles possam dar resultados. Seja ousado e não desista: a saúde futura do seu cérebro pode estar correndo perigo.

DEVAGAR E SEMPRE

Não importa o tipo de atividade, durante as primeiras semanas do programa, adote um ritmo que lhe permita sentir-se confortável. No início, as pessoas tendem a exagerar e cometer excessos. Se você se exceder e provocar lesões leves, o segredo é Descanso, Compressa de Gelo e Elevação do membro.

Qualquer programa de atividade física tem três variáveis.

- A frequência, ou o número de vezes que você se exercita por semana.
- A duração de cada sessão.
- A intensidade, ou o nível de exigência da modalidade.

Essas variáveis devem ser aumentadas de vez em quando, em 5-10% por semana no máximo. A regra é essa – ou seja, a posição oficial – mas, na verdade, tem muito mais a ver com prestar atenção ao próprio corpo. Se estiver sentindo dor, provavelmente quer dizer que você está se excedendo.

Se o objetivo for, além da proteção do cérebro, a melhoria da capacidade cardiovascular, você deve tentar manter de 55% a 85%

do seu ritmo cardíaco máximo. Ele pode ser determinado pela subtração da sua idade de 220. Aos 45 anos, o ritmo cardíaco máximo é 175. Durante o exercício, no início, o ritmo cardíaco deve ser 55% de 175 e deverá aumentar, gradualmente, até 85%, à medida que o condicionamento físico melhora.

MANUTENÇÃO

Tudo bem. Você começou os exercícios há algumas semanas e está fazendo tudo certo: alongando-se e não se excedendo. Entretanto, pode ser que o interesse tenha diminuído, ou que esteja sem tempo. O que fazer? Como manter o programa?

Incorpore o exercício à rotina. A maior parte das pessoas não fica sem uma das refeições, então, por que não se exercitar? Sugiro que marque hora para o programa e assegure-se de que esse compromisso será sagrada. Outras opções são estas.

- Fazer os exercícios com um amigo.
- Registrar o progresso para poder acompanhar a sua evolução.
- Determinar metas de curto e longo prazo.

As metas podem ser simples, tais como o acréscimo de algumas repetições por semana na barra de pesos, ou se preparar para uma maratona. Quando você alcançar uma meta, se recompense. Não precisa ser um pedaço de torta de chocolate. Pode ser um tênis de corrida novo, um dispositivo eletrônico para a bicicleta, um taco de golfe, ou a assinatura de uma revista de esportes. As recompensas são importantes, mas negociá-las é um modo inteligente de manter a motivação.

NÃO TENHA MEDO DE CHUVA.

A adaptação é outro aspecto a ser considerado quando queremos manter o programa de exercícios por prazo indefinido. Precisamos nos adaptar ao clima. Às estações do ano. Às lesões e à idade. Quando praticamos corridas no verão, no inverno, quando o tempo está frio e chuvoso, talvez seja melhor fazer exercícios em áreas fechadas. Se lesionarmos um músculo jogando basquete, podemos tentar a natação enquanto nos recuperamos. Há atividades específicas para as diversas estações do ano – desde esquiar até remar – que podem ajudar as pessoas, de todas as idades, a permanecerem fisicamente capazes durante o ano todo.

É necessário mudar as atividades do programa de exercícios, para evitar o tédio... e as desculpas do tipo "hoje está chovendo", ou "está tão quente que acho que vou derreter".

QUAL É A SUA "ARMA SECRETA"?

A questão central é: o que fazer para motivar as pessoas a se exercitarem? Não há resposta certa. Cada um precisa achar a sua "arma secreta" – a motivação interior para o exercício. A regra geral tem sido o desejo de maior disposição, de melhor qualidade de vida, ou de afinar a cintura. Nos casos abordados neste livro, pode ser que a saúde do cérebro seja a única motivação necessária. A ameaça do Alzheimer é o suficiente para motivar as pessoas a iniciarem e manterem um programa de exercícios, principalmente se elas conhecem alguém que sofre da doença. O Alzheimer é um assassino cruel – e a prática de atividades físicas é uma arma potente contra esse mal.

> PESQUISAS REVELAM QUE AS PESSOAS QUE TÊM CAPACIDADE DE CONTROLAR O MODO COMO RESPONDEM AO MEIO AMBIENTE ENCONTRAM UM SENTIDO E UM PROPÓSITO NAS SUAS VIDAS, QUE, DE OUTRO MODO, LHES ESCAPARIA.

Uma vez que você comece a fazer exercícios – e revisando os pontos-chave –, o segredo do sucesso é o início gradual, sem pressa, com o estabelecimento de metas, as recompensas para o trabalho benfeito e a capacidade de adaptação. Além disso, você nunca mais precisará se sentir culpado por causa da barra de chocolate.

Antes de concluirmos este capítulo, gostaria de acrescentar algumas questões.

À medida que envelhecemos, os caminhos se multiplicam à nossa frente. Trilhar qualquer deles nem sempre é uma decisão pessoal, mas as pesquisas revelam que as pessoas que têm capacidade de controlar o modo como respondem ao meio ambiente, com frequência, encontram um sentido e um propósito nas suas vidas, que, de outro modo, lhes escaparia.

O número de relações significativas que estabelecemos é proporcional ao nosso sucesso. Essas incluem as relações com a família, os amigos e colaboradores, além das relações na comunidade e até conosco. Aceitar as mudanças trazidas pelo envelhecimento e incorporá-las na rotina diária é uma atitude inteligente.

O envelhecimento traz, também, algumas perdas físicas e mentais que podem ser controladas para que possamos continuar a viver plenamente.

Se você adora caminhar por terrenos desnivelados e agrestes, mas o problema no joelho não deixa, tente outro esporte ao ar livre, tal como o remo ou a natação, usando músculos e articulações diferentes. As pessoas que se adaptam às circunstâncias tendem a obter resultados mais satisfatórios na idade avançada. Aprenda a superar suas limitações e a não ter medo dos desafios – pesquisas mostram que o modo como reagimos aos desafios afeta a nossa qualidade de vida. Por fim, lembre-se de que o estilo de vida que inclui exercícios regulares ajuda a prevenir, atrasar e reverter o Alzheimer, tornando a vida mais prazerosa. Independentemente do tipo de abordagem, o **Programa de quatro pontos** que desenvolvi para a proteção do cérebro pode ajudá-lo a se tornar um vencedor.

O PROGRAMA DE QUATRO PONTOS DA DRA. CABOT FAZ COM QUE EU ME SINTA 20 ANOS MAIS JOVEM!

Capítulo 7

PROGRAMA DE QUATRO PONTOS

PONTO 2. COMIDA E RECEITAS PARA O CÉREBRO

Comer de modo saudável, definitivamente, ajuda a manter o cérebro jovem. Nos anos recentes, cientistas de diferentes partes do mundo fizeram descobertas maravilhosas sobre o cérebro e a nutrição. A que mais me impressionou foi a de que uma dieta saudável e equilibrada, junto com vitaminas e suplementos, pode nutrir o cérebro e ajudar a combater diversas doenças, tais como o mal de Alzheimer.

Na minha opinião, o "cérebro bem nutrido é um cérebro saudável e satisfeito". Alguns podem achar essa declaração um exagero, mas acredito que seja a mais pura verdade, e a comunidade médica está começando a aceitar o fato.

Embora sejam necessárias pesquisas adicionais sobre a relação da nutrição com a atividade cerebral, cada dia fica mais claro – mesmo para os descrentes – que essa associação é importante, e que aquilo que colocamos no estômago pode afetar o funcionamento do cérebro.

Partindo do princípio de que existe uma relação entre a nutrição e o cérebro, e que o mal de Alzheimer não precisa ser uma sentença de morte, dediquei muito do meu tempo aos alimentos e aos suplementos nutritivos para determinar quais deles defenderiam, mais eficazmente, os adultos contra as demências em geral e contra o Alzheimer em particular. Atualmente, posso dizer que os meus estudos e pesquisas renderam bons frutos e permitiram a compilação de uma lista abrangente de nutrientes que podem deter o progresso da doença, energizando e potencializando o cérebro.

É difícil divulgar esse tipo de pesquisa quando tentamos o equilíbrio entre a simplificação e os conhecimentos técnicos, de tal modo que o resultado interesse ao leitor. Este livro tende a reduzir as explicações técnicas em prol dos resultados, que acredito serem mais importantes do que o processo. Preencher páginas e páginas com explicações sobre os processos – a ciência das relações entre nutrição e cérebro saudável – não é muito interessante e nem ajuda as discussões sobre os alimentos específicos que podem permitir uma vida nova aos cérebros, independentemente da idade ou da condição atual.

> À MEDIDA QUE ENVELHECEMOS, NÃO CONSEGUIMOS MAIS OBTER TODOS OS NUTRIENTES NECESSÁRIOS COM AS REFEIÇÕES, POR MAIS BALANCEADAS QUE SEJAM.

O lógico seria iniciar a discussão sobre alimentação saudável, no contexto do Alzheimer e da demência, pelos alimentos que melhoram o cérebro e mantêm milhões de células cerebrais nutridas e saudáveis, comunicando-se umas com as outras. Entretanto, isso nem sempre é verdade. Primeiro, é muito importante notar o que passa, quase sempre, despercebido: a maior parte das pessoas com o Alzheimer está, pelo menos, na meia-idade. À medida que envelhecemos, não conseguimos mais obter todos os nutrientes necessários com as refeições, por mais balanceadas que sejam.

É normal haver um declínio do processo físico que permite a digestão e a absorção dos diversos tipos de gordura, minerais e proteínas requeridas pelo cérebro saudável. Portanto, os suplementos e as enzimas digestivas são indispensáveis para os indivíduos à beira do Alzheimer, ou que já tenham sido enredados por esse mal... Esse assunto será aprofundado no Capítulo 8, no qual será fornecida uma boa seleção de suplementos eficazes contra o progresso do Alzheimer.

Este capítulo é dedicado aos alimentos e à dieta e, para encerrá-lo, incluí algumas receitas.

AS GORDURAS E O CÉREBRO

Você sabia que o cérebro é o órgão mais gordo do corpo humano? Pois é. Cerca de 60-70% do peso seco do cérebro humano é gordura (lipídeos). Vinte e cinco por cento desses 60-70% são colesterol, e 35% são ácidos graxos poli-insaturados (em especial, o DHA e o AA). As gorduras são essenciais para a estrutura e o funcionamento do cérebro e permitem que as células cerebrais se protejam.

O cérebro é constituído por estes tipos de ácidos.

- Colesterol.
- Gordura saturada.
- Gordura monoinsaturada (AO, conhecido como ácido oleico).
- Gordura poli-insaturada ômega 3 (EPA, conhecido como ácido eicosapentaenoico, e o DHA, conhecido como ácido docosaexaenoico).
- Gordura poli-insaturada ômega 6 (GLA, conhecido como ácido linolênico, e o AA, conhecido como ácido araquidônico).

O DHA e o AA são os ácidos graxos predominantes no cérebro humano. A capacidade do cérebro de manter as concentrações de DHA e de AA diminui com o avançar da idade, e isso contribui para o declínio cognitivo. O DHA é o ácido graxo ômega 3 mais benéfico para o cérebro.

Os ácidos graxos ômega 3 são essenciais para o cérebro saudável, mas não são produzidos pelo organismo e devem ser obtidos por meio da dieta.

As nossas capacidades mentais, como inteligência, humor e memória, são afetadas pela ingestão diária dos ácidos graxos ômega 3.

As células nervosas estão envolvidas por um tipo de isolamento chamado de bainha de mielina, que é composta por gorduras denominadas fosfolipídios.

O DESEQUILÍBRIO NAS GORDURAS ALIMENTARES PODE CAUSAR DANO AO CÉREBRO.

Atualmente, muitas pessoas ingerem o tipo errado de gorduras – que são prejudiciais, não são saudáveis e que não podem ser usadas pelo cérebro e pelos nervos.

Essas gorduras "vilãs", infelizmente, são uma constante nas refeições modernas. Elas incluem isto.

- Gorduras oxidadas, encontradas nos alimentos fritos; carnes processadas e preservadas; ou comidas gordurosas, que não são frescas.
- Óleos vegetais processados, e em especial as gorduras trans, encontradas nos alimentos fritos, em algumas margarinas e bolos, tortas e pãezinhos industrializados, petiscos, alguns biscoitos, e na maior parte dos lanches rápidos.
  Os ácidos graxos trans não são benéficos para as membranas celulares do cérebro e dos nervos. Os óleos de vegetais, de processamento menos elaborado, contêm muitos ácidos graxos ômega 6, mas não contêm ácidos graxos ômega 3 suficientes. Devemos evitar esses tipos de gorduras, pois elas reduzem a nossa capacidade mental. As pessoas que ingerem muita gordura não dispõem de boa saúde e, com frequência, sofrem de deficiência de gorduras saudáveis que ajudam a manter o cérebro.

A deficiência nutricional de gorduras saudáveis aumenta a incidência do mal de Alzheimer e de outras doenças neurodegenerativas.

A deficiência de gorduras saudáveis no cérebro pode dar estes indícios.

- Pele e cabelos secos
- Queda de cabelos

- Coceira e olhos secos
- Sede excessiva e boca seca
- Alergias e erupções de pele
- Deficiência visual
- Excesso de inflamações tais como a artrite e a fibromialgia
- Caspa e/ou psoríase
- Depressão e alterações do humor
- Ansiedade e crise de pânico
- Dores de cabeça
- Problemas digestivos
- Falta de concentração
- Problemas de memória

Na presença de um ou mais desses sintomas, há um exame de sangue que pode determinar o nível de todas as gorduras essenciais.

ÓLEO DE PEIXE E O CÉREBRO

O ÓLEO DE PEIXE PROTEGE CONTRA O MAL DE ALZHEIMER – É SIMPLES.

O óleo de peixe é a fonte mais importante de ácidos graxos ômega 3, chamado de DHA. As áreas mais ativas do cérebro apresentam níveis altos do ácido docosaexaenoico (DHA), incluindo o córtex cerebral, o hipocampo e as sinapses que formam as conexões entre as células cerebrais. Um estudo populacional mostrou que pacientes com Alzheimer têm níveis mais baixos de ácidos graxos ômega 3 nos fosfolipídios do sangue, se comparados à população saudável com a mesma idade.

Pesquisadores do Centro Médico de São Lucas, um hospital universitário do Centro Médico Johnston R. Bowman, e da Universidade de Rush, em Chicago, nos Estados Unidos, relataram que as pessoas idosas podem reduzir a probabilidade de desenvolver o Alzheimer aumentando a ingestão de peixe e de óleo de peixe. O estudo investigou 815 homens e mulheres com mais de 65 anos de idade, que não apresentavam sinais do Alzheimer em exame médico. Cerca de dois anos após o exame, todos os participantes completaram um questionário sobre a ingestão de alimentos e suplementos. Dois anos mais tarde, de novo, os voluntários passaram por um exame clínico para o Alzheimer. Ao todo, 131 indivíduos desenvolveram a doença ao longo dos 3.9 anos de acompanhamento.

Os pesquisadores descobriram que os participantes que comiam peixe uma vez por semana tinham probabilidade 60% menor de desenvolver o Alzheimer do que aqueles que não comiam ou que raramente consumiam peixe. Além disso, eles observaram que a incidência da doença nos pacientes que ingeriam 100 miligramas de DHA por dia era 70% menor do que daqueles que ingeriam 30 miligramas por dia, ou menos. A ingestão total elevada de ácidos graxos ômega 3 demonstrou alto grau de proteção contra o Alzheimer. Os indivíduos que consumiam 1,6 a 4,1 gramas por dia apresentaram redução de 70% na probabilidade de ocorrência, se comparados aos que ingeriam menos que 1,05 gramas.

O CONSUMO ELEVADO DE PEIXE, OU DE ÁCIDOS GRAXOS ÔMEGA 3, EM ESPECIAL DO DHA, PODERIA REDUZIR DE MODO SIGNIFICATIVO AS CHANCES DE O ALZHEIMER SE INSTALAR.

A ingestão do ácido alfa linolênico (óleo de linhaça) não foi associada à probabilidade de ocorrência do Alzheimer, salvo nos indivíduos com características genéticas do gene ApoE 4, quando os altos teores do ácido exerceram efeito protetor. Os pesquisadores concluíram que o consumo elevado de peixe, ou de ácidos graxos ômega 3, em especial do DHA, poderia reduzir de modo significativo as chances de o Alzheimer se instalar.

NOTA – Recomendo a ingestão das vitaminas antioxidantes E e C, junto com o consumo de altas doses de óleo de peixe, pois elas previnem a oxidação desses óleos frágeis.

Estudos epidemiológicos mostraram que o consumo elevado de ácido linolênico, combinado com a ingestão de baixos teores do

EPA e do DHA está associado à disfunção cognitiva e ao risco de demência.

Atualmente, estudiosos franceses relatam que a composição dos ácidos graxos nas hemácias é um indicador do risco de declínio cognitivo (perda da capacidade de aprender coisas novas, de pensar com clareza e de evocar). A investigação incluiu 246 homens, de 63 a 74 anos, que, em 1995, mediram a composição de ácidos graxos nas hemácias. Todos os participantes passaram por exames para determinar a função cognitiva, no início do estudo e após um período de acompanhamento de quatro anos.

Os pesquisadores determinaram que os ácidos graxos ômega 3, DHA e EPA ajudaram a manter as membranas das células cerebrais relaxadas e mais flexíveis, enquanto os ácidos graxos saturados e os ômega 6 tenderam a endurecer e a tensionar as membranas. Portanto, isso mostra que o equilíbrio de gorduras é necessário para o funcionamento adequado do cérebro.

Estudiosos da Universidade de Guelph, em Ontário, no Canadá, constataram cadeias longas de ácidos graxos poli-insaturados, em especial do DHA, nas pessoas com o Alzheimer e com outros tipos de demência. A investigação incluiu 84 participantes com, no mínimo, 80 anos de idade. Dezenove indivíduos foram diagnosticados com o Alzheimer, e dez, com outro tipo de demência. Trinta e seis receberam o diagnóstico de deficiência cognitiva, e 19 apresentaram função cognitiva normal. Foram obtidas amostras de sangue de todos os participantes, as quais foram analisadas para os ácidos graxos nas fases de fosfolipídios do plasma (parte líquida do sangue). Os pesquisadores observaram níveis significativamente mais baixos do EPA (cerca de 40%), de DHA (de 17-33%) e de ácidos graxos ômega 3 totais (de 23-28%) na fase de fosfolipídio do plasma nos pacientes com o Alzheimer e outras formas de demência.

Há uma concentração alta de DHA no córtex cerebral, e, provavelmente, a deficiência no plasma sanguíneo resultará em danos ao cérebro.

Outros estudos descobriram que, nos pacientes com o Alzheimer, os suplementos de óleo de peixe melhoram o humor, o comportamento, o apetite e a memória de curto prazo.

Os pesquisadores da Universidade de Guelph concluíram que o consumo de peixe e/ou de óleo de peixe deveria ser estimulado na população em geral e, em especial, na de idosos.

O dr. Robert Peers, um médico australiano, descreveu o caso de um fazendeiro de 77 anos que foi diagnosticado com o Alzheimer por um neurologista. O paciente, na época da admissão em uma clínica de repouso, estava agitado, demonstrava comportamento destrutivo e era incapaz de vestir-se sozinho. Meses depois, ele estava mais calmo, ganhara peso e vestia-se sozinho. O dr. Peers sugeriu que a melhora era devida ao fato de a casa de repouso servir peixe uma vez por semana. O peixe forneceu ao homem os ácidos graxos ômega 3 de cadeia longa, que não existiam na sua dieta alimentar anterior. A dieta do fazendeiro nos cinco anos que antecederam ao diagnóstico de Alzheimer incluía carne, vegetais e arroz frito em óleo com ômega 6.

COLESTEROL

O colesterol é uma gordura saudável para o cérebro e é vital para as conexões entre as células cerebrais, necessárias para a memória, para o pensamento e o aprendizado de coisas novas. No cérebro, as células de apoio (conhecidas como células gliais) produzem colesterol. Esse processo é essencial, pois as células cerebrais normais (neurônios) não são capazes de produzir as grandes quantidades de colesterol requeridas pelas incontáveis conexões que possibilitam o pensamento eficaz.

A prática moderna de reduzir o nível de colesterol no sangue para índices artificialmente baixos, por meio de dietas com pouca gordura e fármacos, pode prejudicar a função mental e a memória. Isso é fácil de entender quando nos conscientizamos da importância, para o cérebro, dos níveis adequados de colesterol.

Em geral, considera-se que o colesterol seja uma gordura saturada (na realidade, ele é um esterol) encontrada na comida de origem animal, tal como em ovos, laticínios, frutos do mar, carnes vermelhas e brancas, vísceras e aves domésticas. O consumo de certas doses de colesterol, por meio da dieta, é benéfico para a saúde, embora o fígado o produza quando não há ingestão por meio de alimentos.

O organismo usa o colesterol como insumo para a produção disto.

- Hormônios esteróides, incluindo os sexuais.
- Vitamina D.
- Bile, pelo fígado.
- Membranas celulares e as bainhas de mielina em volta dos nervos.

As gorduras saturadas são um componente essencial de todas as células do corpo e da maior parte das membranas celulares. Por isso as dietas com pouca gordura não são saudáveis.

A proporção de gordura considerada saudável na dieta é esta.

- Um terço de gorduras saturadas
- Um terço de gorduras monoinsaturadas
- Um terço de gorduras poli-insaturadas (ácidos graxos ômega 3 e 6)

De modo geral, as pessoas, atualmente, ingerem muita gordura ômega 6 e pouca gordura ômega 3.

O crescente interesse no uso dos óleos de soja, semente de girassol, canola, milho e de semente de algodão nos últimos 100 anos mudou por completo a proporção tradicional de ômega 6 para ômega 3 na alimentação. O consumo de óleo de soja nos Estados Unidos, por exemplo, aumentou em mil vezes nos últimos 100 anos, alterando essa proporção de 1:1 para 16:1. Considerando a integridade do cérebro, isso não é promissor.

Levando em conta a importância do ômega 3 para o cérebro, é

preocupante o fato de ingerirmos 6,25%, somente, dessa substância que esteve presente na alimentação daqueles que viveram na época dos povos caçadores-coletores[31]. A alimentação desses habitantes permitia a proporção ideal de ácidos graxos ômega 3: ômega 6 – ou seja, 1:1, ou quantidades iguais.

Nos dias de hoje, as pessoas ingerem até 20 vezes mais ômega 6 do que ômega 3, e isso aumentou a probabilidade de ocorrência de doenças degenerativas, tais como a demência.

A tendência de usar a margarina em vez da manteiga contribuiu para a ingestão excessiva e não saudável de ácidos graxos ômega 6.

Os veganos, que não comem peixe e que contam com as sementes para a obtenção dos ácidos graxos ômega 3, ingerem somente o ácido linolênico (ALA). O organismo converte cerca de 1/5 do ALA em DHA e em EPA, sobretudo com o avançar da idade. Portanto, as deficiências de DHA e de EPA podem gerar consequências negativas para a saúde cerebral desses vegetarianos.

A Organização Mundial de Saúde recomenda que a proporção ideal de ácidos graxos ômega 6/ômega 3 não ultrapasse 3:1. Um especialista em metabolismo de ácidos graxos, mundialmente reconhecido, Shlomo Yehuda, relatou, em 1986, que a proporção adequada seria a de 4:1. Entretanto, recomendo a proporção de 1:1... mesmo que isso seja difícil para a maior parte das pessoas.

Os médicos nutricionistas têm usado a proporção de 4:1 nos últimos anos e observaram melhoras nos diferentes tipos de doenças neurodegenerativas, tais como a esclerose múltipla, a doença neurológica, a doença de Parkinson e o mal de Alzheimer.

O ser humano precisa de uma quantidade adequada de ômega 6, pois ele é essencial para o funcionamento do corpo e do cérebro. O lado negativo é que o excesso de ômega 6 na alimentação pode provocar a formação de coágulos (que aumentam o risco para o acidente vascular e o infarto) e inflamação cerebral.

---

[31] **Caçadores-coletores**: sociedade cujo principal meio de subsistência é a obtenção direta de plantas e animais do meio selvagem para alimentação.

Será que o excesso de ácidos graxos ômega 6 pode ser um fator no desenvolvimento do mal de Alzheimer? Acredito que a resposta seja "sim". Embora não existam evidências de que essa afirmativa seja verdadeira, há indicações de que a possibilidade existe. Então, por que arriscar, visto que o ômega 6, reconhecidamente, causa outros problemas de saúde?

MESMO HOMENS QUE CONSUMIAM MENOS QUE 30 GRAMAS DE PEIXE POR DIA CONSEGUIRAM REDUZIR, EM ATÉ 60%, O DECLÍNIO NA MEMÓRIA EM FUNÇÃO DO ENVELHECIMENTO.

Do mesmo modo que a dieta da maioria das pessoas contém ácidos graxos ômega 6 em abundância, ela não contém ácidos graxos ômega 3 em quantidades suficientes. Na verdade, o efeito negativo é duplo, pois os benefícios dos ácidos graxos ômega 3 incluem desde a proteção contra o mal de Alzheimer até a redução da probabilidade de ocorrência de acidentes vasculares e infartos.

A deficiência de ácidos graxos ômega 3 na alimentação tem duas causas.

1. Os componentes dos ácidos graxos ômega 3 sofrem danos com facilidade, com a luz, calor, cozimento e processamento dos alimentos.

2. As nossas escolhas alimentares atuais estão erradas.

Do ponto de vista do ômega 3, a melhor alimentação possível é a "dieta do peixe", que inclui, pelo menos, três porções de peixe gorduroso por semana. Quantos aguentariam essa dieta? Outras fontes ricas em ácidos graxos ômega 3 são as sementes de linhaça e as nozes, junto com os vegetais de folhas verdes, os brócolis, o melão, o feijão comum, o repolho chinês, as folhas de parreira e a couve-flor.

Como podemos notar, as fontes de ácidos graxos ômega 3 são esparsas, o que aumenta a sua importância por causa dos benefícios essenciais para a saúde e pela sua capacidade de reduzir o impacto negativo da ingestão exagerada de ácidos graxos ômega 6.

Sem os ácidos graxos ômega 3, as células cerebrais não trabalham de modo eficiente, gerando diversos problemas, desde o mal de Alzheimer e a depressão nos adultos, até as dificuldades de aprendizagem nas crianças que não ingerem as quantidades devidas nas fases iniciais de desenvolvimento. Em um estudo, homens que consumiam **menos** que **30 gramas** de peixe por dia - menos do que 30 gramas - conseguiram reduzir, em até 60%, o declínio na memória em função do envelhecimento, se comparados àqueles que não comiam peixe.

Considerando que a alimentação nos países desenvolvidos favorece os ácidos graxos ômega 6, não é surpresa o fato de a incidência do Alzheimer aumentar, uniformemente.

Se, no passado, a sua preferência não era pelos alimentos contendo ácidos graxos ômega 3, havia a possibilidade de usar suplementos. Porém, antes de correr para a farmácia em busca de suplementos, verifique as receitas saudáveis e deliciosas no final deste capítulo. Ficarei surpresa se você não encontrar, pelo menos, três refeições apetitosas com ácidos graxos ômega 3.

AS FONTES SAUDÁVEIS DE ÁCIDOS GRAXOS ÔMEGA 3 SÃO ESTAS.

- Sardinhas
- Arenque
- Cavala
- Atum
- Salmão
- Anchovas
- Óleo de fígado de bacalhau
- Alga marinha
- Ovos com ômega 3
- Semente de abóbora
- Semente de cânhamo

- Folhas verdes
- Cérebro, olhos e glândulas de animais (não é preferência geral, mas essas partes eram especialmente apreciadas pelos caçadores-coletores)

A pele dos animais selvagens (de caça) que caçam tem teor de EPA (ômega 3) muito mais alto que a dos domesticados, que se alimentam de grãos. Exemplos de animais de caça são os cangurus, o avestruz, o veado e o alce.

NOTA – As mulheres amamentando, grávidas ou planejando gravidez, em geral, não têm certeza do peixe que devem, ou não, comer por causa dos possíveis níveis de mercúrio. Mas sabe-se que os peixes que vivem mais, ou os que alcançam um tamanho maior, têm níveis mais altos de mercúrio. As orientações mais recentes, que se aplicam às crianças com menos de 6 anos de idade, também, recomendam que as mulheres grávidas, lactantes ou que planejam gravidez comam uma porção, no máximo, a cada quinze dias, de tubarão, espadarte ou marlim, e que não consumam qualquer outro peixe no período. O robalo ou as ostras do Golfo do México, na área dos Estados Unidos, não devem ser consumidos. Todas as demais espécies de peixe são consideradas seguras para o consumo, de duas a três vezes por semana.

AS FONTES DE ÁCIDOS GRAXOS ÔMEGA 6 SÃO ESTAS.

- Óleo de borragem
- Óleo de semente de groselha negra
- Sementes de gergelim
- Sementes de girassol
- Sementes de cártamo
- Milho
- Óleo de canola

NOTA – É importante frisar que a gordura poli-insaturada ômega 6, conhecida como ácido araquidônico (AA), é encontrada no cérebro humano saudável, em grandes quantidades, e é essencial para o seu funcionamento adequado. O AA pode ser produzido no organismo a partir de outros ácidos graxos essenciais do ômega 6 e é encontrado, em abundância, nos alimentos animais ricos em gorduras saturadas. É por isso, também, que as dietas com teor muito baixo de gordura não são saudáveis.

Para incrementar a ingestão de ácidos graxos saudáveis para o cérebro, faça uma mistura de sementes e frutas oleaginosas. Triture em liquidificador ou em processador e adicione às refeições, em especial aos cereais do café da manhã.

Misture, por exemplo, estes ingredientes.

Três porções de sementes de linhaça

Uma porção de sementes de gergelim

Uma porção de sementes de girassol

Uma porção de sementes de abóbora

Uma porção de nozes

Uma porção de amêndoas

Triture até obter um pó e armazene em jarra hermeticamente fechada na geladeira ou no refrigerador, longe da luz, do calor e do ar. Esse procedimento assegura a não oxigenação dos produtos. Adicione uma ou duas colheres dessa mistura às suas refeições para melhorar a ingestão de ácidos graxos.

Além disso, podemos usar óleos prensados a frio[32], geralmente encontrados em lojas de produtos naturais. As boas opções são os óleos de linhaça ou de cânhamo, ou uma mistura que permita uma proporção de ômega 3 e 6 de 1:1. Assegure-se de que esses óleos sejam refrigerados e ingira uma colher de sopa por dia. Adicione esse óleo às saladas e às bebidas geladas, ou tome direto da colher, mas não esquente.

---

[32] **Óleo prensado a frio**: os óleos de qualidade são prensados a frio e não refinados. Significa que o fruto é prensado e recolhe-se o sumo. Em seguida, o sumo é filtrado para se obter o óleo da primeira prensagem. Os óleos de primeira prensagem (virgens e extra virgens) são ricos em gorduras e vitaminas lipossolúveis, especialmente a vitamina E (que evita que o óleo fique rançoso). São ricos em ácidos graxos essenciais.

FOSFOLIPÍDIOS

As gorduras conhecidas como fosfolipídios são vitais para a saúde do sistema nervoso. Junto com o colesterol, eles formam a bainha de mielina que envolve e isola os nervos. Essa bainha previne curtos-circuitos e assegura um fluxo ininterrupto de informações entre as diferentes partes do cérebro, a medula e os nervos periféricos.

Os fosfolipídios compõem quase 70% da massa cinzenta do cérebro e 50% da branca.

Além disso, os fosfolipídios e o colesterol formam a membrana (invólucro) que envolve e protege cada célula no organismo, incluindo as células cerebrais.

O organismo pode produzir o seu próprio suprimento de fosfolipídios, desde que nos alimentemos de modo adequado; entretanto, o suplemento de fosfolipídios demonstrou ser benéfico para as funções cerebrais.

AS MAIORES FONTES PARA A INGESTÃO SAUDÁVEL DE FOSFOLIPÍDIOS SÃO ESTAS.

- Gema de ovo (os ovos são um bom alimento para o cérebro, desde que a dieta da galinha seja saudável – alto teor de ômega 3 –, com vegetais de folhas verdes, sementes e/ou farinhas de peixe).
- Vísceras, tais como fígado, rim e cérebro.
- Soja.
- Peixe (em especial as sardinhas).
- Amendoim e muitas outras frutas oleaginosas.
- Grânulos ou tabletes de lecitina.

ANTIOXIDANTES

A geração dos "baby boomers", nascida entre 1946 e 1964, goza uma vida mais longa do que as gerações anteriores. Por isso, a população mundial envelhece, o que leva os pesquisadores, eu inclusive, a perguntarem o seguinte: O cérebro humano foi projetado para permanecer em funcionamento tanto tempo? Aparentemente, a resposta é "não", considerando o número de pessoas que sofrem de demência nos dias de hoje.

POR QUE O CÉREBRO É TÃO VULNERÁVEL À DEGENERAÇÃO DECORRENTE DA IDADE?

Há três motivos básicos.

- O DNA do cérebro (contido nos cromossomos) é rico em proteína.
- Ele é composto, principalmente, de gorduras frágeis.
- Ele possui uma complexa rede de comunicação e bilhões de conexões delicadas".

Por isso, o cérebro precisa de proteção contra a destruição trazida pelo tempo e contra as influências adversas no nosso meio ambiente, interno e externo, que o atacam. Acredito que não possamos deixar a proteção ao acaso, e devemos nos precaver para defender o cérebro que envelhece.

RADICAIS LIVRES

Todas as células precisam de oxigênio para alimentar os processos metabólicos que as mantêm. No organismo, quando as células usam o oxigênio, acontece um processo conhecido como oxidação, que gera substâncias oxidantes como subproduto. Essas substâncias são conhecidas como "radicais livres" e são partículas eletrônicamente instáveis. Os radicais livres podem prejudicar as células do mesmo modo que a oxidação enferruja os metais.

Os radicais livres – que podem resultar de situações como o estresse, a falta de sono, as gorduras prejudiciais (comidas fritas e ácidos graxos trans), substâncias tóxicas (solventes, pesticidas, plásticos, metais pesados, cigarros), traumas, algumas drogas e infecções – prejudicam o funcionamento das células saudáveis e, no processo, podem provocar grandes devastações, causando diversas condições ou contribuindo para elas, desde as cardíacas e o câncer até o mal de Alzheimer. Pesquisas demonstraram que, quando os radicais livres atacam, o sistema imunológico, com frequência, fica enfraquecido, e o processo de envelhecimento pode se acelerar.

Os radicais livres destroem as partes gordurosas das células cerebrais – tais como as membranas e as organelas internas –, comprometendo a capacidade das células de se protegerem. As células cerebrais podem ficar danificadas, romper-se ou, mesmo, morrer se o ataque pelos radicais livres for muito sério ou prolongado. É nesse contexto que as beta-amiloides e os novelos, que causam a demência do Alzheimer, podem se acumular e matar mais células cerebrais. A placa beta-amiloide libera os seus próprios radicais livres, que mutilam ou matam mais células cerebrais preciosas.

> QUANDO OS RADICAIS LIVRES ATACAM, O SISTEMA IMUNOLÓGICO, COM FREQUÊNCIA, FICA ENFRAQUECIDO, E O PROCESSO DE ENVELHECIMENTO PODE SE ACELERAR.

Felizmente, há soldados que combatem os radicais livres – conhecidos como antioxidantes – que arregimentamos para salvar o corpo e o cérebro.

ANTIOXIDANTES

Os antioxidantes são compostos naturais encontrados em diversos alimentos e disponíveis em vários suplementos. Eles se ligam aos oxidantes e reduzem os seus efeitos danosos (daí o prefixo anti), transformando-os em compostos neutros. Estou certa de que os antioxidantes protegem as células cerebrais e ajudam a reparar qualquer dano já estabelecido. Portanto, em potencial, alguns dos efeitos do Alzheimer podem ser revertidos. Uma alimentação rica em antioxidantes pode contrabalançar muitos dos efeitos do envelhecimento e das doenças – do Alzheimer, inclusive. A maior parte das pessoas, até mesmo as consideradas saudáveis, não ingere antioxidantes suficientes a partir das suas dietas.

Um estudo mostrou que ratos que foram geneticamente programados para produzir uma enzima humana antioxidante viveram, em média, 20% a mais do que os ratos comuns - evidência de que os antioxidantes contrabalançaram, e de modo eficaz, os efeitos das doenças e do envelhecimento. De acordo com um dos pesquisadores , o estudo "demonstrou a significância dos radicais livres... no processo de envelhecimento" e que os antioxidantes podem ser usados como base para "fármacos e outros tratamentos que protegem o organismo desses radicais livres e, talvez, de algumas condições relacionadas com o envelhecimento".

Já mencionei que o mal de Alzheimer é uma condição dependente do envelhecimento? Você pode apostar que sim, e, portanto, é importante divulgar essa pesquisa.

Em outra investigação, com cachorros, os pesquisadores verificaram que o exercício regular, a estimulação mental e a alimentação rica em antioxidantes podem ajudar os cérebros de cães em idade avançada - e, talvez, os cérebros dos humanos - a manterem-se em ótimo estado. Esse estudo, apoiado pelo governo dos Estados Unidos e realizado pelos seus Institutos Nacionais de Saúde (NIH), pode ser considerado o "primeiro a investigar os **efeitos combinados** dessas intervenções e a sugerir que a alimentação saudável e o exercício mental podem funcionar melhor quando combinados, do que individualmente".

Esse trabalho, que durou dois anos, verificou que o desempenho dos cães mais velhos melhorou em testes cognitivos (capacidade de solucionar) e no aprendizado de novas tarefas quando eles faziam exercícios regulares, tinham a oportunidade de brincar com outros cães e mantinham alimentação rica em frutas, vegetais e vitaminas.

Conforme informação retirada do site do NIH: "Os cães são um modelo revelador do envelhecimento cognitivo, e esses achados podem ter implicações importantes para as pessoas. Assim como os humanos, os cachorros se ocupam com estratégias cognitivas complexas, e a estrutura do cérebro desses animais é mais complicada do que a de muitos outros. Além disso, eles processam os nutrientes alimentares de modo similar ao dos humanos. Assim como nós, os cães são suscetíveis ao declínio dependente da idade no aprendizado e na memória e podem desenvolver condições similares às do mal de Alzheimer."

Foi constatado que os antioxidantes exercem um efeito positivo no cérebro humano. Um estudo observacional, com mais de 5 mil homens e mulheres, na Holanda, demonstrou que as pessoas que consomem muitos vegetais verde-escuros, amarelos e vermelhos pareciam reduzir a probabilidade de ocorrência de demência em, aproximadamente, 25%. A prevalência de Alzheimer é menor entre os japoneses que moram no Japão, onde, em média, a dieta diária é composta por alimentos com alto teor de antioxidantes, do que entre os que moram nos Estados Unidos, onde a alimentação é menos saudável.

Nos dias de hoje, os resultados das pesquisas sugerem que é importante começar a ingerir alimentos com alto teor de antioxidantes logo no começo da vida e não mais tarde. Conforme a declaração de um pesquisador: "Não é só o que comemos aos 60 ou 70 anos de idade que nos mantém longe do Alzheimer, mas o que comemos aos 30, 40 ou 50 anos."

Portanto, você deve estar se perguntando: quais são os alimentos que fornecem uma dose saudável de antioxidantes? A resposta simplificada é "muitos".

OS ALIMENTOS RICOS EM ANTIOXIDANTES INCLUEM ESTES.

- Frutas cítricas, tomates, todas as frutas vermelhas silvestres, pêssegos e repolho.
- Frutas e vegetais de cores vibrantes – vermelhos, amarelos, cor-de-rosa, escarlate ou verde-escuro – em geral, têm alto teor de antioxidantes.

- Frutas oleaginosas, sementes e legumes crus (feijões, ervilhas e lentilhas).
- Chá (preto, oolong[33] e verde) e vinho tinto (quando ingerido com moderação) são duas ótimas fontes de antioxidantes.
- Gema de ovo orgânico.

Outro alimento rico em antioxidantes, e que tem recebido muita atenção, é o mirtilo. Análises realizadas com ratos mostraram que os que ingeriram certa quantidade de mirtilo ficaram mais espertos do que os que não ingeriram, melhorando a coordenação motora. Isso leva a concluir que o mesmo possa ser aplicado ao ser humano. Embora as substâncias químicas que provocam essas mudanças ainda não tenham sido identificados, os cientistas acreditam - e eu também - que os mirtilos contêm antioxidantes naturais e podem proteger o cérebro contra o mal de Alzheimer.

É muito recompensador quando a vida joga em nossos braços uma oportunidade, pois o que pode ser melhor do que compartilhar uma salada de frutas saborosa, cheia de mirtilos, com a família, e ter a certeza de que, a cada colherada, todos estarão preservando a saúde de seus cérebros?

Acredito que a alimentação rica em antioxidantes possa reduzir, em grande parte, o dano às células cerebrais, que são fundamentais para a memória e para o pensamento. Eu não sou a única médica a defender essa crença, e há uma onda crescente de evidências que demonstram que os antioxidantes podem proteger nossos cérebros das mudanças degenerativas, inclusive do Alzheimer.

Além disso, entre os antioxidantes mais potentes estão as vitaminas A, C e D, que são encontradas em inúmeros alimentos ou que podem ser ingeridas por meio de suplementos, junto com um mineral

---

[33] **Chá Oolong:** Em geral, é "semifermentado" e produzido na China e em Taiwan (com frequência é chamado de Red ou Formosa Tea). Para a fabricação dos oolongs, as folhas são secadas diretamente sob a luz solar, depois sacudidas em cestos de bambu. Em seguida, são estendidas para secarem até que a superfície das folhas se torne levemente amarela. Os oolongs são folhas de chá que não foram "quebradas" pelo processamento de rolo. Os chás oolong menos fermentados, quase verdes, denominam-se Pouchong.

chamado selênio. Os antioxidantes, também, podem beneficiar a circulação, o que, por sua vez, melhora o fornecimento de oxigênio para o cérebro. O oxigênio é o nutriente mais importante para o cérebro.

No capítulo que fala sobre os suplementos, abordarei essas vitaminas com maior profundidade, mas, agora, gostaria de enfatizar que uma das melhores medidas que podemos tomar a favor do cérebro é comer de cinco a sete porções de frutas e de vegetais por dia, com, pelo menos, 50% deles em estado cru. Evite as frutas e os vegetais que passem por processo de maturação a gás e/ou que sejam mantidos refrigerados por longo tempo. Se puder, compre produtos orgânicos e característicos das estações do ano.

OS ANTIOXIDANTES PODEM BENEFICIAR A CIRCULAÇÃO, O QUE MELHORA O FORNECIMENTO DE OXIGÊNIO PARA O CÉREBRO. O OXIGÊNIO É O NUTRIENTE MAIS IMPORTANTE PARA O CÉREBRO.

Como os antioxidantes são poderosos contra o Alzheimer, resumi os nutrientes antioxidantes mais importantes e os alimentos que os contêm em uma tabela fácil de usar, como você verá mais adiante.

AS FRUTAS E OS VEGETAIS DE CORES FORTES E VIBRANTES SÃO ANTIOXIDANTES PODEROSOS. É POR ISSO QUE COMER SALADAS E FAZER SUCOS DE FRUTAS E DE VEGETAIS CRUS É ÓTIMO PARA O CÉREBRO!

Nutriente antioxidante	Melhor alimento fonte do antioxidante
Vitamina C	Frutas cítricas, *kiwi*, tomate, pimentão, pimenta vermelha, frutas vermelhas silvestres, brócolis.
Selênio	Peixe (em especial o atum e a sardinha), cogumelos, melaço, castanha-do-pará, sementes cruas, ostras.
Vitamina E	Frutas oleaginosas e sementes cruas, óleo de sementes processado a frio, gérmen de trigo fresco, peixe, feijões e ervilhas.
Ácido lipoico	Carne vermelha (de preferência magra), batata, batata-doce, beterraba, espinafre, nabo e cenoura.
Betacaroteno	Todas as frutas e os vegetais amarelos/cor de laranja, em especial cenouras, batata-doce, abóbora/moranga, agrião e abricó (seco e fresco).
Antocianidinas	Todas as frutas e os vegetais vermelhos, cor-de-rosa e púrpura, em especial beterraba, ameixas, ameixas vermelhas, repolho roxo, berinjelas, cerejas e frutas vermelhas silvestres.
Coenzima Q 10	Peixe (em especial as sardinhas e a cavala), frutas oleaginosas e sementes cruas, brotos, legumes e soja.
Glutationa	Peixe (em especial as sardinhas e o atum), legumes, brotos, frutas oleaginosas e sementes cruas, a família das cebolas (alho, cebola, alho-porro e chalotas[34]).

[34] A **chalota** ou **echalotas** é uma planta bulbosa do gênero *Allium*, originária da Ásia Central. Seu nome vem de Ascalão, cidade da antiga Palestina, de onde foi trazida para a França durante a Primeira Cruzada. Como a maioria das plantas desse gênero, é utilizada com fins culinários. A parte comestível está na base das bainhas foliares, que formam bulbos ovais, e seu sabor pode ser definido entre o do alho e o da cebola.

ÁCIDO FÓLICO

Ainda sobre a questão de alimentos saudáveis para o cérebro, seria negligência não falar sobre o ácido fólico (uma substância relacionada à vitamina B), que é essencial para o desenvolvimento e a manutenção do sistema nervoso. O ácido fólico, também, é uma substância natural encontrada nos alimentos – e, nesses casos, é chamado de folato.

POR QUE O FOLATO É IMPORTANTE PARA A SAÚDE DO CÉREBRO?

Quando há deficiência de ácido fólico, o organismo pode produzir em excesso uma proteína tóxica chamada homocisteína, o que pode causar dano ao cérebro. As deficiências de vitamina B6 e/ou B12 podem elevar os níveis da homocisteína tóxica. Foi determinado que as pessoas mais idosas, com níveis baixos de ácido fólico, têm uma probabilidade maior de sofrerem do mal de Alzheimer.

Um estudo, que acredito ser relevante, sugere que a alimentação saudável que inclua diversos alimentos que contêm folato reduz, para a metade, a chance de ocorrência do Alzheimer – **metade**!

Esses números impressionam – você não acha? E levam à pergunta "**Quais são os alimentos ricos em folato?**" A seguir, uma lista parcial.

- Vegetais de folhas verdes
- Diversos tipos de feijão
- Laranja e toranja
- Cereais fortificados para o café da manhã
- Galinha ou peru
- Peixe e outros tipos de frutos do mar
- Nozes
- Carne de vaca ou fígado de novilho
- Germe de trigo
- Pão branco integral

Você pode encontrar o folato em inúmeros vegetais, incluindo a alcachofra, o aspargo, a beterraba, os brócolis, a couve-de-bruxelas, a couve-flor, o repolho chinês, o milho, a endívia, a mostarda, o quiabo, a ervilha, o espinafre e o nabo. Junto com as laranjas e a toranja, duas frutas que são fonte de folato são o melão amarelo e os morangos.

Podemos ingerir crus os vegetais que fornecem o folato (junto com um molho de abacate, uma pasta de grãos-de-bico – conhecida como húmus – ou de gergelim – conhecida como tahini –, ou com uma maionese de ovos inteiros), cozinhá-los no vapor, ou de outra forma. Além disso, podemos fazer suco com os favoritos e combiná-los com outros vegetais, que têm alto teor de antioxidantes, para uma "injeção dupla" de saúde para o cérebro. O mesmo pode ser feito com as frutas de nossa preferência que estejam na lista de antioxidantes ou na de folato.

Antes de darmos início às minhas receitas favoritas para conter o Alzheimer, gostaria de fornecer uma seleção de **dicas para salvar o cérebro**. Eu chamo essas dicas de...

OS "PODE" E OS "NÃO PODE" DA DRA. CABOT

- **Lembre-se** de beber bastante líquido durante o dia, pois a desidratação foi relacionada aos defeitos de memória. O requerido é, no mínimo, dois litros por dia, de preferência de água, chá ou suco de vegetais para assegurar a recomendação diária. Embora a ingestão moderada de café seja aceita, junto com a bebida alcoólica, devemos evitar os excessos com essas bebidas, pois elas exercem efeito desidratante.
- **Compre** um espremedor de frutas e use frutas e vegetais crus regularmente. Tente usar diversos tipos desses alimentos e empregue todas as cores possíveis – em outras palavras, "faça um suco com um arco-íris". Os pigmentos que emprestam as cores vivas e vibrantes às frutas e aos vegetais são antioxidantes poderosos, que protegem o cérebro. Em termos gerais, o suco deve ser feito com 80% de ve-

getais e com 20% de frutas. É muito melhor preparar os sucos com uma máquina, pois os sucos frescos têm teor mais alto de antioxidantes e vitaminas. Os sucos engarrafados contêm muito açúcar, em especial para as pessoas com a síndrome metabólica ou diabetes. O melhor é fazer sucos todos os dias ou, pelo menos, cinco dias por semana. Você pode preparar em quantidade suficiente para 24 horas e conservá-lo na geladeira em jarra com tampa hermética. A adição do sumo de um limão ajudará a manter a bebida fresca e sem oxidar. Se você passar o dia fora, leve o suco em uma garrafa térmica. Amy Borestein, da Universidade do Sul da Flórida, verificou que os nipo-americanos que bebiam mais suco de frutas e de vegetais tinham uma probabilidade de ocorrência do Alzheimer quatro vezes menor do que a dos seus pares que bebiam pouco ou nenhum desses sucos. Esse estudo foi impressionante porque acompanhou 1.800 pessoas durante 30 anos.

- **Instale** um filtro de água de qualidade na sua casa e beba água livre de químicos tóxicos e de metais pesados para manter a saúde do seu cérebro.

- **Reduza** a sua exposição ao alumínio – minimize, ou não use os antiácidos e os antiperspirantes que contêm alumínio, e potes e panelas de alumínio.

- **Reduza** o contato com produtos químicos no seu meio ambiente. Não há dúvidas de que pesticidas, inseticidas, detergentes, plásticos, solventes e metais pesados danificam o nosso cérebro frágil. Essas substâncias estão presentes em muitos agentes de limpeza para a casa, tintas, tintas de impressão, fluidos de lavanderia a seco etc. O fígado transforma essas toxinas solúveis em água em substâncias inócuas, mas pode ficar sobrecarregado com facilidade. As nossas receitas, sugestões e suplementos foram projetados para ajudar o funcionamento do fígado, bem como proteger o cérebro. Não aqueça alimentos em potes de plástico no formo de micro-ondas, sobretudo se estiverem cobertos com invólucros de plástico, ou se você vai consumi-los na embalagem plástica. Se usar forno de micro-ondas, e não aconselho uso constante, coloque a refeição em um contêiner de cerâmica.

■ **Coma** alimentos não processados, tais como legumes (feijões, ervilhas e lentilhas), frutas oleaginosas e sementes cruas. Se ingerir grãos, opte pelo trigo, trigo-mouro, cereais, cevada e centeio não processados.

■ **Selecione** carnes frescas e magras, de animais alimentados em pastos.

■ **Use** grãos de linhaça (triturada) como substituto de 10-15% da farinha de trigo, quando for assar pães e bolos. Esse ingrediente, altamente nutritivo, é uma ótima fonte de ácidos graxos de ômega 3 e adiciona fibra. Posso assegurar que, depois de fazer esse tipo de substituição, você nunca mais usará 100% de farinha de trigo. O seu cérebro ficará mais saudável, também.

■ **Certifique-se** de que o seu nível de glicose no sangue esteja normal e controlado. Se estiver em dúvida, pergunte ao seu médico sobre o nível de glicose no sangue em jejum e/ou sobre um teste de tolerância à glicose. Se há história de diabete na família, esses testes devem ser realizados regularmente. É melhor reduzir a ingestão do nível de açúcar e de doces e evitar o uso excessivo de bebidas alcoólicas.

■ **Coma**, regularmente, alimentos com alto teor de colina, pois ela demonstrou reduzir os sintomas do mal de Alzheimer. Os alimentos que contêm colina incluem os brotos, fígado, vagens, lentilhas, grão-de-bico, gema e ovo, amendoim, ervilhas e soja. A lecitina, também, é uma ótima fonte de colina e é um dos suplementos que recomendo.

■ **Não use** açúcar refinado, ou o seu substituto, o aspartame. Este último age como uma neurotoxina, e pelo menos um estudo demonstrou que contribui para a perda de memória, exercendo efeito negativo nas pessoas com depressão e desordens do humor. A ingestão de carboidratos refinados ao longo de período curto de tempo mostrou ser prejudicial para a memória no diabético do tipo 2. Prefira carboidratos complexos e não processados.

- **Não coma** muito, ou evite margarina, gordura vegetal, óleos vegetais processados de baixa qualidade, alimentos fritos, doces industrializados, roscas, ou a maior parte dos petiscos empacotados. Verifique as especificações dos alimentos e, se encontrar óleos vegetais hidrogenados ou ácidos graxos trans nos ingredientes, não compre o produto. Além disso, evite os óleos vegetais processados, que contêm altos teores de ácidos graxos ômega 6, incluindo as sementes processadas de algodão, milho, girassol e soja. Os óleos prensados a frio, tais como o de oliva e o de linhaça, são muito mais saudáveis para o cérebro.
- **Não use,** salvo se estritamente necessário, medicamentos controlados ou de compra livre que afetem de modo negativo a pressão sanguínea, a absorção de minerais ou de vitaminas, ou o funcionamento do cérebro. Se você precisa tomar remédios que tenham esse tipo de efeito, assegure-se de ingerir a devida vitamina ou suplemento para compensar. Se você não sabe quais são os efeitos secundários potenciais de um medicamento, consulte o seu médico ou um farmacêutico.

Por fim, **NÃO** tenha receio de tentar alimentos novos, combinações e modos de preparo diferentes para as suas refeições – tal como o de fazer sucos. Com um mínimo de esforço e de planejamento, você pode transformar uma refeição que não é saudável em uma delícia culinária, saudável e que fortaleça o cérebro. Dessa maneira, será possível combater o surgimento ou o avanço do Alzheimer.

Tente esses alimentos nutritivos. Será que você consegue? Eles são o princípio número 2 do meu **Programa de quatro pontos** para manter o cérebro jovem para sempre.

RECEITAS PARA SALVAR O CÉREBRO

Na minha opinião, boa comida não precisa de muita introdução. Neste capítulo você encontrará uma seleção de receitas saudáveis – para fortalecer o cérebro –, de preparo simples e de sabor delicioso.

Elas não foram dispostas aleatoriamente. Portanto, você deve verificar uma a uma para desvendar todas as possibilidades! Gostaria de lembrar que, nessas receitas, muitas vezes, a carne, o vegetal ou a fruta podem ser substituídos por um similar, para adicionar variedade à alimentação. Divirta-se!

Muitas das receitas foram selecionadas por causa da capacidade de fortalecer o cérebro. Os peixes de águas frias, que são ricos em ácidos graxos ômega 3, estão listados abaixo pela ordem de teor.

- Cavala
- Arenque
- Sardinhas
- Atum
- Salmão
- Anchovas
- Halibut[35]
- Perca

NOTA – As variedades de peixes saudáveis são os frescos ou em lata. Quando o peixe for defumado, ou frito, haverá redução no teor de ácidos graxos ômega 3.

Sanduíche de peixe

85 gramas de atum ou de salmão vermelho em lata
1 colher de sopa de maionese
2 colheres de sopa de chalotas, cortadas finas
2 colheres de sopa de aipo cortado
2 colheres de sopa de amêndoas partidas

[35] **Halibut**: qualquer das espécies dos grandes peixes-chatos, comestíveis, do gênero dos *Hippoglossus*, característicos do Mar Norte do Atlântico ou do Pacífico. Em Portugal, é chamado de halabote ou alabote. Não há similar no Brasil.

½ abacate cortado em tiras
1 xícara de brotos de alfafa
Pão integral, multigrãos ou de massa azeda
Um pouco de sumo de limão

Misture o peixe, a maionese, o aipo e as amêndoas.
Coloque as tiras de abacate sobre as fatias de pão.
Coloque um pouco dos brotos de alfafa por cima.
Sirva como sanduíche aberto ou fechado.
Serve de 1 a 2 pessoas.

Peixe estilo mexicano (burrito)

1 colher de chá de azeite virgem ou extra virgem
1 alho-porro fatiado fino
2 cabeças de alho trituradas
1 xícara de caldo de vegetais
2 tomates grandes cortados
½ colher de chá de cominho
680 gramas de filés de *halibut*
1 limão siciliano
12 tortilhas de milho
1 pimenta vermelha pequena, cortada fina (opcional)
Sal e pimenta a gosto

Refogue o alho e a pimenta vermelha até que fiquem macios.
Misture o caldo de vegetais e os tomates na panela.
Tempere com o cominho. Deixe ferver.
Abaixe a chama do fogão.
Coloque o peixe na mistura.
Jogue o sumo do limão.
Tempere com o sal e a pimenta a gosto.
Deixe cozinhar por 15-20 minutos, até que o peixe se parta com facilida-

de, com o uso do garfo.

Embrulhe nas tortilhas para servir.

Sirva com uma salada verde e com abacate.

Serve de 4 a 6 pessoas.

Salmão grelhado

680 gramas de filé de salmão

1 colher de chá de sal marinho e de pimenta-do-reino

1-2 cabeças de alho trituradas.

⅓ de xícara de molho de soja/tamari[36]

1 pimenta vermelha pequena, cortada fina (opcional)

¼ de xícara de azeite, virgem ou extra virgem

Tempere os filés com sal, pimenta e alho a gosto.

Em uma vasilha pequena, misture o molho de soja/tamari e o azeite.

Deixe o peixe nessa mistura por, pelo menos, 2 horas.

Retire o peixe do molho.

Grelhe sobre fogo médio por cerca de 7 minutos de cada lado, ou até que fique cozido.

Sirva com vegetais cozidos no vapor e com batatas cozidas.

Serve 6 pessoas.

Salmão cozido com molho de endro

1 kg – 1,4 kg de filés de salmão

3 colheres de sopa de azeite virgem ou extra virgem

[36] **Tamari**: o tamari é um molho de soja original que se obtém por meio do fabrico do missô, que é feito a partir do feijão de soja e sal fermentado com cevada ou arroz. Ou seja, o tamari é o líquido que fica por cima da pasta do missô. Tem um sabor simultaneamente salgado e picante e realça o gosto de qualquer prato.

[37] **Quark** é um tipo de queijo fresco, feito por meio do aquecimento do leite azedo até que seja alcançado o grau ideal de desnaturação das proteínas, quando é coado. Não há adição de sal. É diferente da ricota, mas é similar ao *paneer* indiano. É mais comum na Europa.

1 xícara de creme azedo/quark[37]/iogurte natural

3 colheres de sopa de salsinha picada

2 colheres de sopa de mostarda do tipo Dijon

2 colheres de sopa de endro[38] fresco, picado

4 colheres de chá de sumo de limão fresco

Sal e pimenta moída a gosto

Aqueça o forno a 180 graus.

Unte uma assadeira com o azeite.

Lave os filés e retire o excesso de água.

Unte os filés com o azeite, passe o sal e a pimenta e coloque na assadeira, com a parte da pele para baixo.

Em uma tigela pequena, misture o creme azedo/quark/ iogurte natural, a salsinha, a mostarda, o endro, o sumo de limão, o sal e a pimenta.

Cubra e deixe refrigerar por, pelo menos, 3 horas antes de cozinhar.

Asse o peixe descoberto por 8 a 12 minutos (o salmão deve ficar levemente opaco na parte mais grossa).

Remova, com cuidado, o salmão da travessa e transfira para os pratos individuais.

Sirva com o molho frio da mostarda e de endro e com salada verde, fresca.

Serve 6 pessoas.

Caldo de peixe

2 colheres de sopa de azeite virgem ou extra virgem

500 gramas de peixe ou de cabeça de camarões grandes

1 talo de aipo cortado em pedaços grandes

1 cebola, cortada em metades, com a casca

---

[38] **Endro**: o **endro** (*Anethum graveolens*) é uma erva aromática. Também conhecido por **aneto** ou **dill**, é bastante usado na cozinha sueca, finlandesa, russa e polaca para aromatizar salmão e batatas novas. Também é utilizado em saladas na parte ocidental da Turquia. Tem um aspecto semelhante ao do funcho, mas o sabor é muito diferente. Também faz parte indispensável da cozinha búlgara, principalmente no preparo de alguns pratos típicos, como a famosa sopa fria de verão chamada "tarator", para aromatizar pratos e sopas de cogumelos, ou saladas como a salada branca-de-neve, de pepinos etc.

1 cenoura inteira
2 cabeças de alho, sem casca
1 cm de gengibre sem casca
5 grãos de pimenta-do-reino (opcional)

Aqueça o óleo em uma panela grande. Adicione os demais ingredientes.
Mexa até que a cebola doure.
Adicione 2 litros de água, cubra e deixe ferver.
Reduza a chama e deixe em fervura lenta por 2 horas. Deixe esfriar.
Passe na peneira para retirar os pedações e as espinhas de peixe, guarde o caldo na geladeira, ou congele-o em vasilhas pequenas, para uso posterior.

Atum com talharim

340 gramas de filés de atum fresco
½ xícara de vinho branco seco
1 colher de chá de tomilho fresco, cortado
½ colher de chá de sal marinho
¼ de colher de chá de pimenta-caiena (vermelha – opcional)
1 colher de sopa de azeite virgem ou extra virgem
2 cabeças de alho trituradas
2 xícaras de flores de brócolis
1 pimentão grande, verde ou vermelho, fatiado em tiras
230 gramas de macarrão do tipo talharim, cozido e coado
¾ de xícara de queijo romano ou parmesão, ralado

Descongele o peixe, se estiver congelado.
Corte em cubos de 2,5 cm.
Retire as espinhas. Reserve.
Para o molho, em uma pequena tigela, misture o vinho, o tomilho, o sal e o pó de pimenta-caiena. Reserve.
Pré-aqueça uma panela *wok*, ou uma frigideira, em fogo médio. Adicio-

ne o azeite (coloque mais azeite, se necessário, durante o cozimento).
Coloque o alho e refogue por 15 segundos. Acrescente os brócolis e refogue por 2 minutos.
Adicione o pimentão, refogue por mais 1 ou 2 minutos, ou até que os vegetais estejam macios e firmes.
Retire os vegetais da panela.
Adicione o atum à panela quente. Refogue por 3 a 6 minutos, ou até que o peixe se desmanche com facilidade.
Coloque os vegetais cozidos, novamente, na panela.
Mexa o molho. Despeje o molho na panela.
Adicione o talharim cozido.
Mexa, suavemente, todos os ingredientes para que se misturem ao molho.
Cozinhe, mexendo, por mais um minuto, ou até que a temperatura dos ingredientes esteja uniforme.
Retire do fogo. Coloque o queijo romano ou parmesão.
Sirva imediatamente, acompanhado de salada verde.
Serve 4 a 6 pessoas.

Macarrão instantâneo com brócolis e amêndoas

280 gramas de macarrão instantâneo
1 kg de brócolis cozido no vapor (flores e o caule sem folhas), cortado em pedaços de 2,5 cm
1 xícara de ervilhas
1 colher de sopa de azeite virgem ou extra virgem
1 xícara de amêndoas em pedaços
⅓ de xícara de molho de soja/tamari
1 pimenta vermelha cortada (opcional)
2 colheres de chá de coentro/salsa, cortados
1 colher de sopa de salsinha fresca, cortada
½ colher de chá de pimenta moída
Sumo de um limão ou limão siciliano
Sumo de uma laranja

Casca ralada de um limão

Cozinhe o macarrão instantâneo "al dente", por cerca de 5 minutos. Cozinhe os brócolis e as ervilhas até que fiquem macios, por 3 minutos.

Aqueça o azeite, em fogo médio, adicione as amêndoas e as ervas.

Refogue por um minuto, aproximadamente.

Junte o macarrão, as ervilhas e os brócolis.

Adicione a mistura de amêndoas e mexa bem.

Adicione os sucos cítricos, a casca de limão ralado, a pimenta e misture bem, de novo.

(opcional: adicione ½ xícara de pedaços de peru fresco cozido, camarões grandes ou tofu).

Serve de 4 a 6 pessoas.

Salada de arroz e milho

2 xícaras de arroz integral cozido

2 xícaras de grãos de milho cozidos

1 xícara de aipo cortado

1 xícara de amêndoas

1 xícara de cenoura ralada

½ xícara de beterraba ralada

5 cebolinhas/chalotas cortadas finas

2 colheres de sopa bem cheias de sementes de gergelim torradas

1 colher de sopa de sementes de abóbora torradas

Sal marinho e pimenta-do-reino a gosto

Misture todos os ingredientes e sirva com molho de azeite virgem ou extra virgem ou de sementes de linhaça, vinagre de maçã e 1 xícara de coentro.

Serve de 6 a 8 pessoas.

Peixe refogado com amêndoas

½ xícara de amêndoas picadas
680 gramas de filé de peixe de sua escolha (dourado, tainha – *mugil cephalus* – ou salmão) cortados em cubos de 2,5 cm
2 colheres de chá de amido de milho
2 cabeças de alho grandes, trituradas
3 xícaras de pedaços de aspargos
½ xícara de caldo de galinha
3 colheres de chá de limão fresco ou de suco de limão
2 xícaras de arroz integral cozido e quente
Sal marinho e pimenta em pó, a gosto

Torre as amêndoas em frigideira seca. Reserve. Em uma tigela de tamanho médio, misture o peixe com o amido de milho. Unte uma frigideira de teflon com azeite e coloque sobre fogo médio. Adicione o peixe e refogue, mexendo de vez em quando, por cerca de 5 minutos, até que o peixe fique dourado e opaco. Retire o peixe da frigideira; reserve. Adicione o alho à frigideira e refogue por dez segundos. Acrescente o aspargo, o caldo e o sumo do limão. Cubra e deixe cozinhar por 2 minutos. Coloque o peixe, novamente, na frigideira; tampe e cozinhe por mais um minuto. Retire do fogo. Despeje as amêndoas e tempere com o sal e a pimenta. Disponha o arroz em pratos individuais; cubra com a mistura de peixe, dividindo igualmente. Sirva com ervilhas ou vagens e com uma salada verde fresca.
Serve 6 pessoas.

Atum com macarrão ou com salada de cevada

½ kg de macarrão parafuso, ou de cevadinha
¾ de xícara de azeite virgem ou extra virgem misturado com 1 colher de sopa de óleo de linhaça
1 colher de sopa de vinagre balsâmico

170 gramas de atum em lata (escorrido)
2 colheres de sopa de alcaparras
1 pimentão verde, cortado
½ xícara de amêndoas ou de nozes em pedaços
10-15 folhas de manjericão maduro
2 xícaras de mistura de tomates cereja, vermelhos e amarelos
1 cebola, cortada em tiras finas
Sumo de um limão

Enquanto o macarrão ou a cevadinha estiverem quentes, adicione o azeite e o vinagre.
Misture o atum e o restante dos ingredientes, mexendo bem.
Sirva de imediato.
Serve de 4 a 6 pessoas.

Filés de salmão grelhados

1 salmão inteiro (cerca de 3,5 kg)
5 cebolinhas/chalotas

Molho para marinada:
1 xícara de molho de soja
¼ de xícara de mirin
1 colher de sopa de pasta de missô
4 colheres de chá de gengibre fresco ralado
1 colher de sopa de óleo de gergelim
1 colher de sopa de sumo de um limão, ou de suco de limão
1 colher de chá de casca de limão ralada
1 anchova
1 dente de alho grande
1 ½ colher de sopa de cardamomo moído
½ xícara de pimenta de Santaka (ou vermelha)

A pasta de missô, o mirin, o óleo de gergelim e as pimentas de Santaka podem ser encontrados em lojas que vendem produtos japoneses.

Coloque todos os ingredientes para a marinada em um liquidificador e bata bem.

Corte o salmão em filés de 3 centímetros de espessura.

Coloque em uma vasilha com tampa hermética, cubra com a marinada e deixe na geladeira por 4 horas, virando os filés de hora em hora.

Coloque o salmão em panela de grelhar, ou sobre a grelha da churrasqueira, e doure por 90 segundos de cada lado, de tal modo que a pele fique crocante e levemente torrada.

Unte com a marinada cada vez que virar os filés na grelha.

Coloque no forno, a 93 graus, e asse por cerca de 10-15 minutos, ou até que o meio do filé atinja o ponto médio de cozimento (você pode cortar um pedaço para testar).

Corte as cebolinhas/chalotas em pedaços de 5 centímetros e fatie-os em tiras finas.

Jogue sobre os filés de salmão.

Sirva de imediato, acompanhado de salada verde.

Serve até 10 pessoas.

Dourado com molho de frutas

4 filés de dourado, com cerca de 160 gramas cada

2 colheres de chá de azeite virgem ou extra virgem

4 colheres de chá de salsa cortada fina

1 colher de chá de cominho moído

¼ de colher de chá de canela

¼ de colher de chá de pimenta-caiena

¾ de colher de chá de sal marinho

¼ de xícara de manga, papaia, pêssego e abacaxi desidratados, cada

⅓ de xícara de suco de maçã, ou de cidra

2 colheres de sopa de vinagre de maçã

2 colheres de sopa de coentro picado

Unte o peixe com o azeite. Misture o coentro, o cominho, a canela e a pimenta. Mexa bem.

Reserve ½ colher de chá da mistura da salsa.

Adicione sal ao restante da mistura.

Esfregue o restante dos temperos nos dois lados do peixe.

Aqueça uma panela grande com um pouco de azeite.

Adicione o peixe. Reduza o fogo para chama média, cozinhe de 3 a 5 minutos, ou até que o peixe fique dourado e selado.

Vire o peixe; cozinhe por cerca de 5 minutos, ou até que esteja firme e que se desmanche com facilidade.

Em uma panela pequena, misture as frutas secas, o suco, o vinagre e ½ colher de chá do tempero reservado.

Deixe ferver. Descanse por 5 minutos.

Transfira o peixe para os pratos individuais.

Cubra com a salsa, o coentro e sirva com batatas assadas.

Serve 4 pessoas.

Cordeiro grelhado, cebolas roxas e salada de queijo gorgonzola

2 colheres de sopa de azeite

3 colheres de sopa de vinagre balsâmico

1 dente de alho triturado

350 gramas de filé de cordeiro cortados em cubos de 2,5 cm

1 colher de sopa de tomilho em pedaços

2 colheres de chá de alecrim cortado

4 fatias grossas de cebola roxa

6 xícaras de folhas verdes cortadas e prontas para servir

2 colheres de sopa de gorgonzola em migalhas

8 tomates cereja cortados ao meio

Para o molho vinagrete

Em uma jarra com tampa de rosca, misture o azeite, o vinagre, o alho, meia colher de sopa de sal e ½ colher de chá de pimenta; tampe e misture bem.

Retire a gordura da carne.

Retire ½ colher de sopa do vinagrete da jarra e passe nos dois lados da carne.

Unte os dois lados da carne com o tomilho e o alecrim.

Unte os dois lados das fatias de cebola com parte do vinagrete e reserve o restante.

Grelhe a carne descoberta em fogo médio, virando-a uma vez (para carnes ao ponto, grelhe por cerca de 8-12 minutos, e por 12-15 minutos para carnes bem passadas).

Nos últimos cinco minutos de cozimento, coloque a cebola na grelha, ao lado da carne. Grelhe as cebolas até que fiquem macias, virando-as uma vez.

Divida a salada de folhas verdes em quatro pratos individuais.

Para servir, corte a carne em fatias finas, transversalmente.

Separe as fatias de cebola em camadas.

Coloque a carne e as fatias de cebola sobre a salada verde.

Regue com o restante do vinagrete.

Por cima, coloque o queijo e os tomates. Sirva com beterraba e cenoura cruas raladas; regue com o sumo do limão.

Serve 4 pessoas.

Bolinhos de mirtilo

3 ½ xícaras de farinha de trigo integral
2 colheres de sopa de semente de linhaça moída
½ xícara de mel/xarope de bordo
4 colheres de chá de fermento em pó
½ xícara de sal
1 xícara de leite
⅓ de xícara de azeite prensado a frio
⅓ de xícara de creme azedo/quark/iogurte natural
2 ovos inteiros, batidos
4 xícaras de mirtilos frescos ou congelados; se congelados, descongele-os

Alinhe 24 formas de bolinhos e reserve.
Pré-aqueça o forno a 200 graus.
Em uma vasilha grande, acrescente a farinha de trigo, o fermento, as sementes de linhaça e o sal e bata a massa para misturar bem.
Junte o leite, o azeite, os ovos e ½ xícara de mel/xarope de bordo em uma tigela média.
Bata com batedor de arame até que os ingredientes estejam misturados.
Faça um buraco no meio dos ingredientes secos e despeje os líquidos no interior, de uma só vez.
Mexa até que a mistura fique úmida.
Inclua os mirtilos, com cuidado, na massa.
Coloque a massa nas formas, com uma colher, enchendo apenas ¾ da forma.
Asse no forno a 200 graus por cerca de 20-25 minutos, até que estejam dourados e firmes.
Deixe esfriar por 3 a 4 minutos, fora do forno, e depois retire os bolinhos das formas para que esfriem por completo.
Guarde em recipiente de tampa hermética, em temperatura ambiente.
Rende 24 bolinhos.

A verdade sobre os cogumelos

Nos últimos anos, os cogumelos se tornaram muito populares; pelo sabor, pelos benefícios para o sistema imunológico e porque são um alimento natural antienvelhecimento. Os herboristas chineses, há milhares de anos, usam os cogumelos para fins medicinais. Eles são fontes ricas de selênio, que é um antioxidante mineral com propriedades que protegem o cérebro. Os tipos de cogumelos que podem ser consumidos são os do campo e os comuns (da variedade *Agaricus bisporus*), ou as variedades mais exóticas, como o shiitake, o maitake e o reishi[39], que estão disponíveis, frescos e desidratados, nos departamentos especializados de supermercados, lojas de produtos naturais ou nas de produtos asiáticos. As variedades desidratadas de cogumelos podem ser reconstituídas mediante imersão em água morna, por uma hora, antes de serem cozidas. Os cogumelos podem ser consumidos crus, em saladas, e em muitos pratos de vegetais cozidos. São saborosos quando refogados com alho e azeite para servir de molho para macarrão. Se consumirmos cerca de 170 gramas de diversos cogumelos por semana, eles servirão para melhorar o sistema imunológico e o cérebro, salvo, é claro, se você for alérgico!

SOU MUITO POPULAR, SABOROSO E VERSÁTIL E AINDA FAÇO BEM AO SEU CÉREBRO E SISTEMA IMUNOLÓGICO!

[39] De acordo com os preceitos da Medicina Tradicional Chinesa, o cogumelo shiitake é usado, há milhares de anos, com fins medicinais, por suas propriedades antivirais, antibacterianas, antiparasitárias e antimutagênicas. O reishi apresenta também um possível efeito antioxidante, bem como propriedades antimutagênicas, melhorando aspectos do sistema imunológico, entre outros. Da mesma forma, o maitake atua no sistema imunológico, e os seus polissacárideos estão dentre os mais potentes até agora estudados, além de ter sido usado pelos chineses na prevenção e tratamento do câncer e como medida auxiliar no tratamento da infecção por HIV.

Chapéus de cogumelo com nozes

18 chapéus grandes de cogumelos, ou aproximadamente ½ kg, limpos
¼ de xícara de caldo de vegetais ou de galinha
¼ de xícara de chalotas picadas
1 tomate cortado em cubos
⅓ de xícara de nozes, cortadas em lâminas finas
⅔ de xícara de maionese
1 ¼ de xícara de migalhas de pão torrado
¼ de xícara de sementes de linhaça moídas
1 colher de chá de estragão[40] cru ou 1 colher de sopa de estragão desidratado
Sal e pimenta a gosto
Queijo parmesão

Pré-aqueça o forno a 180 graus.
Retire os talos dos chapéus de cogumelos, deixando uma abertura no lado inferior de cada chapéu para a colocação do recheio.
Fatie os talos e reserve.
Unte uma panela grande com azeite e coloque em fogo médio.
Quando estiver quente, adicione os chapéus de cogumelos, primeiro com a parte superior para baixo; cozinhe cada lado por cerca de um minuto, até que fiquem levemente dourados.
Coloque os cogumelos, com a parte onde ficava o talo para cima, em uma folha de papel-alumínio.
Recoloque a panela no fogo médio e adicione o caldo.
Quando estiver fervendo, acrescente os talos de cogumelo, as chalotes e cozinhe por cerca de 2-3 minutos ou até que o caldo tenha evaporado.
Coloque essa mistura em uma tigela e adicione os tomates, as nozes, a maionese, o pão torrado e o estragão.

---

[40] **Estragão** (*Artemisia dracunculus*) é uma herbácea perene, de folhas pequenas e estreitas. É encontrada naturalmente em vastas áreas do Hemisfério Norte, do leste da Europa ao centro e ao leste da Ásia até o oeste da América do Norte, espalhando-se tanto ao sul quanto ao norte da Índia e do México. Acredita-se, porém, que a presença do estragão na América do Norte tenha resultado de sua introdução pelas grandes migrações pré-históricas de pessoas a partir da Ásia.

Misture e depois tempere com sal e pimenta a gosto.
Coloque a mistura de nozes dentro da abertura do chapéu do cogumelo, em porções generosas.
Asse por cerca de 15-18 minutos até que os cogumelos estejam macios, mas não tenham perdido o formato.
Coloque na grelha por alguns segundos, para dourar levemente. Polvilhe com o queijo parmesão.
Sirva quente, ou em temperatura ambiente, com salada de folhas verdes cruas, cenoura ou beterraba ralada e pimentões fatiados.
Regue com sumo de limão e azeite prensado a frio.
Para aumentar o teor de proteínas do prato, você pode servir com arroz cozido, ou com queijos saudáveis, tais como ricota, coalho ou *fetta*.
Serve de 4 a 6 pessoas.

Patê de cogumelo

3 xícaras de cogumelos exóticos cortados, ou cogumelos silvestres, ou uma combinação de ambos
1 colher de sopa de alho picado e amassado
2 colheres de sopa de azeite virgem ou extra virgem ou óleo de semente de linhaça, misturado com 2 colheres de sopa de vinagre balsâmico
1 xícara de nozes
1 xícara de lentilhas
¼ de xícara de manteiga derretida, sem estar queimada
1 colher de chá de sálvia picada
Sal marinho e pimenta-do-reino

Pré-aqueça o forno a 180 graus. Misture os cogumelos, o alho e o vinagre em uma tigela e coloque a mistura em bandeja levemente untada com óleo. Asse por 15 minutos e reserve.
Lave bem as lentilhas com água fria e coloque-as em uma panela com 2 xícaras de água; cubra e deixe ferver.

Cozinhe as lentilhas por 5 minutos, deixe em fervura lenta por 20 minutos e retire a água. Adicione a mistura de cogumelos, nozes, lentilhas, manteiga e sálvia em um liquidificador ou processador e bata até que esteja homogênea.

Regue com um pouco do azeite, se necessário, para chegar à consistência desejada.

Coloque o patê um uma tigela, resfrie e sirva com bolinho de arroz, pão italiano ou de massa azeda e salada verde crua.

Serve de 4 a 6 pessoas.

Molho de cogumelos para macarrão ou arroz

500 gramas de cogumelos (comum/silvestre)
1 colher de sopa de molho de soja/tamari
¼ de colher de chá de cúrcuma
2 colheres de sopa de azeite, virgem ou extra virgem
1 colher de sopa de manteiga
3 colheres de sopa de salsinha picada
½ xícara de água (ou menos)

Coloque o azeite e a manteiga em uma panela, em fogo médio.

Quando estiver quente, adicione a cúrcuma. Acrescente os cogumelos (em fatias finas), a água (aos poucos) e o molho de soja/tamari.

Deixe em fervura lenta e cozinhe até que os cogumelos estejam macios; despeje a salsa.

Misture com o arroz ou com o macarrão cozidos e sirva com uma salada grega.

Serve cerca de 4 pessoas.

Cogumelo com salada de nozes

230 gramas de cogumelos comuns pequenos
3 colheres de sopa de vinagre (de maçã ou balsâmico)
1 colher de sopa de óleo de nozes, prensado a frio
2 colheres de chá de mostarda do tipo Dijon
1 colher de chá de tâmaras e de condimento de maçã, ou qualquer outro de sua preferência
4 colheres de sopa de nozes em fatias finas
Pimenta-do-reino moída
Uma pitada de sal marinho

Lave e limpe os cogumelos, retire os talos e corte-os em fatias finas. Misture o vinagre, o óleo, a mostarda, a pimenta e o sal e o condimento. Depois adicione as nozes e resfrie. Regue os cogumelos com o molho antes de servir.

Sirva com salada de folhas verdes.

Serve até 4 pessoas.

Para aumentar o teor de proteínas do prato, você pode servi-lo com peixe grelhado, arroz ou lentilhas cozidas, ou com uma porção de iogurte acidófilo com lactobacilos.

Salada de cogumelos, laranja e abacate

2 colheres de sopa de sumo de limão siciliano ou galego
1 abacate grande e maduro, sem casca e cortado em pedaços grandes
3 laranjas grandes, descascadas e divididas
1 alface americana cortada em fatias finas
170 gramas de cogumelos comuns em fatias finas

Molho para a marinada

5 colheres de sopa de suco de laranja natural
2 colheres de sopa de casca de limão ralada
Uma pitada de sal

Pimenta-do-reino fresca moída

Coloque o sumo do limão, o abacate e as laranjas em uma tigela e misture com a alface e os cogumelos marinados. Para marinar os cogumelos, misture o suco de laranja, as raspas de limão, o sal e a pimenta. Adicione os cogumelos e reserve por uma hora.
Serve 4 pessoas.

Arroz selvagem com pinhões

120 gramas de arroz selvagem
2 colheres de sopa de pinhões torrados
2 colheres de sopa de sementes de gergelim tostadas
2 colheres de sopa de sementes de girassol tostadas
1 xícara de tomates secos (retire o óleo)[41]
¼ de xícara de azeitonas pretas fatiadas
1 cebola espanhola[42] fatiada
¼ de xícara de salsinha picada

Cozinhe o arroz em bastante água com sal em uma panela grande, por cerca de 35-45 minutos, ou até que os grãos dobrem de tamanho e estejam macios, porém firmes. Retire o excesso de líquido.
Adicione as sementes e os pinhões ao arroz. Misture, delicadamente, os demais ingredientes. Sirva com salada de folhas verdes.
Essa refeição fornece proteína de primeira qualidade graças à combinação de grãos, sementes e frutas oleaginosas e todos os aminoácidos essenciais.
Serve até 4 pessoas.

---

[41] Os tomates secos podem ser substituídos por pimentões vermelhos fatiados.
[42] **Cebola espanhola**: variedade de cebola de casca amarela ou branca, com sabor suave, que pode ser consumida crua. No Brasil, a cebola mais usada é a pera, ou amarela, que tem sabor intenso e ácido e é muito usada em refogados.

Bolinhos favoritos de semente de linhaça

6 colheres de sopa de manteiga derretida ou de azeite, virgem ou extra virgem

3 ovos grandes

¼ de xícara de creme de leite, iogurte ou de queijo ricota sem pelotas

Bata os três ingrediente e adicione:

½ xícara de xarope de bordo/mel

1 colher de chá de essência de baunilha

Misture os seguintes ingredientes para adicionar à mistura acima.

2 colheres de chá de canela moída

1 colher de chá de noz-moscada moída

½ colher de chá de fermento

½ colher de chá de bicarbonato de sódio

1 xícara de semente de linhaça

1 ¼ de xícara de farinha de soja

120 gramas de nozes fatiadas (opcional)

Forre 12 formas de bolinho com papel alumínio e asse no forno a 180 graus por cerca de 15-20 minutos.

Você pode dobrar as quantidades da receita e assar de 18 a 20 bolinhos grandes.

Sopa de feijão

450 gramas de tomates sem casca e cortados em cubos

2 colheres de sopa de azeite, virgem ou extra virgem

1 folha de louro

3 xícaras de água

1 pimenta vermelha fatiada

1 lata (420 gramas) de feijões comuns, escoados e sem açúcar

1 lata (420 gramas) de feijões fradinho, escoados e sem açúcar

1 lata (420 gramas) de grãos-de-bico, escoados e sem açúcar

1 lata (420 gramas) de grãos de milho, escoados
1 xícara de cenouras cortadas em cubos
1 cebola picada
1 ½ colher de chá de alho amassado
2 colheres de sopa de extrato de tomate
1 colher de sopa de mostarda do tipo Dijon
½ colher de chá de pimenta
½ colher de chá de cominho moído
2 colheres de chá de orégano fresco
2 colheres de chá de manjericão fresco
3 talos de aipo, com as folhas, cortados
1 tablete de caldo de vegetais de boa qualidade

Escoe e lave os grãos.
Aqueça o azeite em uma panela grande, em fogo de médio a alto.
Adicione a cebola, o alho e cozinhe até dourar.
Acrescente os demais ingredientes e deixe ferver.
Reduza o fogo e deixe ferver lentamente, na panela tampada, até que todos os ingredientes estejam macios.
Retire o louro e salpique a salsa em cada prato de sopa.
Serve de 4 a 6 pessoas.

Salada de três grãos

450 gramas de vagens cozidas
1 lata (450 gramas) de feijões comuns, escoados e sem açúcar
1 lata (450 gramas) de grãos-de-bico (ou de feijões brancos), escoados
1 cebola espanhola, cortada em anéis
¼ de xícara de sumo de limão
⅔ de xícara de azeite, virgem ou extra virgem
½ repolho chinês, cortado em fatias bem finas
Folhas verdes para salada
Casca ralada de ½ limão

Lave e escoe os grãos.

Em uma jarra com tampa, misture a casca de limão ralada, o sumo do limão e a mistura do molho de salada; agite bastante.

Adicione o azeite e agite novamente.

Em uma tigela grande, acrescente os grãos, o repolho e a cebola.

Regue com o molho e misture bem.

Cubra e leve à geladeira.

Sirva com salada de folhas verdes, com iogurte acidófilo ou ricota.

Serve de 8 a 10 pessoas.

Cordeiro com iogurte

4 filés ou costelas magras de cordeiro

8 colheres de sopa de iogurte acidófilo

1 dente de alho triturado

1 limão, espremendo o suco e tirando raspas da casca

½ colher de chá de cúrcuma moída

1 colher de chá de gengibre moído

2 colheres de sopa de coentro picado

Sal e pimenta-do-reino

Coloque os filés em um prato raso.

Misture os outros ingredientes em uma tigela e regue os filés com esse molho, cobrindo-os bem.

Cubra e deixe marinar, na geladeira, por cerca de 3-4 horas.

Grelhe, em grelha pré-aquecida, de 8-10 minutos cada lado.

Sirva com arroz e brócolis cozido, e uma salada verde.

Serve até 4 pessoas.

Salada de repolho

1 xícara de cenoura ralada
3 xícaras de repolho branco e roxo ralados
1 xícara de maçã verde cortada em cubos pequenos
½ xícara de sementes de girassol
½ xícara de amêndoas fatiadas
½ xícara de nozes
1 xícara de passas
1 xícara de pimentão vermelho cortado em fatias finas

Misture os ingredientes com maionese caseira ou com azeite virgem ou extra virgem e vinagre balsâmico.
Misture a maçã, logo depois de cortada, no molho da salada para evitar que a fruta escureça.
Serve até 6 pessoas.

Salada de vegetais e batata

10 batatas pequenas com casca
1 colher de chá de páprica
½ colher de chá de cúrcuma moída
2 colheres de sopa de azeite, virgem ou extra virgem
2 xícaras de flores de brócolis com pedaços pequenos de talos
1 alface, lavada, seca e cortada
2 xícaras de espinafre cortado
1 xícara de maionese caseira
1 xícara de brotos de alfafa
1 xícara de repolho roxo cortado em fatias finas
4 ovos orgânicos, cozidos, descascados e cortados ao meio

Cozinhe as batatas por cerca de 20 minutos até que estejam macias.
Escoe, deixe esfriar e corte em pedaços. Coloque-as em uma tigela e reserve.

Adicione a pimenta, o sal, a páprica, o pimentão e o azeite e misture bem.

Enquanto isso, cozinhe os brócolis por 5 minutos ou até que esteja macio.

Retire do fogo e coloque em água gelada por cerca de 30-40 segundos para parar o cozimento; escoe bem.

Coloque a alface e o espinafre em uma tigela, adicione os brotos de alfafa e o repolho.

Corte os brócolis transversalmente antes de adicionar aos verdes.

Acrescente os ovos, as batatas e 1 xícara de maionese. Mexa com cuidado.

Serve de 6 a 8 pessoas.

Flores de couve-flor e brócolis

1 couve-flor pequena, somente as flores

3 xícaras de flores de brócolis

3 fatias de limão

1 xícara de hortelã e 1 xícara de salsa picadas

2 colheres de sopa de vinagre de ervas ou de maçã

1 xícara de nozes

Cozinhe a couve-flor e os brócolis, com o limão, por 3 minutos.

Escoe e retire o limão.

Jogue os vegetais na água fria, por cerca de 30-40 segundos, para parar o cozimento. Escoe bem. Salpique a hortelã, a salsa e as nozes por cima.

Regue com o vinagre. Deixe esfriar por 2 a 4 horas e depois misture de novo.

Escoe e sirva.

Serve 6 pessoas.

Salada verde da horta

1 alface, lavada e cortada com as mãos
1 maço de espinafre, lavado e cortado com as mãos
1 alface crespa, lavada e cortada com as mãos
1 xícara de brotos de ervilhas
2 pepinos libaneses cortados em pedaços médios
1 xícara de agrião cortado fino
½ xícara de endro cortado em fatias finas
1 cebola roxa, cortada em fatias finas
1 dente de alho amassado
4 colheres de sopa de coentro fresco
2 colheres de sopa de salsinha picada
1 colher de sopa de óleo de linhaça, prensado a frio
Sumo de um limão

Misture todos os ingredientes e sirva com o molho de sua preferência.
Serve 6 pessoas.

Galinha frita com gengibre

230 gramas de peito de galinha orgânica
½ xícara de caldo de vegetais ou de galinha
3 colheres de sopa de molho de soja/tamari
1 colher de sopa de gengibre ralado
1 colher de chá de pimenta-do-reino moída
340 gramas de aspargos, sem folhas, cortados ao meio
1 ½ xícara de cogumelos frescos, cortados
1 xícara de flores de brócolis
4 cebolinhas verdes (1/2 xícara) cortadas em fatias finas
2 colheres de sopa de azeite virgem ou extra virgem ou de óleo de coco
2 xícaras de arroz cozido quente

Para o molho, em uma tigela pequena, junte o caldo, o molho de soja/tamari, a pimenta e o gengibre; reserve.

Pré-aqueça o forno em fogo médio alto. Adicione 1 colher de sopa de azeite na panela *wok* ou na frigideira.

Junte os aspargos, os cogumelos, os brócolis e as cebolinhas verdes.

Refogue por cerca de 3-4 minutos ou até que os vegetais estejam tostados e macios.

Retire da panela. Adicione o azeite restante; acrescente a galinha e refogue por cerca de 5 minutos. Mova a galinha para o centro da *wok* ou da frigideira.

Refogue o molho; coloque os vegetais novamente na *wok*.

Refogue todos os ingredientes juntos para cobrir com o molho; aqueça.

Sirva de imediato com o arroz cozido.

Serve de 4 a 6 pessoas.

Molho de tomate, abacate e nozes

6 tomates grandes e maduros

1 xícara de nozes

1 abacate, descascado e fatiado

4 chalotas/cebolinhas cortadas em fatias finas

1 cabeça de alho triturada

1 xícara de manjericão fresco, picado

1 colher de chá de tamari

Sumo de um limão

Descasque os tomates e passe no liquidificador junto com os demais ingredientes.

Dilua com água para obter a consistência desejada.

NOTA – Essa receita rende de 4 a 5 xícaras de molho.

Ajuste a receita de acordo com as suas necessidades.

Salada de limão-galego, manga e abacate

2 alfaces vermelhas, lavadas e cortadas com as mãos
1 abacate, descascado e cortado
1 manga, descascada e cortada
1 pimentão vermelho cortado
1 pimentão verde cortado
6 chalotas/cebolinhas cortadas em fatias finas
1 colher de sopa de salsinha picada
1 colher de sopa de hortelã picada
1 colher de sopa de cebolinhas cortadas

Arrume as folhas de alface em um prato. Misture os demais ingredientes junto com o molho especial abaixo
Regue as folhas de alface com o molho.
Serve de 4 a 6 pessoas.

Molho especial

1 xícara de azeite virgem ou extra virgem misturado com estes ingredientes
1 colher de sopa de vinagre balsâmico
1 xícara do sumo de um limão
1 dente de alho amassado
1 colher de sopa de coentro cortado
Pimenta-do-reino moída a gosto
Misture bem todos os ingredientes.

Caldo de vegetais

2 colheres de sopa de virgem ou extra virgem
1 cenoura inteira
1 cebola com casca, cortada no meio
1 alho-porro cortado em pedaços grandes

2 talos e folhas de aipo

1 louro

Aqueça o azeite em uma panela grande.

Adicione os demais ingredientes.

Mexa até que a cebola fique levemente dourada.

Adicione 2 litros, ou 12 xícaras de água, e deixe ferver.

Reduza o fogo e deixe em fervura lenta por 2 horas, ou mais.

Deixe esfriar; em seguida, coe para retirar os pedaços de vegetais.

Guarde na geladeira, ou congele.

Pastinha de pimentão vermelho e tomates secos

10 metades de tomates secos (sem o óleo)

2 pimentões vermelhos torrados (conforme receita a seguir)

2 dentes de alho amassados

1 pimenta vermelha (pequena ou grande, a gosto)

1 lata de 170 gramas de feijões (azuki[43], branco ou vermelho)

170 gramas de tofu firme

1 colher de chá de cominho

½ colher de chá de cúrcuma

1 colher de chá de orégano fresco ou desidratado

1 xícara de azeite virgem ou extra virgem

Pimenta-do-reino moída

Sal marinho

Deixe os tomates de molho em água quente até que fiquem macios; escoe a água.

Corte os tomates e coloque-os no liquidificador; adicione os pimentões torrados, o alho e a pimenta e bata até formar uma pasta homogênea.

Adicione os feijões e bata novamente.

[43] **Feijão azuki:** feijão vermelho, de grãos pequenos, cultivado nos países asiáticos.

Acrescente o tofu, a cúrcuma e o orégano e bata até formar uma pasta homogênea.

Enquanto o liquidificador estiver ligado, adicione o azeite lentamente e tempere com a pimenta e com uma pitada de sal marinho.

Resfrie e sirva com biscoitos de água e sal.

Serve de 6 a 8 pessoas.

Para torrar os pimentões

Asse em forno a 200 graus, por cerca de 15-20 minutos.

Coloque em um saco de papel e deixe cozinhar, no próprio calor, por mais 25 minutos.

Remova do saco e retire a casca e as sementes.

Use os pimentões de imediato, ou refrigere em vasilha de tampa hermética, para uso posterior.

Caldo de galinha

2 colheres de sopa de azeite virgem ou extra virgem

500 gramas de asas de galinha caipira

2 talos de aipo

1 cenoura inteira

1 alho-porro cortado grosseiramente

1 cebola cortada em metades, com a casca

2 cabeças de alho, sem casca

1 colher de sopa de raiz de gengibre fatiado

Pimenta-do-reino moída, a gosto

Aqueça o óleo em uma panela grande.

Adicione os demais ingredientes.

Mexa até que as asas da galinha dourem.

Adicione 2 litros de água, cubra e deixe ferver.

Reduza a chama e deixe em fervura lenta por cerca de 1-2 horas. Deixe esfriar e passe na peneira para retirar os sólidos.

Mantenha na geladeira até o dia seguinte e depois retire a camada de gordura formada na superfície do caldo.

Peneire e guarde o caldo na geladeira, ou congele-o em vasilhas pequenas para uso futuro.

Maionese caseira

2 gemas de ovos grandes (use ovos de galinha caipira, orgânicos ou com ômega 3)

2 colheres de chá de vinagre (de maçã ou balsâmico)

2 colheres de chá de suco de limão siciliano ou galego

1 colher de chá de mostarda do tipo Dijon, ou de raiz-forte

1 xícara de azeite virgem ou extra virgem

Uma pitada de páprica ou de pimenta-caiena

Uma pitada de sal marinho

Coloque os ingredientes, menos o azeite, no liquidificador e bata até formar uma mistura homogênea.

Com o liquidificador em funcionamento, adicione metade do azeite, de gota em gota, até que a mistura fique cremosa.

O restante do azeite pode ser misturado mais rapidamente, em fio contínuo.

Se a mistura coalhar, adicione 1 colher de sopa de água ou muito quente ou muito fria, e isso deve reverter o processo, para que a consistência fique homogênea.

Salada de espinafre e amêndoas

1 maço pequeno de espinafre

1 xícara de amêndoas

3 colheres de sopa de azeite virgem ou extra virgem

⅓ de xícara de sumo de limão siciliano ou galego

1 colher de chá de molho de soja/tamari

1 lata de 230 gramas de castanhas, escoadas e partidas

8 cogumelos comuns, lavados e cortados em fatias finas
Uma pitada de molho Tabasco

Retire os talos maiores do espinafre.
Lave e seque com um pano de prato limpo.
Coloque na geladeira, dentro do pano de prato, para endurecer.
Misture o azeite, o sumo do limão, o molho de soja/tamari e o Tabasco para o molho da salada.
Coloque as folhas do espinafre em uma tigela de salada e cubra com o molho.
Adicione as castanhas e os cogumelos sobre as folhas e salpique com as amêndoas.
Serve até 4 pessoas.

Salada de vagens com gengibre

1 colher de sopa de raiz de gengibre, ralada
1-2 colheres de sopa de funcho, picado
½ kg de vagens, limpas e cortadas em fatias diagonais
2 colheres de sopa de hortelã cortada em fatias finas
2 colheres de sopa de cebolinha cortada em fatias finas
1 colher de chá de azeite virgem ou extra virgem

Coloque 2 xícaras de água em uma panela.
Adicione o gengibre e o funcho e deixe cozinhar por cerca de 2-3 minutos.
Acrescente as vagens, a hortelã e a cebolinha e mexa, lentamente
Cozinhe até que as vagens estejam macias
Escoe e reserve na geladeira.
Regue com o azeite antes de servir.
Serve até 4 pessoas.

Salada oriental para desintoxicar o fígado

120 gramas de ervilhas, aparadas e sem pontas
1 repolho chinês, cortado fino
230 gramas de brotos de feijão-mungo
1 lata (400 gramas) de espigas de milho em conserva, escoadas
120 gramas de cogumelos comuns, lavados e cortados fino
1 pimentão vermelho, cortado em tiras
10 cebolinhas cortadas à Juliana; reserve a maioria das partes verdes.

Cozinhe as ervilhas por 2 minutos; em seguida, jogue em água fria por cerca de 30 segundos. Escoe e junte os demais ingredientes e o molho especial.

Molho especial

3 colheres de sopa de azeite virgem ou extra virgem
1 colher de sopa de óleo de semente de linhaça
1 colher de sopa de vinagre (balsâmico ou de maçã)
2 colheres de sopa de molho de soja/tamari
1 dente de alho amassado
1 colher de sopa cheia de amêndoas fatiadas
1 colher de sopa cheia de sementes de gergelim
Sumo de um limão siciliano ou galego
Misture todos os ingredientes e regue a salada oriental.
Mexa e sirva.
Serve de 6 a 8 pessoas.

Sardinhas com torradas

1 lata de sardinhas conservadas em água – escoe a água.
Sumo de limão siciliano ou galego
1 colher de sopa de *tahine*
1 dente de alho amassado (opcional) ou cebola roxa cortada em fatias finas, a gosto.
1 tomate cortado

2 pedaços de pão de massa azeda ou de centeio
Sal e pimenta-do-reino a gosto

Coloque as sardinhas, o sumo do limão e o alho (ou cebola) em uma tigela e amasse com um garfo.
Torre o pão, passe o *tahine* e a mistura de sardinhas.
Adicione os tomates sobre as sardinhas.
Serve 1 pessoa.

Estrogonofe sem carne

1 lata (450 gramas) de feijões-fava (sem açúcar), escoados e lavados
1 colher de sopa de alho amassado
1 lata (450 gramas) de tomates cortados
1 cebola média, cortada
1 abobrinha italiana, ralada
1 xícara de vagens, aparadas, sem ponta e cortadas
1 pimentão vermelho médio, sem sementes e cortado
2 colheres de sopa de extrato de tomate
½ xícara de caldo de vegetais
400 gramas de cogumelos comuns ou do campo, lavados
4 ou 5 cogumelos *porcini* (opcional)
1 xícara de iogurte acidófilo com gordura
1 folha de louro
Sal marinho e pimenta-do-reino em grãos médios, a gosto

Junte todos os ingredientes, menos o iogurte.
Coloque em forma refratária.
Asse em fogo médio por 45 minutos.
Antes de servir, misture o iogurte.
Sirva com pão fresco e uma salada verde.
Serve de 6 a 8 pessoas.

Salada de frutas altamente antioxidante

1 maçã cortada em pedaços médios
1 pera cortada em pedaços médios
1 nectarina cortada em pedaços médios
1 laranja, ou toranja, sem casca, cortada em pedaços médios
¼ de melão (vermelho) cortado em pedaços médios
1 xícara de morangos, cortados ao meio, ou qualquer outra fruta vermelha silvestre
½ xícara de castanhas de caju ou nozes, trituradas
1 punhado de uvas ou passas
Sumo de 1 limão-galego
1 colher de chá de mel/xarope de bordo, ou ¼ de colher de chá de stévia em pó

Junte todos os ingredientes e sirva com iogurte acidófilo e sementes de linhaça em pó.
Serve até 4 pessoas.

Mingau de cereal: quente, saudável e nutritivo

1 xícara de aveia em flocos
2 colheres de sopa de passas ou de ameixas secas naturais
1 colher de sopa de semente de linhaça
2 colheres de chá de sementes de gergelim em pó
2 xícaras de água (aproximadamente)
2 colheres de sopa de amêndoas quebradas em pedaços pequenos
½ xícara de leite (os seguintes ingredientes podem ser usados como substitutos: qualquer subproduto do leite de vaca, leite de coco, óleo de amêndoa ou óleo de soja)
1 pitada de sal marinho

Coloque a aveia e o sal em uma panela.

Adicione a água e deixe ferver; tampe e reduza o fogo ao mínimo até que a aveia cozinhe. Talvez seja preciso colocar mais água, então verifique a mistura com frequência.
Adicione água até conseguir a consistência desejada.
Acrescente os demais ingredientes ao servir o mingau.
Para aumentar o teor de antioxidantes, você pode servir com banana cortada e qualquer fruta vermelha silvestre.
Serve 2 pessoas.

Salada de frutas vermelhas silvestres para o cérebro

2 colheres de sopa de mel/xarope de bordo, ou ¼ de colher de chá de stévia em pó
280 gramas de iogurte acidófilo ou de iogurte de soja de sabor natural (refrigerado)
1 punhado de hortelã cortada em fatias
1 xícara de amoras pretas, frescas
1 xícara de mirtilos frescos.
1 xícara de amoras cruas
1 xícara de morangos crus
1 xícara de framboesas congeladas.

NOTA – Se não conseguir todas essas frutas vermelhas silvestres, use as da estação. Mesmo congeladas, as frutas silvestres têm alto valor nutritivo.

Lave e limpe as frutas; fatie os morangos.
Adicione o mel/xarope de bordo, ou ¼ de colher de chá de stévia em pó e mexa com cuidado.
Coloque em tigelas de porção individual.
Antes de servir, misture o iogurte e as frutas congeladas.

Salpique com a hortelã e sirva.
Serve de 4 a 6 pessoas.

Muesli[44] adoçado naturalmente

2 xícaras de flocos de aveia
1 xícara de farelo de cerais não processados
1 xícara de flocos de painço ou de milho
1 xícara de flocos de arroz (se disponível)
½ xícara de coco ralado
1 xícara de arroz tufado
½ xícara de uvas frescas
½ xícara de damascos secos, fatiados
½ xícara de amêndoas fatiadas
5 colheres de sopa de nozes trituradas
½ xícara de sementes de abóbora
½ de xícara de sementes de girassol
2 colheres de sopa de sementes de linhaça, moída

Misture os ingredientes e armazene em recipiente com tampa hermética no freezer, longe da luz.
Uma porção equivale a 1 xícara de *muesli*.
Sirva com leite ou com o seu complemento preferido (por exemplo, subprodutos de leite, leite de soja ou de arroz ou leite de coco diluído – use o de lata e dilua-o com água, armazenando na geladeira).
Sirva o *muesli* no café da manhã, salpicado com 2 colheres de chá de lecitina.

[44] **Muesli** é um tipo de granola, para café da manhã ou ceia, feito com flocos de aveia e milho, frutas e frutas oleaginosas. Foi introduzido em 1900 pelo médico suíço Maximilian Bircher-Benner no seu hospital em Zurique, na Alemanha, como parte da dieta dos pacientes em fase de recuperação.

Frutos do mar grelhados com vagens e nozes

2 colheres de sopa de azeite virgem ou extra virgem ou de óleo de coco
Um punhado de vagens aparadas
Um punhado de ervilhas tortas aparadas
2 cabeças de alho cortadas em fatias finas
¾ de xícara de nozes
Sumo de 1 limão-galego grande
2 colheres de sopa de tamari
2 colheres de sopa de folhas de hortelã frescas
1 colher de sopa de raiz de gengibre ralada
1 colher de sopa de capim-limão cortado fino
2 xícaras de arroz cozido
1 pimenta vermelha cortada em fatias finas
300 gramas de camarões grandes, sem casca ou de vieiras frescas

Aqueça o azeite na panela *wok.*
Adicione o gengibre, o capim-limão, o alho e as nozes e refogue por 1 minuto. Junte a vagem e as ervilhas e deixe cozinhar por mais 2 minutos, ou até que estejam tostadas e macias.
Acrescente os frutos do mar e refogue.
Adicione o tamari, as folhas de hortelã e refogue por mais 2 minutos, até que todos os ingredientes se misturem.
Sirva de imediato sobre o arroz cozido com caldo de galinha/vegetais, ou com água e 1 dente de alho.
Serve até 4 pessoas.

Meu ensopado favorito de vegetais

1 maço de aspargos, aparados e cortado no sentido do comprimento
8 abobrinhas pequenas, sem pontas
12 minicenouras, aparadas e descascadas
8 cebolinhas em conserva

1 xícara de ervilhas, frescas
6 mininabos, descascados e aparados
1 chalota sem casca e cortada em fatias finas
3 xícaras de caldo de vegetais
2 tomates médios
2 colheres de sopa de azeite virgem ou extravirgem
15 folhas de manjericão
Sal e pimenta a gosto

Escalde o aspargo, a abobrinha, as cenouras, as ervilhas, o nabo e as cebolas, separadamente, em água com sal.
Não cozinhe demais, pois eles precisam ficar bem firmes.
Escorra a água e lave em água corrente. Em uma panela grande, refogue as chalotas no azeite.
Adicione o caldo e deixe ferver.
Deixe ferver lentamente, até reduzir a quantidade de água à metade, pelo menos.
Adicione os tomates cortados.
Deixe ferver em fogo brando por 3 minutos.
Acrescente os demais vegetais e cozinhe por mais 4 minutos.
Tempere com sal e pimenta.
Salpique o manjericão e sirva em tigelas rasas.
Sirva com pão árabe torrado.
Serve de 4 a 6 pessoas.

Legumes assados em pedaços com carne

2 pimentões grandes, amarelos e vermelhos, sem sementes e fatiados
2 berinjelas pequenas, aparadas e fatiadas
6 batatas pequenas, cortadas ao meio
2 cebolas roxas, sem casca e cortadas em 4 pedaços
2 nabos pequenos, cortados ao meio

2 batatas-doces ou 1 abóbora, fatiadas
1 molho de aspargos, aparados
10 dentes de alho inteiros, descascados
6 ramos de tomilho
4 ramos de alecrim
3 colheres de sopa de azeite virgem ou extravirgem
Sal e pimenta-do-reino

Aqueça o forno em temperatura máxima.
Coloque todos os legumes em duas bandejas.
Distribua a mistura do azeite, alho e ervas sobre as duas bandejas. Tempere com sal e pimenta.
Coloque no forno por aproximadamente 20-30 minutos, em fogo médio.
Sirva com frango assado, pernil de carneiro ou vagens cozidas no vapor, polvilhadas com gergelim.
Serve de 4 a 6 pessoas.

Kebabs de verão de galinha

4 filés de peito/coxa de galinha caipira, cortados em pedaços de tamanho médio
24 cogumelos comuns
Molho para marinada
⅓ de xícara de azeite virgem ou extravirgem
2 cebolas cortadas em fatias finas
1 pimenta vermelha cortada em fatias finas (opcional)
2 colheres de sopa de coentro, fatiado
1 colher de chá de cúrcuma moída
1 colher de chá de cominho moído
2 colheres de sopa de tamari
1 colher de sopa de sumo de limão-galego ou siciliano
1 cm de gengibre ralado
8 espetos de alumínio ou de madeira

Espetos de madeira devem ficar de molho em água por, aproximadamente, 5 minutos; ou ficarão queimados.

Junte todos os ingredientes para a marinada em um recipiente com tampa e misture bem.

Adicione os pedaços da galinha ao molho da marinada, agite o recipiente e refrigere por 2 horas.

Enfie no espeto os pedaços de galinha alternando com os cogumelos, até que todos os espetos fiquem prontos.

Grelhe, alternando os lados, por 8 minutos, ou até que a carne fique macia.

Sirva com uma salada verde.

Serve de 4 a 6 pessoas.

NOTA – Para variar, você pode substituir a galinha por cordeiro, peixe ou tofu.

Ensopado de vegetais e grão-de-bico

4 colheres de sopa de azeite virgem ou extravirgem
20 folhas de manjericão fresco
¼ de colher de chá de sementes de alforva[45]
90 gramas de farinha de grão-de-bico
230 gramas de tomates cortados em fatias finas
5 cm de gengibre, sem casca e ralado
1 pimenta vermelha, cortada em fatias finas
½ colher de chá de cúrcuma moída
¼ de colher de chá de pimenta-caiena (opcional)
1 colher de chá de sal marinho
2 colheres de sopa de sumo de limão-galego
1 cenoura média, sem casca e cortada em cubos de tamanho médio

---

[45] A **alforva**, ou **feno-grego** (***Trigonella foenum-graecum***), é a espécie mais comum do gênero botânico *Trigonella*. O feno-grego é utilizado pelo homem, desde a antiguidade, como especiaria e como planta medicinal. É um dos constituintes do caril indiano.

120 gramas de vagens, aparadas e cortadas ao meio
180 gramas de flores de couve-flor de tamanho médio

Coloque uma chaleira com água (1,2 litros) para ferver.
Coloque o azeite para esquentar em uma panela.
Quando estiver quente, adicione as sementes de alforva e as folhas de manjericão.
Rapidamente adicione a farinha de grão-de-bico e reduza o fogo.
Refogue por cerca de 2-3 minutos.
Adicione a água fervente, lentamente.
Mexa vigorosamente, batendo.
Depois de adicionar toda a água e quando o molho estiver homogêneo, acrescente os tomates, a pimenta vermelha, a pimenta-caiena o sal e o sumo do limão.
Mexa e deixe ferver em fogo baixo; coloque a tampa e deixe cozinhar por 15 minutos em fogo baixo.
Retire a tampa e adicione os vegetais; mexa e volte a ferver em fogo baixo. Reduza o fogo e deixe cozinhar até que os vegetais estejam macios.
Serve 4 pessoas.

Vagem com cogumelos

6 colheres de sopa de azeite virgem ou extravirgem
1 colher de chá de sementes de cominho
1 cebola de tamanho médio, cortada em anéis finos
5 dentes de alho, cortados em fatias bem finas
1 colher de sopa de gengibre, sem casca e moído
300 gramas de cogumelos cortados em fatias grossas
680 gramas de vagens, aparadas e cortadas ao meio
1 colher de sopa de coentro moído
2 colheres de chá de cominho moído

[46] O **garam masala** é uma mistura de especiarias torradas, tipicamente indiana, tais como as sementes de coentro, cominho, cardamomo, cravo-da-índia e canela.

1 colher de chá de cúrcuma moída
1 colher de chá de *garam masala*[46]
1 colher de chá de pimenta-caiena
1 colher de chá de sal

Coloque o azeite em panela do tipo *wok*, ou frigideira, sobre fogo médio. Quando o azeite estiver quente, adicione as sementes de cominho; quando elas começarem a fritar, acrescente a cebola.
Refogue até que dourem. Junte o alho e o gergelim.
Quando o alho estiver dourado, adicione os cogumelos.
Cozinhe até que os cogumelos fiquem brilhantes.
Adicione a vagem, o coentro, o cominho, a cúrcuma, o *garam masala*, a pimenta-caiena e o sal.
Mexa até que os ingredientes se misturem. Adicione 120 ml de água, tampe e reduza o fogo.
Deixe cozinhar até que as vagens estejam macias.
Mexa de vez em quando.
Retire a tampa e deixe o líquido reduzir, o máximo possível.
Fica ótimo se servido como recheio para pão, com um pouco de iogurte acidófilo.
Serve 6 pessoas.

***Kebab* de galinha marroquino**

4 filés de peito de galinha caipira
½ colher de chá de sal
2 colheres de sopa de sumo de limão-galego
3 colheres de sopa de iogurte natural
1 colher de chá de gengibre, sem casca e ralado
1 colher de sopa de farinha de grão-de-bico
2 dentes de alho, sem casca e amassados
¼ de colher de chá de pimenta vermelha em pó

½ colher de chá de cúrcuma moída
½ colher de chá de cominho moído
½ colher de chá de *garam masala*
4 colheres de sopa de azeite virgem ou extravirgem

NOTA – Essa refeição pode ser preparada em frigideira ou grelhada em uma bandeja.

Se usar espetos de madeira, deixe-os de molho em água por, aproximadamente, 10 minutos.

Corte os filés ao meio, no sentido do comprimento e depois no sentido da largura em pedaços de cerca de 2 centímetros.
Passe o sal e o sumo de limão.
Coloque o iogurte em uma panela, em separado, e adicione a farinha de grão-de-bico.
Misture o gengibre, o alho, a pimenta vermelha em pó, a cúrcuma, o cominho e o *garam masala*.
Jogue essa mistura em cima da galinha, mexa bem e reserve. Pode ser deixado marinando por 15 minutos, ou durante a noite.
Pré-aqueça a grelha ou a churrasqueira.
Coloque a galinha no espeto/bandeja.
Unte com o azeite.
Para grelhar, posicione o espeto/bandeja a, aproximadamente, 10 centímetros acima da fonte de calor, por 4 minutos.
Vire a galinha, unte com o azeite e cozinhe por mais 3 minutos, até que a carne esteja macia.
Sirva com arroz e salada verde, ou vegetais cozidos no vapor.
Serve 4 pessoas.

Peixe cozido com tomate e salsinha

1 kg de filés de peixe de carne firme

1 lata (400 gramas) de tomate com sumo (ou tomates bem maduros, sem casca e cortados)

½ xícara de salsinha picada

5 dentes de alho cortados em fatias finas

Sumo de 2 limões-galegos

2 talos de aipo, cortados com algumas das folhas

3 colheres de sopa de azeite virgem ou extravirgem

Pré-aqueça o forno a 180 graus.

Coloque o peixe em um prato refratário, que permita sua acomodação em camada única.

Misture os tomates, a salsa, o alho, o sumo de limão, o aipo e o azeite.

Regue o peixe com a mistura e agite o prato para assentar o molho.

Cubra com papel-alumínio e asse por, aproximadamente, 30 minutos.

Retire o papel-alumínio e aumente um pouco a temperatura do forno.

Asse por mais 40 minutos, até que algumas partes do peixe fiquem douradas.

Sirva com espinafre cozido no vapor e pão crocante, ou com batatas cozidas.

Serve de 4 a 6 pessoas.

OS TOMATES CRUS OU COZIDOS TÊM ALTO TEOR DE OXIDANTES.

Fígado de galinha com funcho e pimenta-do-reino

450 gramas de fígado de galinha caipira, cortados ao meio
3 colheres de sopa de coentro cortado em fatias finas
8 colheres de sopa de creme de leite com baixo teor de gordura
1 colher de chá de gengibre, sem casca e ralado
10 folhas de curry, fresco ou desidratado
1 colher de sopa de mostarda do tipo francês
3 cabeças de alho, sem casca e cortadas
¼ de colher de chá de sementes de funcho ou de erva-doce
¼ de colher de chá de pimenta vermelha em pó
½ de colher de chá de cúrcuma moída
1 colher de chá de cominho moído
1 colher de chá de coentro moído
3 colheres de sopa de azeite virgem ou extravirgem
Sal e pimenta-do-reino moída
NOTA – Cozinhe os fígados quase ao ponto.

Coloque a cúrcuma, o coentro, a pimenta em pó e a mostarda em uma tigela pequena, com 2 colheres de sopa de água.
Misture bem e reserve.
Coloque o azeite um uma panela *wok*/frigideira, em fogo alto.
Quando estiver quente, acrescente as sementes de funcho, as folhas de curry e o alho.
Mexa até que o alho doure.
Adicione os fígados de galinha, salpique com o sal e bastante pimenta.
Mexa por cerca de 3-4 minutos – até dourar.
Retire os fígados de galinha e disponha-os em um prato para servir.
Coloque o molho apimentado na panela e cozinhe por 15 segundos.
Adicione o creme e cozinhe por mais 40 segundos – até reduzir um pouco o creme. Despeje o molho sobre os fígados de galinha; em seguida, salpique com coentro cru.
Sirva com salada verde, ou com pão torrado e salada.
Serve 4 pessoas.

Macarrão com sardinhas e funcho fresco

1 kg de sardinhas pequenas, frescas e cortadas em filés (ou enlatada, em água)
1 punhado de folhas de funcho cru
2 fatias de pão sem a casca
¾ de xícara de azeite virgem ou extravirgem
1 xícara de brócolis, cortados em pedaços pequenos
2 dentes de alho amassados
1 cebolinha, somente a parte do caule, cortada em fatias finas
500 gramas de talharim

Retire os talos mais grossos, ou mais duros, do funcho e parta, com as mãos, em pedaços pequenos.
Esmigalhe o pão, grosseiramente.
Aqueça 2 colheres de sopa de azeite em uma panela antiaderente; refogue as migalhas de pão até dourar.
Cozinhe o talharim em bastante água fervente.
Coloque o restante do azeite na panela, adicione o alho, o funcho, os brócolis e a cebola; deixe refogar por alguns minutos.
Adicione as sardinhas; continue o cozimento em fogo alto.
Vire as sardinhas, mas tente mantê-las inteiras.
Cozinhe até que o peixe fique opaco.
Escorra o talharim (reserve uma xícara da água de cozimento). Ponha o talharim na panela com as sardinhas e mexa com cuidado.
Acrescente um punhado das migalhas de pão e um pouco de pimenta-do-reino.
Sirva com salada verde.
Serve de 4 a 6 pessoas.

---

[47] O **arroz basmati**, de origem asiática, é uma variedade famosa por seu aroma e textura delicada, com sabor que lembra as especiarias do Oriente. Possui grãos longos que ficam ainda maiores depois de cozidos e exalam uma leve fragrância, similar à de nozes.

[48] **Cardamomo**: erva (*Elettaria cardamomum*) da família das zingiberáceas, nativa da Ásia, onde é amplamente cultivada por suas sementes ovoides e picantes, de uso medicinal e como condimento.

Arroz de cúrcuma

3 ½ xícaras de arroz *basmati*[47]

3 colheres de sopa de azeite virgem ou extravirgem

3 cravos-da-índia

1 folha de louro

4 vagens de cardamomo[48]

1 pedaço de canela em pau

2 dentes de alho, cortados em fatias finas

1 colher de chá de cúrcuma em pó

1 colher de chá de sal marinho

2 colheres de sopa de cebolinha, cortada em fatias finas

Raiz de cúrcuma

Lave bem o arroz; escoe.

Coloque o azeite em uma frigideira grande, em fogo médio.

Quando aquecer, adicione o cravo, o louro, as vagens de cardamomo e a canela.

Mexa e adicione o alho. Quando o alho dourar, coloque o arroz, a cúrcuma e o sal e mexa bem.

Cozinhe por mais 1 minuto.

Adicione 680 ml de água e deixe ferver.

Cubra com a tampa e abaixe o fogo o máximo possível.

Deixe cozinhar por 25 minutos, verificando de vez em quando.

Quando a água evaporar, o arroz deve estar cozido.

Mexa com um garfo para separar os grãos. O arroz deve ficar leve e solto.

Sirva com carne vermelha ou peixe grelhado, ou com outro alimento que combine com o arroz.

Retire o louro antes de servir.

Serve de 4 a 6 pessoas.

RECEITAS DE SUCOS FRESCOS QUE SALVAM O CÉREBRO

Em geral, as pessoas não chegam perto de ingerir a recomendação diária de 5-7 porções de frutas e vegetais frescos por dia. Os sucos de frutas frescas são saborosos e permitem a ingestão da quantidade diária recomendada. A digestão e a absorção desses alimentos são fáceis, em especial para as pessoas que têm qualquer dificuldade digestiva. Muitos nutrientes, incluindo a vitamina C, desaparecem, com rapidez, durante o cozimento da fruta, ou quando ela é deixada ao ar livre.

Os sucos de frutas frescas contêm uma grande variedade de antioxidantes ativos e de vitaminas, bem como enzimas benéficas. A combinação de frutas cítricas com outras frutas e vegetais fornece um coquetel que pode salvar o cérebro, com a vitamina C, o folato, os antioxidantes e os fitoquímicos. A maior parte das receitas resulta em cerca de 1-2 xícaras de suco.

As cascas das frutas cítricas têm uma concentração maior dos antioxidantes mais nobres, chamados de superflavonoides (entre outros, a tangerina, as cumarinas e o limoneno). Embora a casca das frutas cítricas tenha um gosto forte e seja, tradicionalmente, retirada antes do preparo do suco, é possível usar parte dessa casca. Entretanto, as laranjas devem ser orgânicas e sem pesticida para que a casca possa ser aproveitada.

> A COMBINAÇÃO DE FRUTAS CÍTRICAS COM OUTRAS FRUTAS E VEGETAIS FORNECE UM COQUETEL QUE PODE SALVAR O CÉREBRO.

Quando a casca é misturada com ingredientes doces, tais como cenouras, maçã, abacaxi e pera, o sabor é delicioso. Faça de ⅛ a ¼ do suco com laranjas com casca. Assegure a permanência de bastante parte branca, pois é uma fonte de flavonoides antioxidantes, não é amarga, e resulta em um suco cremoso e espumante.

DICAS PARA FAZER O SUCO DE FRUTAS E VEGETAIS FRESCOS PARTE INTEGRANTE DA SUA VIDA

Muitas pessoas começam a fazer suco com as melhores intenções, mas, com o tempo, perdem o interesse. Essa desmotivação não está relacionada com o sabor de um suco fresco ou com os seus benefícios para a saúde. As pessoas param de fazer sucos porque acham que dá trabalho. Então, seguem algumas dicas para facilitar essa tarefa.

- Escolha a melhor hora do seu dia. Fazer sucos para o café da manhã é ótimo, mas quando temos tempo. Se estiver ocupado, deixe para fazer o suco depois. O suco da fruta ou do vegetal fresco pode ser muito bom à tarde, quando chegamos do trabalho, ou após o jantar.
- Experimente fazer o suco com os alimentos disponíveis na sua geladeira. Se você não tem todos os ingredientes para a receita, improvise, substitua e combine. Os sucos de frutas cítricas vão bem com quase todas as outras frutas ou vegetais.
- Mantenha o espremedor de frutas sobre a bancada da cozinha. Guardar o aparelho pode ser uma ideia tentadora; mas, se ele permanecer à vista, você acabará por usá-lo todos os dias.

Ainda hoje o citro é um dos alimentos mais saudáveis que existem, e o número de pesquisas sobre os seus efeitos cresce a cada dia. As laranjas e as outras frutas cítricas têm o poder, reconhecido pelos cientistas, de prevenir doenças degenerativas, como a demência e o AVC. O citro fornece alto teor de vitamina C, bem como uma sinergia poderosa entre as centenas de outros antioxidantes. A deficiência de vitamina C é um problema na Austrália, nos Estados Unidos e em muitos outros países. De acordo com os relatórios do Hospital de Príncipe de Gales, em Sydney, na Austrália, 30% dos casos nas novas hospitalizações apresentavam níveis de vitamina C comparados aos encontrados nos pacientes com escorbuto, e outros 73%, níveis insuficientes dessa vitamina.

Os sintomas da deficiência de vitamina C incluem estes.

- Sangramento nas gengivas.
- Formação de hematoma com facilidade.
- Cicatrização longa ou difícil.
- Infecções frequentes.
- Aumento de dores intermitentes ou contínuas.

Acredito plenamente que mesmo a deficiência moderada da vitamina C acelera o envelhecimento celular, em especial das células cerebrais.

DICAS PARA INICIANTES

Os ingredientes são escolhidos por causa do sabor e dos benefícios terapêuticos, mas isso pode ser um desafio se você não estiver acostumado ao gosto do suco de vegetais. É aí que o sabor refrescante da laranja pode ajudar. As laranjas combinam com quase todos os vegetais, sobretudo com as cenouras. O suco de laranja com cenoura, ou o suco de laranja com aipo e cenoura, é o modo perfeito para começar a explorar o mundo maravilhoso dos sucos. Todas as receitas presentes neste livro usam frutas e vegetais frescos (em vez de enlatados ou cozidos).

As receitas de sucos para os iniciantes incluem estes produtos.

- Laranja, cenoura, gengibre fresco.
- Cenoura, gengibre fresco, maçã.
- Cenoura, aipo, salsa, hortelã, tomate e maçã.
- Laranja, ou outra fruta cítrica, cenoura, gengibre fresco, salsa.

Suco antioxidante/antienvelhecimento

Esse suco é indicado para desacelerar o envelhecimento do cérebro.

1 toranja, sem casca

¼ de xícara de raiz de beterraba

3 talos de aipo, intacto, com as folhas

1 ramo de salsa

2 cenouras

Suco para energia mental

1 laranja descascada

2 abricós, sem semente

2 cenouras

2 talos de aipo, intacto, com as folhas

2 folhas de espinafre

1 cm de raiz de gengibre

Suco para ajudar o fígado

Esse suco ajuda o fígado a processar e a eliminar os químicos tóxicos para o cérebro

2 laranjas

½ limão-galego, com casca

2 cenouras

2 talos de aipo, intacto, com as folhas

1 dente de alho ou ¼ de cebola roxa (opcional)

1 flor de brócolis ou ¼ de xícara de repolho roxo fatiado

Se quiser, adicione ½ xícara de chá verde para diluir.

Suco para aumentar a imunidade

Esse suco é ótimo para as pessoas que ficam resfriadas com frequência, ou que têm infecções reiteradas na bexiga, pulmões, garganta ou pele. As infecções mal curadas pioram a confusão mental nas pessoas com demência.

2 laranjas descascadas

5 cm de abacaxi fatiado

2 talos de aipo, intacto, com as folhas

¼ de raiz de beterraba cortada

1 cm de raiz de gengibre cortada

1 nabo pequeno

1 pimentão vermelho

1 dente de alho ou ¼ de cebola roxa (opcional)

Suco para a "depressão unipolar"[49] e para a mente ausente

2 laranjas, com parte das cascas

1 cenoura

¼ de raiz de beterraba e algumas pontas cruas

1 fatia de 5 cm de melancia

Salpique com pimenta-caiena ou *Tabasco* (opcional)

Suco para "depressão ansiosa"[50] ou estado de agitação

2 laranjas descascadas

1 cenoura

2 talos de aipo, intacto, com as folhas

3 folhas de alface

Lave e corte e passe no processador. Em seguida, coloque o suco em um liquidificador e adicione 6 morangos (ou outras frutas vermelhas silvestres) e ½ xícara de chá de camomila (resfriado).

Bata e sirva.

Suco para ajudar a memória

2 laranjas descascadas

1 fatia de 5 cm de melancia

---

[49] A depressão maior é também conhecida por **depressão unipolar**, como referência à presença de apenas um polo, ou humor extremo, nesse caso o depressivo, em oposição à depressão bipolar, composta pela alternância entre humor depressivo e mania (euforia, intensa agitação e hiperatividade).

[50] Na **depressão ansiosa**, os sintomas predominantes são a ansiedade, o receio do desconhecido e a inquietação permanente. Além disso, alguns doentes deprimidos, influenciados pelas suas ideias negativas e pelos seus temores, desenvolvem comportamentos agressivos que podem conduzir a tentativas ou à consumação do suicídio.

2 talos de aipo, intactos, com as folhas

½ xícara de espinafre cortado

½ xícara de funcho cortado

½ pimentão vermelho

Suco para estimular o cérebro

Esse suco é ótimo para a fadiga mental e para a falta de concentração.

1 laranja, ou tangerina, com parte da casca

1 laranja sanguínea ou toranja, sem casca

1 cenoura

¼ de raiz de beterraba e folhas

2 folhas de espinafre

½ dente de alho (opcional)

Suco para reforçar o cérebro – forte!

2 tomates vermelhos

1 pimentão vermelho

1 talo de aipo, intacto, com as folhas

1 pepino libanês pequeno

1 folha grande de espinafre

1 pitada de *Tabasco* (opcional)

1 pitada de pó de cúrcuma (opcional)

Passe os vegetais no processador e adicione o *Tabasco* e a cúrcuma; mexa.

Supersuco antioxidante e antienvelhecimento

1 laranja com casca

Sementes e pele de uma romã

1 fatia de 5 cm de abacaxi

Passe prelo processador e depois coloque no liquidificador. Adicione 2 abricós, sem sementes, e 1 xícara de mirtilo. Bata bem.

BEBIDAS BATIDAS[51] PARA ESTIMULAR O CÉREBRO

As bebidas batidas são feitas no liquidificador, ou no processador, satisfazem a fome e têm sabor excelente. As bebidas batidas podem ser usadas como sobremesas, lanches, petiscos, são nutritivas e podem substituir as refeições.

Podemos combinar diversas frutas nas bebidas batidas e incluir peras, maçãs, pêssegos sem o caroço, mangas, frutas vermelhas silvestres sem o caroço, abricós sem o caroço, *kiwi*, mamão, maracujá ou abacaxi. Seja ousado e experimente.

Qualquer tipo de leite pode ser usado, desde que fresco. No caso de obesidade ou diabete, os leites que contêm açúcar devem ser evitados – verifique os ingredientes no rótulo do produto. Podemos usar leite de vaca, de soja, de arroz, amêndoa, ou aveia. Se gostar do sabor, pode usar leite de coco em lata, que é muito saudável para o cérebro. Dilua o leite de coco em água para não ficar muito grosso. Você pode armazenar o restante em jarra de vidro, com tampa hermética, na geladeira; dura bastante tempo. Não recomendo os leites com baixo teor de gordura, pois a gordura do leite é saudável para o cérebro. Para aumentar o teor de ômega 3 da bebida batida, adicione um pouco de sementes de linhaça prensada a frio (de 1 a 2 colheres de sopa), ou 2 colheres de sopa de semente de linhaça moída. O óleo de semente de linhaça e a semente de linhaça moída devem ser armazenados na geladeira, em recipiente com tampa .

Para um estímulo extra, adicione 2 colheres de sopa de grânulos de lecitina. A lecitina também deve ser armazenada na geladeira, longe do ar e da luz. Se quiser substituir uma refeição (qualquer delas) pela bebida batida, aumente o teor de proteína com a adição

[51] No original, "smoothies and shakes". Os *smoothies*, originalmente, são bebidas doces batidas, misturando suco de frutas, chocolate e manteiga de amendoim. Podem conter gelo, mel e melado. Já os *milk shakes* são bebidas doces batidas com adição de leite. A tradutora optou por usar a expressão bebida batida, somente, porque a autora não segue as receitas originais de *smoothie*, que não são feitos com leite.

de um ovo inteiro ou de 2 colheres de sopa de iogurte acidófilo, ou 1 colher de pó de iogurte. Lembre-se de que, para fabricar os químicos cerebrais da memória – os chamados neurotransmissores –, a proteína de boa qualidade é essencial.

Smoothie para estruturar o cérebro

1 pera amarela, com casca, sem sementes nem talo
1 maçã verde, com casca, sem sementes nem talo
½ xícara de leite
1 colher de chá de mel ou ¼ de colher de chá de stévia em pó (opcional)
De ½ a 1 xícara de gelo picado
1 colher de sopa de óleo de linhaça
1 colher de sopa de LSA[52]
1 colher de chá de grânulos de lecitina
2 colheres de sopa cheias de iogurte acidófilo ou de iogurte de soja
4 folhas de hortelã frescas

Misture todos os ingredientes em processador de alimentos/liquidificador. Adicione uma pitada de canela, especiaria que intensifica o sabor e ajuda a reduzir os níveis de açúcar no sangue.

Smoothie de mirtilo

1 xícara de mirtilos ou de outra fruta silvestre de cor escura
1 xícara de leite
De ½ a 1 xícara de gelo picado
1 *kiwi*, sem casca
1 colher de sopa de LSA
1 colher de sopa de óleo de linhaça
1 colher de chá de raspas de casca de laranja

---

[52] **LSA:** mistura de semente de linhaça, girassol e amêndoas, que poder ser feita em casa, ou comprada moída em lojas de produtos naturais nos Estados Unidos.

Bata todos os ingredientes no liquidificador e sirva. Se preferir, salpique com canela ou noz-moscada.

Smoothie de chocolate de baixa caloria

4 colheres de sopa de leite de coco ou 1 xícara de qualquer outro tipo de leite
1 colher de sopa de chocolate em pó, sem açúcar
1 xícara de água
⅛ de xícara de sementes de linhaça em pó fino
1 colher de sopa de óleo de linhaça
¼ de colher de chá de stévia em pó, ou 4 colheres de chá de xilitol[53]
Gelo picado

Bata bem todos os ingredientes no liquidificador e sirva.

Smoothie tropical para estimular o cérebro

4 colheres de sopa de leite de coco
1 manga pequena (só a casca)
1 banana pequena, descascada
1 maracujá (só a casca)
1 colher de sopa de sementes inteiras de linhaça
1 colher de sopa de óleo de linhaça
1 colher de chá de grânulos de lecitina
Gelo (opcional)

Bata bem todos os ingredientes no liquidificador e adicione água para obter a consistência desejada.

[53] **Xilitol** é um adoçante natural encontrado nas fibras de muitos vegetais, incluindo milho, framboesa, ameixa, entre outros. Também pode ser extraído de alguns tipos de cogumelo. É obtido por hidrogenação catalítica da xilose. O xilitol é tão doce quanto a sacarose, mas cerca de 40% menos calórico.

Se quiser aumentar a quantidade de proteína de qualquer uma dessas bebidas, adicione soro de leite com baixo teor de carboidrato, em pó, tal como o *Synd-X Slimming Protein Powder*[54]. O *Synd-X* é adoçado com stévia, uma erva naturalmente doce. A stévia não tem calorias.

---

[54] Esse produto é um pó de proteína, desenvolvido e produzido pela dra. Cabot, e disponível nos Estados Unidos e na Austrália.

Capítulo 8

PROGRAMA DE QUATRO PONTOS

PONTO 3. SUPLEMENTOS PARA ESTIMULAR O CÉREBRO

O grande número de pesquisas recentes sobre a relação entre a nutrição e o cérebro humano é resultado dos estudos realizados nas décadas de 50 e 60. Essas duas ciências têm poucas coisas em comum – as equações e as teorias –, entretanto, a velocidade do progresso nessas duas áreas é similar. Em ambas, o conhecimento evoluiu muito – embora não possamos comparar o cérebro com a nutrição de modo literal.

Se você acompanhou os últimos avanços na área da saúde, sabe que os meus parceiros, nas comunidades médica e científica, fizeram descobertas expressivas sobre a capacidade do cérebro saudável de reduzir a sua vulnerabilidade para o mal de Alzheimer e para outras doenças degenerativas, revertendo muito do desgaste antes considerado como parte do processo normal de envelhecimento. De todo modo, esse é um desenvolvimento esperado, há muito, porque, se pensarmos bem, não há nada mais importante do que um cérebro para garantir a saúde e a felicidade ao longo da vida.

Há algum tempo, viver até os 80 ou 90 anos – mesmo com um cérebro saudável – era um feito extraordinário, e, nos dias de hoje, a maior parte das pessoas considera que isso é normal. Espero que a vida longa se torne uma norma que inclua um cérebro saudável.

Certamente não sou mais inteligente que a maioria dos médicos, e jamais poderia sugerir que apenas eu enxerguei a verdade, enquanto os demais ignoravam o óbvio. Entretanto, acredito firmemente (e os fatos comprovam) que minha experiência na área da nutrição, atuando em busca da preservação e da melhora dos poderes do cérebro humano, foi mais vantajosa do que a pesquisa desse assunto.

O meu segredo é muito simples: ao manter um plano de dieta nutritiva, complementada com a minha seleção de suplementos para interromper o mal de Alzheimer, o seu cérebro ficará mais saudável, e você também. Você pensará mais claramente, a sua memória ficará mais aguçada, e haverá melhora, também, na sua capacidade de manter a concentração e não se desviar das tarefas diárias. Em resumo – e na verdade –, ao seguir o meu **Programa de quatro pontos**, o seu cérebro passará por uma retificação, após anos de manutenção precária.

Você sabia que o cérebro humano médio, pesando parco 1,4 quilo, é responsável de 2% a 3% do peso total do corpo da maioria das pessoas e requer mais de 25% da nossa potência, quando opera em níveis eficazes? É por isso que, por outro lado, esse fato torna o cérebro mais vulnerável aos danos causados pela nutrição deficiente e pela falta de oxigênio.

Começamos a nossa conversa sobre o cérebro no Capítulo 7, com a descrição dos alimentos mais benéficos e com a seleção das minhas receitas favoritas para tornar esse órgão saudável. Neste capítulo abordaremos o terceiro ponto do programa para melhorar a saúde do cérebro, que inclui diversos suplementos potentes.

> AO MANTER UM PLANO DE DIETA NUTRITIVA, COMPLEMENTADA COM UMA SELEÇÃO DE SUPLEMENTOS PARA INTERROMPER O MAL DE ALZHEIMER, O SEU CÉREBRO FICARÁ MAIS SAUDÁVEL, E VOCÊ TAMBÉM.

Mas, agora, gostaria de lembrar que você deve tomar suplementos vitamínicos todos os dias. O seu cérebro lhe agradeceria. Antes de falarmos sobre os suplementos, é importante enfatizar algumas recomendações.

Primeiro, se você está tomando remédios controlados, verifique com o seu médico antes de começar a ingerir qualquer tipo de suplemento. Pode ser que um determinado suplemento, quando combinado com certos remédios, gere efeitos negativos. Por outro lado, muitos suplementos funcionam bem com remédios controlados e, em alguns casos, podem até reduzir a necessidade deles. Entretanto, devo ressaltar que as decisão pelo uso ou não de suplementos somente deverá ser tomada com o conhecimento do seu médico.

Do mesmo modo, é importante entender que, quase sempre, o benefício é maior quando conseguimos ingerir a substância natural da fonte alimentar. Por exemplo, os antioxidantes encontrados nos mirtilos são superiores aos dos suplementos. Em média, 90% dos nutrientes encontrados nos alimentos são absorvidos pelo corpo; enquanto em relação aos suprimentos só conseguimos aproveitar cerca de 50%. Além disso, os suplementos encontrados nos alimentos, com frequência, trabalham juntos para fornecer um pacote mais completo e equilibrado de nutrientes. Portanto, é fácil compreender por que os alimentos integrais são mais vantajosos para a obtenção dos nutrientes necessários para a saúde do cérebro.

Há, também, o problema de custo, pois alguns suplementos podem ser caros. Entretanto, é necessário que as pessoas aposentadas, ou com poucos recursos financeiros, estejam cientes de que é melhor investir o dinheiro em alimentos de boa qualidade, frescos e integrais. Por favor, não favoreça os suplementos em vez de garantir alimentos de boa qualidade. Os alimentos que ajudam a conservar o cérebro devem ser prioridade!

Se você está tomando medicamentos anticoagulantes, o excesso de óleo de peixe na alimentação por meio de suplementos pode aumentar o risco de hemorragia ou de hematomas - portanto, ao tomar esse, ou qualquer outro suplemento, tenha cuidado para não ultrapassar a dose recomendada.

Por fim, procure sempre comprar seus suplementos de fonte reconhecida, que siga os padrões mais exigentes de fabricação. Em alguns países, que não a Austrália, os suplementos não são regulados como deveriam, ou não existe regulamentação, o que significa que uma empresa sem reputação pode declarar ingredientes indevidos na bula, ou distribuir pacotes que estejam contaminados. Esses problemas podem ser evitados com a compra de produtos de "marcas recomendadas" por um nutrólogo, ou por um nutricionista; ou com a compra somente em lojas especializadas ou fontes *on-line* de produtos de saúde já consagradas e reconhecidas pela seriedade e pelo compromisso com a satisfação do cliente.

O meu objetivo ao enfatizar esses pontos negativos não é o de afastar as pessoas dos suplementos, pois acredito muito no valor e nos benefícios que eles podem oferecer para o cérebro. No entanto, quero assegurar que a experiência com esses produtos seja positiva e que eles nunca deixem de fornecer todos os nutrientes necessários a um cérebro saudável.

Agora, mudando de assunto, chegou o momento de examinarmos alguns suplementos que incluí no **Programa de quatro pontos** para a proteção do cérebro. Alguns são populares por motivos diversos; e há outros sobre os quais só ouvimos falar. Contudo, todos nos ajudam a combater o Alzheimer.

TIPOS DE SUPLEMENTOS

Existem milhares de suplementos diferentes, que foram estudados ou comercializados para melhorar as funções do cérebro e/ou para proteger contra o mal de Alzheimer. Alguns deles estão associados a efeitos não comprovados, ou não são fundamentados por qualquer pesquisa ou lógica científica. Neste livro veremos os suplementos que, na minha opinião, são mais importantes e valem a pena ser usados. A lista a seguir não foi elaborada em ordem de prioridade.

NAS PÁGINAS SUBSEQUENTES, MARQUEI COM UM * OS SUPLEMENTOS QUE ACREDITO QUE SEJAM MAIS ÚTEIS.

* VITAMINAS E E C

As vitaminas E e C, que são excelentes antioxidantes, devem ser ingeridas uma vez ao dia, quando o objetivo é prevenir o surgimento do Alzheimer. A dose pode aumentar para duas vezes ao dia se você estiver experimentando qualquer tipo de perda de memória, ou se há suspeita de diagnóstico para o mal de Alzheimer. Poucas pessoas consomem doses suficientes de vitaminas C e E por meio da alimentação, e, considerando a necessidade crescente desse tipo de antioxidante essencial para combater os lapsos de memória causados pelo envelhecimento, a suplementação é indispensável. Um estudo demonstrou que os homens mais idosos que tomaram suplementos das vitaminas E e C pelo menos uma vez por semana durante vários anos estavam protegidos contra o Alzheimer e demonstraram melhoria nas funções mentais. Outra análise sugeriu que a vitamina E retardava determinados sintomas do Alzheimer por até seis meses. Também há uma investigação que mostrou que a probabilidade de internação dos pacientes que sofriam de sintomas do Alzheimer moderado e que ingeriam doses significativas da vitamina E era menor, e que a expectativa de vida desses pacientes era aumentada. Por fim, nos Estados Unidos, um estudo de quatro anos realizado por um instituto para o envelhecimento saudável relatou que, durante esse período, nenhuma pessoa idosa que ingeria as vitaminas E e C diariamente desenvolveu o Alzheimer – o que é impressionante. O ponto importante é que os antioxidantes, em especial as vitaminas E e C, podem ajudar na prevenção desse mal, do mesmo modo que ajudam a combater diversas doenças – incluindo as cardíacas e o câncer – relacionadas com a oxidação excessiva. Quanto mais cedo começarmos a suplementar essas vitaminas, melhores serão os resultados.

* GINKGO BILOBA

O ginkgo biloba é um extrato de ervas obtido a partir das folhas de uma árvore de origem chinesa. Esse extrato aumenta o fluxo de sangue para o cérebro e elimina os radicais livres, prevenindo a perda de memória causada pelo envelhecimento, melhorando a atenção, a clareza e a concentração da mente. Além disso, é útil para o aperfeiçoamento da memória nas pessoas normais e pode ter efeito de prevenção contra a demência. Para os pacientes nos estádios iniciais do Alzheimer, o ginkgo biloba pode ajudar a reverter ou atrasar a deterioração mental e permitir que continue a viver em casa, de modo saudável. Diversos estudos demonstram os efeitos positivos do ginkgo biloba nos casos de Alzheimer. O efeito mais revelador foi testado em seis centros de pesquisa nos Estados Unidos, ao longo de um ano, em um estudo aprovado pela renomada Escola de Medicina da Universidade de Harvard. Na investigação, os pesquisadores acompanharam 202 pacientes com o mal de Alzheimer que receberam placebo (pílula com substância inativa) ou uma dose diária de ginkgo biloba. O extrato – que não tem efeitos secundários – estabilizou a doença nos pacientes do grupo que recebeu a substância e melhorou a função mental de 64 deles. Para alcançar e manter esse tipo de resultado, você precisa ingerir o extrato indefinidamente.

NOTA – O ginkgo biloba é um agente anticoagulante, e as pessoas que tomam medicamentos anticoagulantes, tais como a warfarina, devem consultar o médico antes de fazer uso desse suplemento.

Dose recomendada: extrato das folhas do ginkgo biloba, equivalente à folha desidratada, de 225 mg a 4.500 mg, duas vezes ao dia.

Para melhores resultados, tome o ginkgo biloba combinado com a *Brahmi*, em tabletes.

* *BACOPA MONNIERI* (CONHECIDA, TAMBÉM, COMO *BRAHMI*)

A *bacopa monnieri* é usada na medicina ayurvédica como tônico cerebral para melhorar a memória, o aprendizado e a concentração. Além disso, possui propriedades antioxidantes e anti-inflamatórias. A *bacopa* contém saponinas esteróides, chamadas de *bacosides* A e B, que têm efeitos benéficos sobre a capacidade mental, incluindo a melhoria da transmissão nervosa; a reparação de células cerebrais danificadas, com a promoção da atividade quinase, da síntese dos neurônios; e a restauração da atividade sináptica, aumentado os níveis de acetilcolina. Há mais de 100 anos, a *bacopa monnieri* é usada, de modo seguro, na medicina ayurvédica, e as doses terapêuticas não estão associadas a qualquer efeito adverso conhecido.

Dose recomendada: extrato de *bacopa monnieri*, equivalente à planta desidratada, de 1.500 mg a 3.000 mg, duas vezes ao dia.

Para melhores resultados, tome a *bacopa monnieri* combinada com o ginkgo biloba, em tabletes.

* ÓLEO DE PEIXE

Para suprir a dosagem necessária de ácidos graxos ômega 3 para o cérebro (mais detalhes no Capítulo 7), podemos tomar suplementos. Há muitos benefícios. O ômega 3 que obtemos com a alimentação, ou com o suplemento, é essencial para o funcionamento ótimo do cérebro. De acordo com o resultado de estudos realizados por duas universidades na Escócia, as pessoas que tomam suplementos de óleo de peixe alcançaram um escore 13% mais alto nos testes de Q.I. e uma menor probabilidade de apresentar os sinais precoces do mal de Alzheimer. Na investigação, os pesquisadores coletaram dados de mais de 300 pessoas que participaram de um estudo nacional de Q.I. aos 11 anos de idade. Elas foram testadas, novamente, aos 64 anos e questionadas sobre o consumo de ômega 3, ou por meio da alimentação ou de suplementos. O investigador principal da equipe de pesquisa relatou que "o funcionamento dos cérebros das pessoas que consumiam o ômega 3 parecia ser rápido. Havia uma forte correlação entre os escores dos testes e o teor de ômega 3 no sangue. Os resultados sugeriram que esses cérebros eram mais jovens do que os das pessoas que não consumiam o ômega 3. Houve desaceleração no envelhecimento desses cérebros".

Dose diária recomendada – Pode variar de 2.000 mg a 8.000 mg. Essa dose pode se traduzir em 2 a 8 comprimidos por dia. É melhor dividir a dose ao longo do dia, antes das refeições. São necessárias doses maiores para as pessoas que não consomem qualquer óleo de peixe por meio de alimentos.

* VITAMINA B

Há evidências crescentes de que uma porcentagem significativa da população de idosos, em muitos países, tem deficiência de um ou mais tipos de vitaminas B – ou seja, as vitaminas B1 (tiamina), B6 (piridoxina) e B12 (cianocobalamina) – e de ácido fólico. Tal notícia não é bem-vinda, pois essas vitaminas desempenham papel importante no funcionamento adequado do cérebro. Os cientistas reconhecem que as pessoas que sofrem do mal de Alzheimer – em especial as com mais de 65 anos de idade – com frequência apresentam níveis deficientes dessas vitaminas B. Uma das minhas fontes de pesquisa revela que foram realizados mais de 40 estudos sobre as relações entre o Alzheimer e a vitamina B1 (tiamina), e os testes clínicos demonstraram que o suplemento de vitamina B pode melhorar a função mental dos pacientes com Alzheimer, ou com degeneração mental dependente da idade. Estudos similares atestaram que homens de meia-idade, com níveis mais altos de vitamina B6 no sangue, obtiveram escores duas vezes mais altos em teste de memória do que os com níveis mais baixos. Outra vitamina importante relacionada com o Alzheimer e a perda de memória é a B12, que se mostrou reduzida em mais de 40% da população com 65 anos ou mais. É essencial medir, de imediato, os níveis de vitamina B12 das pessoas que demonstram sinais de demência, pois essa vitamina pode trazer melhoras significativas – e, quanto mais cedo for receitada, melhor. Em um estudo envolvendo pacientes com deficiência mental foi observada recuperação total em 61% dos casos que apresentaram deficiência de vitamina B12. Os pesquisadores assumiram que os 39% que não responderam

> É ESSENCIAL MEDIR OS NÍVEIS DE VITAMINA B12 DAS PESSOAS QUE DEMONSTRAM SINAIS DE DEMÊNCIA, POIS ESSA VITAMINA PODE TRAZER MELHORAS SIGNIFICATIVAS AO PACIENTE.

de modo completo tinham deficiência de longo prazo, o que apoia os resultados dos experimentos que indicaram que as melhores respostas aos suplementos de vitamina B12 foram as dos pacientes que mostraram sinais de deficiência mental por menos de 26 semanas. De novo, quanto mais cedo, melhor, quando se trata de corrigir os níveis baixos de vitamina B12 – embora para todos que sofrem com essa deficiência o "mais tarde" seja melhor do que o "nunca". Algumas pessoas são incapazes de absorver a vitamina B12 no intestino (anemia perniciosa), e elas devem tomar injeções de B12 a cada seis semanas para prevenir dano cerebral que possa causar demência e paralisia. O ácido fólico, a vitamina B12 final desse grupo, é a forma sintética encontrada em diversos alimentos, e é essencial para o desenvolvimento e a manutenção do sistema nervoso central. Em vez de repetir a importância do ácido fólico, sugiro que você releia o Capítulo 7.

Dose diária recomendada – O modo mais econômico de obter a vitamina B e o ácido fólico é por meio de um comprimido de composto dessas vitaminas. Tome 1 comprimido diariamente.

* LECITINA

A lecitina contém fosfadilcolina, que ajuda o cérebro a produzir mais químicos de memória, chamados de acetilcolina. A lecitina está disponível em comprimidos ou em grânulos. Estes, porém, devem ser mantidos sob refrigeração, em recipiente de tampa hermética. As fontes alimentares mais ricas de fosfadilcolina são as gemas de ovo e o peixe, em especial as sardinhas. Portanto, os ovos e as sardinhas devem ser considerados alimentos indispensáveis ao cérebro!

Dose recomendada – Lecitina em comprimidos de 1000 mg; tome de 2 a 3 comprimidos por dia durante as refeições, ou 1 colher de sopa de grânulos de lecitina.

* SELÊNIO

Esse mineral é um antioxidante poderoso que pode ser encontrado em alguns grãos, no alho, em cogumelos, nas castanhas-do-pará e em diversos tipos de frutos do mar. O selênio é muito evidente no cérebro – mesmo nas pessoas que não ingerem selênio suficiente por meio da dieta. Isso demonstra que a necessidade de selênio para o cérebro é prioritária, em comparação a outras partes do corpo. Quantidades adequadas de selênio são vitais para a saúde cerebral. Experimentos com ratos mostraram que a deficiência de selênio causa a perda da motivação exploratória e que eles se perdem em labirintos; esse tipo de teste é um dentre os muitos que evidenciam a necessidade de selênio para o cérebro nas pessoas com o Alzheimer e com tumores cerebrais. Quando a deficiência de selênio é grave, não conseguimos produzir o Se-Gpx[55], um antioxidante poderoso contra os danos provocados no cérebro pelos radicais livres. Na minha opinião, esse mineral pertence à classe de suplementos essenciais, pois, embora não entendamos por completo a base médica da sua importância para o cérebro saudável, sabemos que ele é fundamental. A deficiência de selênio é ocorrência comum no envelhecimento, e, em muitas áreas da Austrália e da Nova Zelândia, o solo é deficiente dessa substância. Portanto, devemos adicionar o selênio à lista de suplementos diários para prevenir os problemas que a sua falta causa.

Dose diária recomendada – De 500-200 μg[56] no caso de selênio em forma de seleniometionina. Essa variação de dose é adequada, e o conceito de "quanto mais, melhor" não se aplica, pois seu consumo exagerado pode ser tóxico.

ALHO

Esse velho conhecido tem muitos efeitos saudáveis que podem interromper a degeneração do cérebro. O alho contém diversos compostos com propriedades antioxidantes, antibacterianas e anticoagulantes e pode ajudar a curar inflamações e a melhorar a circulação do

[55] Glutationa peroxidase dependente de selênio.

[56] Micrograma

sangue para o cérebro. Uma pesquisa da Universidade de Tóquio, no Japão, descobriu que o alho tem compostos que promovem a saúde das células da memória na área do hipocampo, no cérebro – área estratégica para a memória de curto prazo. Acredita-se que determinados compostos no alho podem estimular o crescimento e a ramificação dos axônios (as pequenas fibras nervosas que saem de cada célula cerebral). Além disso, essa planta contém alto teor de enxofre, assim como o cérebro. Portanto, há boas razões para ingerir alho de modo regular, ou usá-lo em refeições e sucos crus, ou por meio de suplementos.

CÚRCUMA

Novas pesquisas sugerem que a cúrcuma (o pigmento que empresta a cor amarela ao caril) pode ser capaz de quebrar as placas amiloides que deixam cicatrizes no cérebro de pacientes com o Alzheimer. Ao adicionar pequenas doses de cúrcuma às proteínas beta-amiloides humanas, em tubos de ensaio, ela impediu o agrupamento das proteínas e bloqueou a formação de fibras amiloides, que formam as placas. Esses achados sugerem que a cúrcuma pode ser capaz de tratar o Alzheimer e de reduzir a probabilidade de desenvolvimento da doença. O coautor desse estudo é o dr. Gregory Cole, da Universidade do Estado da Califórnia, na cidade de Los Angeles, Estados Unidos. Atualmente, não sabemos quais são as doses mais eficazes de cúrcuma, mas há evidências suficientes para apoiar a recomendação de uso diário nos seus pratos preferidos.

O pó de caril é item básico na cozinha da Índia e no sudeste da Índia – onde é conhecido como o "tempero da vida". Pode ser que essa seja uma descrição adequada, pois a área rural da Índia, onde grandes quantidades de caril são consumidas, tem uma das menores – se não a menor – incidências de Alzheimer do mundo. Se esse tempero, que é muito saboroso, ainda não faz parte da sua alimentação, sugiro que tente algumas das receitas com caril e saboreie um jantar ocasional em um restaurante indiano. A cúrcuma é usada, também, em algumas misturas de tempero no Caribe, na África do Norte, no Oriente Médio e na Indonésia. Comprar livros de receitas e frequentar restaurantes temáticos dessas áreas são ótimas ideias. A cúrcuma é considerada segura, mesmo em doses mais altas e por períodos prolongados, como se pode evidenciar pelos habitantes dessas regiões.

CHÁ

Se as comidas temperadas que contêm cúrcuma deixam-no com sede, tente uma xícara de chá – quente ou frio, ou preto, ou *oolong*, ou verde. Considerando que o chá é uma fonte rica dos antioxidantes conhecidos como flavonoides, além de matar a sede, você ajudará o seu cérebro a se manter saudável. O chá é um dos modos mais rápidos de melhorar a cota diária de antioxidantes que salvam o cérebro. Um único saquinho de chá, em infusão por 5 minutos em xícara com água fervente, melhorará muito a sua ingestão de antioxidantes – e o gelado tem o mesmo efeito. Entretanto, as misturas de chá em pó e os chás engarrafados comercialmente não contêm quantidades significativas de antioxidantes.

FOSFATIDILSERINA

A fosfatidilserina, ou PS[57], é um fosfolipídio fundamental para a memória e para a saúde das membranas das células cerebrais. Se você segue as minhas recomendações alimentares, o seu cérebro pode produzir fosfatidilserina suficiente –, mas, se tem deficiência de ácido fólico e de vitamina B12, ou de ácidos graxos essenciais, o seu cérebro, provavelmente, tem deficiência de PS. Em um estudo, cerca de 500 homens e mulheres, com 65 a 95 anos e senilidade de moderada a grave, foram divididos em dois grupos e receberam ou 300 mg de PS ou de placebo, todos os dias. Ao final de seis meses, os pacientes que receberam PS demonstraram melhora significativa na função mental e no comportamento. Os resultados de outro estudo,

[57] **PS:** sigla em inglês, usada em português para phosphatidylserine.

quase idêntico, realizado ao longo de 12 semanas, mostraram que os pacientes que tomaram PS melhoraram os seus escores em diversos testes de memória e de aprendizado avançado. Os que obtiveram os melhores resultados foram aqueles que iniciaram o experimento com os níveis mais baixos dessa substância.

Dose diária recomendada – 300 mg

VINPOCETINA

A adição da vinpocetina, um extrato de pervinca, à lista de substâncias que estimulam o cérebro pode parecer um exagero, se considerarmos o fato de que nenhuma melhora foi notada em pacientes com Alzheimer que receberam a vinpocetina em doses variáveis. Na verdade, em pelo menos um estudo a conclusão foi a de que a "vinpocetina é ineficaz na melhoria dos defeitos cognitivos e não reduz a taxa de declínio nos pacientes com o mal de Alzheimer". Portanto, você pode estar questionando a inclusão da vinpocetina na lista de substâncias que podem interromper o processo do Alzheimer. A minha resposta é dupla: pesquisa e intuição. As pesquisas que conduzi com a vinpocetina demonstraram isto.

1. É usada na Europa, desde 1983, para melhorar as funções cerebrais.
2. Dilata as artérias do cérebro, permitindo que o cérebro receba mais nutrientes.
3. Age como antioxidante e acelera o metabolismo cerebral.
4. Acelera a taxa de aprendizagem nos animais, em até 40%.
5. Melhora a memória de curto prazo nas pessoas saudáveis, logo depois de ser ingerida.
6. Aumenta o tempo de retenção da memória de curto prazo.
7. Melhora o uso do oxigênio pelo cérebro.
8. Permite melhoras significativas (em estudos realizados com 882 pacientes) na maioria dos pacientes com desordens neurológicas que vão desde o acidente vascular cerebral até a demência.

Dessa forma, a vinpocetina pode ser benéfica para o cérebro, e a minha intuição, pessoal e profissional, indica que é um suplemento que o estimula e que deve ser considerado, apesar dos resultados de alguns estudos (os quais incluíram um número reduzido de pessoas), que apontam que ela não ajuda os pacientes com o Alzheimer. Certamente, essa substância não é tão importante quanto o ginkgo biloba ou a *brahmi*, que devem ser priorizados. A vinpocetina, administrada via oral, é absorvida com facilidade e, em geral, é segura. Os efeitos secundários desse uso são leves e incluem uma ligeira redução na pressão arterial, ou aumento da frequência cardíaca. Somente uma pequena proporção dos usuários experimenta esses problemas, que desaparecem após algumas semanas de ingestão.

Dose diária recomendada – de 15-40 mg, divididas em 3 doses (10 mg 3 vezes ao dia, junto às refeições).

Na minha opinião, os suplementos descritos até aqui, junto com a cúrcuma e o chá são o que há de melhor para estimular o cérebro. Entretanto, não são os únicos que podem ajudar você e/ou seus familiares a manterem um cérebro saudável. Na verdade, muitos livros foram escritos sobre esse assunto, mas como autora estou limitando a informação a apenas um capítulo, considerando que os suplementos representam 25% do meu **Programa de quatro pontos** para a proteção e a melhoria do cérebro. Antes de abordar os próximos assuntos, gostaria de mencionar alguns outros suplementos que podem ser incluídos na lista de estimulantes do cérebro.

ZINCO

Os pacientes com mal de Alzheimer podem sofrer de deficiência de zinco no cérebro e no líquido cefalorraquidiano, e a administração dessa substância resulta em melhora da memória, da compreensão e da comunicação. É importante notar que não devemos ingerir zinco em excesso, pois, em doses elevadas, ele pode causar dano ao cérebro e piorar os sintomas do Alzheimer. O zinco pode ser encontrado em diversos alimentos, e os mais comuns são as ostras, frutas oleaginosas, germe de trigo, brotos e frutos do mar. Torna-se prudente assegurar um nível normal de zinco no organismo. Devemos obter de 5 mg a 15 mg diariamente, que é uma dose adequada e segura.

MAGNÉSIO

O magnésio ocupa o quarto lugar na lista de minerais mais abundantes no cérebro. Se não estiver presente em quantidades suficientes, as células nervosas ficam excitadas em demasia, o que resulta em ansiedade, insônia, cólica e agitação nas pernas. Com frequência me refiro ao magnésio como o "relaxante poderoso", pois ajuda a relaxar e – melhor até – a equilibrar todo o sistema nervoso. Isso é importante para aqueles cujos problemas de memória pioram com o estresse (ou seja, a maioria de nós, certo?). Recomendo um suplemento de magnésio, em doses de dois a quatro comprimidos, para a obtenção de 150 mg a 300 mg diárias.

SUPLEMENTOS DE AMINOÁCIDOS

Alguns médicos recomendaram suplementos de aminoácidos para reduzir os sintomas do Alzheimer. Eles atuam por meio de um processo complexo para melhorar a saúde dos imprescindíveis neurotransmissores. Na minha opinião, os suplementos de aminoácidos são supervalorizados e são úteis, somente, para as pessoas com problemas digestivos, de má absorção de nutrientes, ou para os veganos. O pó de proteína do soro do leite é um modo razoavelmente econômico de melhorar a ingestão de proteína e de aminoácidos.

CAPÍTULO 9

PROGRAMA DE QUATRO PONTOS

PONTO 4. JOGOS PARA O CÉREBRO

Em muitas nações chamadas de "desenvolvidas", onde a tecnologia e a eletrônica de ponta facilitam a vida e permitem uma variedade de opções de lazer, dos jogos de vídeo até o último lançamento em DVD, parece que "pensar" e outras atividades intelectuais são coisas do passado – como preparar o jantar em fogão à lenha ou iluminar a casa com lâmpadas de querosene.

Essa é a impressão que tenho da sociedade moderna... e esse é um cenário triste, pois as pesquisas atuais demonstram que um cérebro ativo é um cérebro saudável, e que o uso desse órgão todos os dias é um dos melhores caminhos para assegurar que ele permanecerá aguçado e funcional.

Em essência: manter o cérebro ativo ajuda a construir e a manter as reservas de células cerebrais e as suas conexões. Por sua vez, isso diminui a probabilidade de ocorrência do mal de Alzheimer.

Assim como os nossos corpos que envelhecem, o cérebro também precisa de nutrição e exercício para continuar a trabalhar. Neste livro, já abordamos o estilo de vida e a nutrição no **Programa de quatro pontos** para a proteção do cérebro. Neste capítulo, trataremos da importância do estímulo ao cérebro e das muitas maneiras de alcançar esses objetivos.

Por favor, lembre-se de que esse programa funciona muito bem – e permite resultados melhores – se for adaptado às necessidades e preferências individuais. Por exemplo, uma pessoa pode achar que o jogo de xadrez e as palavras cruzadas são opções prazerosas para manter o cérebro ativo. Outras, no entanto, podem preferir aprender uma língua estrangeira ou jogar damas no centro de lazer da sua comunidade. Tudo se resume ao autoconhecimento e à busca do próprio caminho. Esse assunto será discutido a seguir.

Primeiro, quero enfatizar – e nunca é demais repetir – o valor do aprendizado de longo prazo e do estímulo mental. Espero que todos os leitores deste livro adotem uma ou mais atividades intelectuais – ou complementem as que costumam praticar. Pensar... o simples ato de pensar... é um modo comprovado de combater o mal de Alzheimer e de reduzir, ou reverter, o impacto negativo na mente. Além disso, gostaria de pedir que os membros mais jovens das famílias dos meus leitores fossem incentivados a "pensar com mais frequência" e a "pensar mais intensamente". A única forma disponível para tentar erradicar o mal de Alzheimer é ensinando nossos filhos a praticarem as medidas preventivas básicas – estilo de vida, alimentação, vitaminas e estímulo mental –, desde os seus primeiros passos até que consigam formar a primeira palavra.

Há um ditado antigo, no qual acredito com fervor, que reza que prevenir é melhor do que remediar. Se você já ouviu esse ditado, acredite que a sua aplicação ao mal de Alzheimer é inegável. Há diversos estudos que comprovam esse fato. Muito do que segue se baseia na convicção sólida – e há uma quantidade enorme de pesquisas para apoiar essa afirmativa – de que o treinamento mental, mesmo que só tenha início na idade avançada, pode melhorar o poder intelectual, ajudar a manter diversas funções mentais e reverter o declínio da memória. Isso independe dos benefícios de uma boa educação na juventude ou da hibernação cerebral na vida adulta.

O TREINAMENTO MENTAL, MESMO QUE SÓ TENHA INÍCIO NA IDADE AVANÇADA, PODE MELHORAR O PODER INTELECTUAL, AJUDAR A MANTER DIVERSAS FUNÇÕES MENTAIS E REVERTER O DECLÍNIO DA MEMÓRIA.

Pode ser verdadeira a frase do provérbio "papagaio velho não aprende a falar". Contudo, é inegável o fato de que podemos ensinar ao cérebro mais velho a pensar e a reinventar a si próprio. Só precisamos querer.

Uma das superstições que conseguiu sobreviver na Medicina moderna se baseia na premissa falsa de que o cérebro jovem é muito melhor do que o velho, em parte em função da perda de grandes quantidades de células nervosas, insubstituíveis, à medida que envelhecemos.

A verdade é que não há muita diferença entre o cérebro de um jovem de 25 anos e o de uma pessoa com 65 – esse dado foi comprovado por meio do exame PET (tomografia por emissão de pósitrons) de cérebros de voluntários. Esses exames não apontaram diferenças importantes, causadas pelo envelhecimento, somente na área do cérebro onde se desenvolve o discernimento e que dá origem à criatividade.

Para a maioria das pessoas, não há perda de células cerebrais à medida que o cabelo embranquece, e o rosto começa a enrugar, mas elas "enferrujam" por falta de uso – o que significa que a expressão "usar ou perder" tem um fundo de verdade.

Em estudo realizado há cerca de dois anos em um centro de referência para o mal de Alzheimer e publicado no *Journal of the American Medical Association*, os pesquisadores descobriram que o envolvimento em atividades diárias, tais como a leitura de livros e jornais, ou os jogos de carta, está associado à redução da probabilidade de ocorrência do Alzheimer. Não é surpresa a constatação de que essas atividades estimulam o cérebro.

A investigação acompanhou mais de 700 homens e mulheres por mais de quatro anos. Todos estavam livres do Alzheimer no início da pesquisa e tinham, no mínimo, 65 anos de idade. Durante o experimento e, depois, uma vez por ano, foi solicitado que os participantes completassem 21 testes diferentes, que avaliaram desde a memória até a capacidade de atenção. No início, os pesquisadores perguntaram a todos os voluntários quanto tempo eles gastavam nas sete atividades básicas que se seguem, as quais envolvem processamento de informações e que foram classificadas de acordo com uma escala de frequência.

- Assistir televisão
- Ler revistas ou jornais
- Ler livros
- Ouvir músicas no rádio
- Visitar museus
- Jogar cartas ou damas
- Completar palavras cruzadas ou outros passatempos

Com o tempo, 111 indivíduos do estudo desenvolveram o Alzheimer, o que, em termos estatísticos, era esperado, mas que é desastroso. Ao comparar os níveis de atividades dos participantes que desenvolveram o Alzheimer, os pesquisadores descobriram que houve redução, para cerca de metade, da probabilidade de ocorrência do Alzheimer para aqueles que mantiveram os níveis mais altos de atividade mental.

Além disso, a investigação revelou – o que, com base em outros resultados, eu já suspeitava – que os participantes que realizaram um número maior de atividades estimulantes foram os que demonstraram menor declínio na memória e na velocidade de percepção.

Os pesquisadores que desenvolveram e lideraram esse estudo não conseguiram explicar qual a relação existente entre as atividades que estimulam a mente e a redução na probabilidade de declínio mental e o Alzheimer – mas isso não desmente a existência da relação. Acredito que, daqui a alguns anos, ou quem sabe mais cedo, a comunidade médica obterá comprovação dos "comos" e dos "porquês" dessa relação. Para mim, no entanto, é suficiente saber que existe uma conexão entre o "pensar hoje" e o "ser capaz de pensar amanhã".

Outros estudos, diferentes dos já mencionados, também mostraram essa relação. Porém, ao ler sobre a metodologia e os resultados obtidos, fiquei impressionada, pois, apesar das diferenças de faixa etária e de número de participantes, duração e local geográfico, todos chegaram a mesma conclusão: um cérebro pensante é um cérebro saudável.

Por exemplo, você sabia que as pessoas que não terminam o ensino médio têm o dobro da possibilidade de desenvolver o Alzheimer, se comparadas a outras com nível educacional mais alto? É verdade, e há estudos que confirmam essa tese.

Também foi comprovado que para as pessoas com níveis educacionais mais baixos, cujas atividades diárias não permitem qualquer estímulo mental, a probabilidade de o Alzheimer aparecer pode triplicar. Não querendo ser redundante, mas, se não pensarmos todos os dias, talvez chegue o dia em que não conseguiremos pensar nada – e a opção não estará mais em nossas mãos.

Juntos, esses estudos, pela primeira vez, nos fornecem evidências inegáveis de que a ausência da estimulação mental adequada pode prejudicar o cérebro. Esse dano é permanente? Minha resposta é "não"; absolutamente, "não". Apresento a seguir um dos motivos.

Conforme mencionado em parágrafos anteriores, não há evidência que indique perda de células cerebrais como resultado do envelhecimento; essas células se "enferrujam" por falta de uso. O estímulo mental é o lubrificante que pode devolver o cérebro ao seu nível de capacidade anterior – ou inato.

Um estudo com mais de 5.000 participantes, entre 20 e 90 anos de idade, foi projetado para acompanhar as capacidades dos participantes à medida que envelheciam. O resultado do Estudo Longitudinal de Seattle[58] foi este: o declínio intelectual tende a variar muito, mas o declínio, ou a sua ausência, "depende, principalmente, da manutenção das chamas do fogo mental".

As descobertas da investigação foram dominadas por sete fatores com relação às pessoas capazes de manterem a sua acuidade mental.

Estes são os fatores.

---

[58] Trata-se de um estudo longitudinal investigativo de diferenças individuais e padrões diferenciais de mudança para habilidades psicométricas selecionadas, efetivado ao longo de trinta e cinco anos, sobre o desenvolvimento intelectual adultos.

- Um alto padrão de vida marcado por educação e renda acima da média.
- Ausência de doenças crônicas. Envolvimento com leitura, viagem, eventos culturais, clubes educativos e associações profissionais.
- Desejo de mudar.
- Ter um cônjuge inteligente.
- Capacidade de entender ideias novas com rapidez.
- Satisfação com as conquistas.

Salvo pelas doenças crônicas – que estão fora do nosso controle, mas as quais podemos reduzir com a adoção do estilo de vida e das sugestões alimentares propostas no meu **Programa de quatro pontos** –, temos o poder de conseguir incorporar todos esses fatores. Alguns deles, tais como a capacidade de entender conceitos com rapidez, podem exigir um esforço maior ou mais prática do que outros. Com certeza, não é necessário seguir todos. Se buscar formação acadêmica não faz parte de nossos objetivos, podemos manter a mente afiada lendo jornais ou revistas semanais, ou pensando sobre os problemas diários e como eles podem afetar a nossa vida, ou a dos nossos amigos e familiares.

Com relação ao item cônjuge "inteligente", devemos ir com calma – "inteligente" é um conceito muito relativo. Uma pessoa que trabalhe em uma garagem e leia os manuais de reparo durante o tempo de lazer pode ser tão inteligente quanto um pesquisador que trabalhe no laboratório mais conceituado. *Usar o cérebro* é o conceito chave – isso é muito mais importante do que os detalhes do "como" usá-lo.

> MESMO A ACUIDADE MENTAL PERDIDA POR CAUSA DE INATIVIDADE PODE SER REDESCOBERTA COM O ESTÍMULO DIÁRIO AO CÉREBRO.

Por favor, lembre-se de que mesmo a acuidade mental perdida por causa de inatividade pode ser redescoberta com o estímulo diário ao cérebro. Um exemplo disso foi mostrado em experimento realizado com 2.802 participantes, que o governo dos Estados Unidos financiou para determinar se o treinamento podia melhorar as capacidades mentais dos adultos mais velhos. Todos os voluntários eram adultos saudáveis com 65 anos, ou mais. Após cinco sessões de treinamento – cada uma com duração de duas horas para um total de 10 –, os indivíduos submetidos ao estudo apresentaram melhora visível na memória, na concentração e na capacidade de resolver problemas. Além disso, acredito que o mais importante foi que a melhora podia ser medida até dois anos após o fim desse treinamento relativamente curto. Eu poderia continuar a citar exemplos e mais exemplos, mas agora quero resumir o conteúdo deste capítulo com a declaração de um neurologista renomado, líder na área de Gerontologia (a ciência do envelhecimento): "O exercício mental é importante para o cérebro?" As pessoas costumavam fazer essa pergunta, anos atrás, e eu respondia que não havia dados suficientes nem contra nem a favor. Hoje digo aquilo que os dados informam: "Use o cérebro, ou perca a cabeça."

USE O CÉREBRO!

A pergunta, agora, é "O que eu faço agora?" Ao pensar sobre o assunto – e pesquisar também – cheguei à conclusão de que posso afirmar, com honestidade, que a resposta é simples e de resultado garantido.

A versão resumida é "estimulação mental, estimulação mental e mais estimulação mental", ou seja, a resposta está na estimulação mental. Se você mantém a sua mente ativa, não tem erro. Agora, vamos ver algumas sugestões específicas para melhorar as capacidades mentais. Começaremos pelo princípio de que manter o cérebro ativo não significa virar a vida de ponta-cabeça, ou fazer mudanças drásticas para obter os benefícios sobre os quais comentamos. Podemos começar com um simples exercício mental, que seja breve, e adicionar outros, dependendo do humor ou quando o cérebro começar a exercitar seus novos músculos. Lembre-se de que a consistência é importante, tanto quanto o desfrute das atividades escolhidas.

Mais adiante, neste capítulo, incluí uma seleção de sites da internet que oferecem alguns jogos para o cérebro, interessantes e divertidos. Mas, agora, vamos ver os tipos de coisa que podem ser feitas "a qualquer hora e em qualquer lugar" para melhorar a memória, reverter o pensamento lento e aumentar a capacidade de resolver problemas. Todos os exercícios cerebrais que proponho são o equivalente mental de uma boa revisão no carro.

Para começar bem o plano de aptidão cerebral, desligue a televisão, a menos que ela só seja usada para assistir a programas educacionais ou canais de notícias. Dizem que ficar restrito aos programas populares faz com que o cérebro escorra pelo nariz e pelos ouvidos – e, embora eu não tenha presenciado esse fato, conheço muitas pessoas que, aparentemente, passaram por esse problema. Portanto, comece o seu exercício mental desligando a TV.

Depois, tente realizar "uma ou duas atividades rotineiras". Esses exercícios mentais podem ser realizados sem qualquer mudança no seu esquema diário. Por exemplo, se você toma ônibus para ir trabalhar, observe três pessoas ao seu redor. Faça uma lista, por escrito, da aparência dessas pessoas e detalhe as roupas que estão usando, enfatizando as cores. Guarde a lista, espere duas horas e tente duplicá-la, descrevendo a cor dos sapatos e se elas eram magras ou não, se do tipo senhora de meia-idade, com lenço cor de pêssego e carregando a bolsa no braço esquerdo... ou seria o direito? Esse exercício ajuda a trabalhar a memória de curto prazo.

Se você quer fortalecer a memória de longo prazo, guarde as listas feitas ao longo de quatro dias e, no quinto dia, vá para um lugar sossegado e faça um esforço para duplicar as quatro listas. Em algumas semanas, as pessoas notarão uma melhora significativa. Uma das minhas pacientes fez esse exercício e ficou surpresa com quantos detalhes mínimos ela conseguia se lembrar, tais como o número de anéis que uma mulher usava ou o lado da cabeça que um senhor repartia o cabelo. Essa atividade pode ser realizada em qualquer lugar público; o ônibus é somente uma das opções.

> MANTER O CÉREBRO ATIVO NÃO SIGNIFICA VIRAR A VIDA DE PONTA-CABEÇA, OU FAZER MUDANÇAS DRÁSTICAS PARA OBTER OS BENEFÍCIOS ESPERADOS.

Quando estiver no trabalho, ou, se for aposentado, em casa, tente memorizar todos os números de telefone que são importantes. Mantenha uma lista por escrito se achar mais seguro, mas só a use quando for imprescindível. Se você for como eu, isso vai manter a sua mente muito ocupada, pois sempre há mais um número que precisa ser adicionado ou eliminado. Tenho, em média, 30 a 40 números de telefone memorizados e, desde que dei início a essa prática, não disquei muitos números errados. Como com todo o resto, se você se habituar a decorar os números de telefone e considerar a atividade como um desafio – não como um trabalho a mais –, com o tempo, ela ficará mais fácil. Além disso, é uma economia de tempo, mesmo com os aparelhos modernos de que dispomos atualmente. Esse tipo de exercício mental melhora tanto a memória de curto quanto a de longo prazo.

Fazer listas mentais é uma atividade similar a memorizar números de telefone – listas de supermercado, de itens a serem comprados na loja de materiais de construção, de pessoas que queremos convidar para jantar – não use papel e lápis. A chave do sucesso é inventar um sistema que substitua a lista. Para a lista de jantar, podemos dividir as pessoas em categorias baseadas na idade, ou no tempo de conhecimento. Ela pode ser alfabética – se é isso que funciona melhor para você.

Nos exercícios de lista, talvez seja melhor escrever todas as informações como medida de segurança, para assegurar que você não vai se esquecer de convidar a sua tia favorita para o jantar anual da família! No entanto, com tempo e prática, a maior parte das pessoas começa a achar que a lista por escrito é desnecessária.

Outra atividade para a memória da vida diária que acho interessante e divertida é a que costumo fazer durante caminhadas. Tento adivinhar a distância das coisas. Pode ser um poste, uma árvore, um carro estacionado na rua – qualquer objeto, na verdade, contanto que esteja parado. Depois disso, só resta andar (na verdade, é necessário medir o comprimento do seu passo médio, com fita métrica, antes de sair de casa). Essa atividade mata dois coelhos com uma cajadada só, pois estará exercitando o corpo e a mente. Você ficará surpreso ao perceber que o tempo passa depressa quando estamos estimulando a mente.

Outra sugestão é a caminhada para o cérebro cansado ou desacelerado – mesmo que você não faça muita coisa no caminho. O ar fresco e o oxigênio são bons para energizar as células do cérebro e, quase sempre, recuperam a mente cansada.

Outro exercício que recomendo na categoria de estimulação mental é o de observar alguém, começando pelo estilo de roupa, e escrever, mentalmente, a biografia dessa pessoa; sua origem e profissão, suas atividades preferidas, o perfil de seu cônjuge – as possibilidades são inúmeras.

Se o seu cônjuge ou amigo gosta de compartilhar jogos mentais, vocês podem fazer a biografia juntos. No final, cada um pode criticar a biografia do outro. Quando feito sozinho, esse exercício pode estimular a criatividade – e opinar ajuda a melhorar a capacidade de pensamento crítico. Além disso, pode ser muito divertido. Lembre-se de ser discreto na sua observação – você não quer que as pessoas fiquem envergonhadas ou inseguras.

O jogo de palavra é outro tipo de exercício mental que acho estimulante e divertido. As opções são quase infinitas, e esses tipos de jogos podem ser usados tanto para melhorar a capacidade verbal quanto para estimular a criatividade. Invente os seus próprios jogos de palavras, ou tente alguns dos meus favoritos.

- Quando falar com alguém, pessoalmente ou por telefone, veja quão rápido consegue soletrar o nome de trás para frente. O nome Scott McRae, por exemplo, seria Ttocs Earcm. Quantas vezes você consegue soletrar corretamente, na primeira tentativa, nomes diferentes? Estabeleça uma meta – 10 vezes, por exemplo – e marque pontos.
- Quando conhecer alguém, tente fazer um anagrama para o nome dessa pessoa. Em um anagrama, transpomos as letras de uma palavra ou frase para formar outra palavra ou frase diferente. Por exemplo, um anagrama para Natércia é Caterina[59]. Devo avisar que os anagramas podem frustrar, algumas vezes; mas também podem viciar. No entanto, posso lhe garantir que o seu cérebro vai se exercitar.
- Escolha uma palavra ao acaso e verifique quantas outras começando com a mesma letra você consegue se lembrar em 10 segundos. Tente o mesmo com a última letra da palavra original, em vez da primeira. Descobri que muitas pessoas são bem-sucedidas quando usam a primeira letra, mas parece, pelo menos para mim, que usar a última letra é bem mais difícil.
- Diga o alfabeto na ordem certa e depois da última letra para a primeira. Diga o alfabeto de três em três letras. Quando estiver proficiente no alfabeto, verifique quantas palavras consegue formar com as seis primeiras letras do alfabeto. E com as 10 últimas? Há diversos jogos que envolvem o alfabeto. Tentar se lembrar de todos os jogos disponíveis já é um bom exercício.

O treinamento para a aptidão mental, e para a física, se você usa o corpo inteiro, não se limita aos exercícios diários. Também inclui a variedade. Se o seu objetivo é treinar a mente para o desempenho ótimo e para a manutenção desse nível – se quer fortalecer o cérebro para combater o Alzheimer –, você deve evitar uma rotina rígida e favorecer a variedade nas atividades de estimulação mental. Depen-

[59] Adaptado para o português, retirado do Houaiss.

dendo da sua personalidade e dos seus interesses, você pode fazer isto.

- Escrever uma carta para o editor do seu jornal local com a sua opinião sobre uma questão de interesse da comunidade.
- Fazer uma lista de livros que gostaria de comprar e ler todos eles, não importando quanto tempo leve.
- Inscrever-se em um curso de Educação Técnica e Aperfeiçoamento[60], ou de educação específica para adultos, ou em aulas que envolvam assuntos sobre os quais você tem interesse.
- Comprar um livro de poesias, ou pegar em uma biblioteca, e memorizar um poema. Faça isso uma vez por mês.
- Aprender uma língua estrangeira, ou em um curso regular ou com um CD (a vantagem é que você tem uma desculpa para visitar o país onde a língua é falada).
- Abrir o dicionário, ao acaso, selecionar uma palavra e tentar usá-la de uma forma que não seja a habitual.
- Carregar um caderninho de notas e uma caneta, sempre, para anotar as ideias interessantes. Depois que se habituar à atividade, ficará surpreso com o número de vezes que fará uso do caderno.
- Manter a curiosidade sobre os acontecimentos ao seu redor, tanto para verificar que tipo de pássaro está construindo ninho na sua varanda, como para participar de uma reunião da sua comunidade.
- Frequentar o teatro e assistir a concertos, visitar galerias de arte e discutir o que viu ou ouviu com amigos ou mesmo com estranhos (essa é uma maneira positiva de fazer novas amizades). Você gostou do estilo do artista? Se não, por quê?
- Participar de boas conversas, mesmo sobre assuntos que não domine. Há melhor meio de aprender – e de pensar – do que conversar com alguém sobre o que você não conhece?

---

[60] No original, TAFE – Na Austrália, são os institutos que fornecem educação e treinamento vocacional.

- Não ter medo de entrar em discussões amigáveis. Discordar de pessoas inteligentes pode exercitar as células do cérebro, mas escolha seus argumentos de modo inteligente. Um debate acalorado sobre política com um bom amigo é uma coisa; outro, com o cônjuge, sobre quem vai levar o lixo para a rua é algo completamente diferente.

Por fim, há os métodos tradicionais de usar o cérebro, familiares a todos, os quais pode ser que não consideremos como exercício mental.

- Completar palavras cruzadas ou quebra-cabeças.
- Jogar *Scrabble*, xadrez ou damas.
- Jogar cartas, tais como paciência ou buraco.
- Escrever cartas para os familiares e amigos. Manter um diário.
- Fazer a assinatura de um jornal ou revista.

Como mencionei anteriormente, o importante não é o tipo de atividade que escolhemos para estimular o cérebro, mas a seleção e a manutenção dessas atividades. Nos últimos anos, a internet facilitou a vida com a disponibilização *on-line* de inúmeros exercícios para a estimulação mental. Se você não tem computador em casa, tente o da biblioteca ou *lan house* mais próxima. Hoje em dia, a maior parte das bibliotecas oferece acesso à internet, o que faz com que milhares de jogos da mente fiquem a distância de apenas dois cliques. Duas páginas populares são estas.

- www.braingamez.com
- www.aarp.org/games/

Nesses dois sites – cujos serviços oferecidos são gratuitos –, você encontra palavras cruzadas, quebra-cabeças, jogos de perguntas, recomposição de palavras, construção de vocabulário, jogos clássicos de palavras e anagramas. Há centenas – ou melhor, milhares – de sites similares.

Com as sugestões propostas neste livro, incluindo as opções de estimulação mental disponíveis online e as variações de qualquer dessas atividades com jogos, não há mais pretexto para não fazer nada e deixar o cérebro estagnar.

Exercitar o cérebro manterá a sua saúde e permitirá que você fique em situação privilegiada, em especial como parte do meu **Programa de quatro pontos.** A sua vida vai melhorar em diversos aspectos.

Não é impossível aprender, em qualquer idade. Manter o corpo e a mente ativos e saudáveis é prazeroso e essencial. Inicie os exercícios mentais hoje mesmo. Não há modo melhor de garantir um cérebro saudável.

Capítulo 10

MEDICAMENTOS

Um dos pontos positivos de ser médico – além do privilégio de ajudar as pessoas – é que, como parte integrante dessa comunidade, sou uma das primeiras a tomar conhecimento de tratamentos novos e promissores. Com o mal de Alzheimer, as novidades têm sido muito interessantes, pois as comunidades médicas e científicas tomaram consciência da gravidade da doença e começaram a buscar soluções para muitas das questões da doença para as quais não havia resposta.

Há pesquisas em andamento sobre as causas prováveis do Alzheimer e sobre os modos pelos quais a doença pode ser diagnosticada e tratada. Enquanto escrevo este capítulo, ainda não descobrimos um remédio para a cura do mal de Alzheimer ou que forneça os benefícios da estimulação mental disponível no meu **Programa de quatro pontos.** Mas resta a esperança, sempre.

Em outubro de 2005, na época da elaboração deste livro, inúmeros estudos clínicos relacionados ao Alzheimer estavam em andamento, em diversos países do mundo, pesquisando não somente tratamentos e medicamentos, mas avaliando os existentes para determinar se podiam ser usados de modo mais eficaz. Simplificando, um estudo clínico é uma pesquisa que usa voluntários humanos para responder a determinadas questões de saúde. É a forma mais rápida de descobrir tratamentos que melhoram a saúde, com benefícios para o indivíduo que incluem estes dados.

- Um papel ativo no controle da própria saúde.
- Acesso a novos tratamentos derivados de pesquisa, antes que fiquem disponíveis para a população em geral.
- A possibilidade de ajudar os outros, contribuindo para a pesquisa médica.

MEDICAMENTOS PARA MELHORAR A MEMÓRIA

Entre os fármacos experimentais mais promissores sendo estudados nos dias de hoje, está o "Alzehemed" (tramiprosato), que ataca as moléculas que constituem as placas que predominam nos cérebros das pessoas com o mal de Alzheimer. Todos os medicamentos (salvo o caso de um) usados para tratar o Alzheimer são empregados para prevenir a piora de alguns dos sintomas ou para ajudar a controlar os sintomas comportamentais. O objetivo do "Alzehemed"[61], por outro lado, é o de desacelerar a progressão da doença – e os resultados iniciais são promissores.

Além disso, há muitos outros medicamentos sendo estudados para tratar o Alzheimer, incluindo uma vacina que poderá ajudar as pessoas nos grupos de risco da doença – e, quem sabe, erradicar o Alzheimer. Em janeiro de 2013, duas equipes de pesquisas divulgaram estudos em ratos, com resultados promissores. O pesquisador Serge Rivest, da Universidade Laval, de Québec, Canadá, usou um composto para estimular as defesas naturais do cérebro contra a substância beta-amiloide. A equipe do espanhol Ramón Cacabelos, do Centro de Pesquisa Biomédica EuroEspes, usou uma combinação da própria beta-amiloide com outras substâncias para produzir um protótipo de vacina, conhecida como EB-101. Os ensaios com seres humanos ainda não foram iniciados, mas, quando chegarmos ao ponto de recrutamento de voluntários, pode ser que essa seja uma excelente oportunidade para algumas pessoas preocupadas com as questões do Alzheimer – dependendo das condições individuais – participarem e ajudarem a si próprias, enquanto ajudam à ciência e às potenciais vítimas.

A maior parte dos estudos clínicos é realizada nos Estados Unidos. Entretanto, em geral, a abrangência desses estudos não é limitada por qualquer fronteira. Por exemplo, uma pesquisa que terminou recentemente e que testou a eficácia e a segurança de um determi-

[61] O tramiprosato (homotaurina) ainda não foi autorizado pelo FDA, nem pela ANVISA, para uso clínico.

nado fármaco (donezepil) nos pacientes com Alzheimer grave incluía participantes de 17 dos 50 estados americanos, bem como do Canadá, Irlanda, Inglaterra e Nova Gales do Sul, Queensland, sul da Austrália e Vitória, do oeste da Austrália, na Austrália. Esse foi só um dos estudos que usou esse fármaco – demonstrando, mais uma vez, que o mal de Alzheimer é uma preocupação mundial.

Todos os estudos clínicos seguem normas rígidas de participação, porque os critérios devem ser muito específicos para que os resultados possam ser confiáveis. É importante notar – se você um dia considerar a participação em um estudo clínico – que todos os códigos, de ética e legais, que regem a prática médica se aplicam a essas investigações. Cada experimento segue um protocolo que é cuidadosamente controlado e inclui proteções e garantias para os voluntários, com confidencialidade garantida.

Eu não recomendaria a participação em um estudo clínico sem que antes a pessoa tomasse conhecimento de todos os detalhes. Entretanto, posso afirmar que estudos clínicos já fizeram verdadeiros milagres para alguns pacientes e, ao mesmo tempo, geraram benefícios incalculáveis para a medicina e para a humanidade como um todo – promovendo avanços na área da saúde.

Graças à pesquisa e aos estudos clínicos, há quatro remédios controlados no mercado que reconhecidamente previnem os sintomas do Alzheimer ou desaceleram a sua progressão.

Tratar os sintomas do Alzheimer pode propiciar dignidade, conforto e independência aos pacientes, por um período mais longo do que de outro modo eles teriam. Pode, também, aliviar a carga de trabalho dos seus cuidadores. Nenhum desses fármacos pode interromper a doença – mas em conjunto com o meu **Programa de quatro pontos**, em geral, eles são mais eficazes.

Para algumas pessoas nos estádios iniciais, ou intermediários, da doença, os fármacos Aricept® (dinepezil; no Brasil comercializado com o nome Eranz®), Exelon® (rivastigmine) e Razadyne® (galantamine), também conhecido como Reminyl®, podem ajudar a prevenir a piora dos sintomas, pelo menos, por algum tempo. Esses medicamentos – todos chamados de inibidores de colinesterase – podem auxiliar o controle dos sintomas comportamentais da doença, tais como a agitação, a insônia e a tendência para vaguear.

TRATAR OS SINTOMAS DO ALZHEIMER PODE PROPICIAR DIGNIDADE, CONFORTO E INDEPENDÊNCIA AOS PACIENTES, POR UM PERÍODO MAIS LONGO DO QUE DE OUTRO MODO ELES TERIAM.

Os inibidores de colinesterase trabalham por meio da redução da destruição da acetilcolina, um químico cerebral essencial para a memória e para o pensamento. À medida que a doença progride, o cérebro produz uma quantidade menor de acetilcolina, o que significa que os inibidores de colinesterase perdem muito do seu efeito.

Outro medicamento aprovado, o Namenda® (memantina ; no Brasil comercializado com o nome Ebix®), é um tipo de fármaco chamado de antagonista de NMDA[62]. Com frequência é usado para o tratamento do Alzheimer, de moderado a grave, e estudos demonstraram que o efeito principal deste fármaco é atrasar a progressão de alguns sintomas nos pacientes nesta faixa. O Namenda pode, por exemplo, permitir que os indivíduos que sofrem da doença mantenham, por tempo prolongado, determinadas funções diárias, tais como a independência para ir ao banheiro.

Acredita-se que o Namenda® funcione reduzindo o glutamato, outro químico cerebral importante que, quando produzido em excesso, pode levar a célula cerebral à morte.

Não conheço nenhum estudo publicado que compare esses quatro medicamentos, mas como os antagonistas de NMDA, tais como o Namenda, funcionam de modo muito diferente dos inibidores de colinesterase, não é incomum prescrever uma combinação desses fármacos.

[62] **Memantina:** um antagonista do receptor de glutamato (N-metil-D-aspartato) NMDA.

Para os portadores do Alzheimer, o mais acertado é iniciar o tratamento com doses baixas de qualquer desses quatro fármacos, e aumentá-las progressivamente, se necessário. Há evidências de que determinados indivíduos podem se beneficiar de doses mais altas de medicamentos inibidores de colinesterase. Entretanto, a probabilidade de ocorrência de efeitos secundários aumenta junto com a dose.

Todos os pacientes que fazem uso desses medicamentos devem ser monitorados com regularidade após o início do tratamento. Se qualquer sintoma diferente for observado, eles devem ser relatados, de imediato, ao médico. É muito importante seguir as orientações à risca. Para maiores informações sobre a posologia e os efeitos desses três fármacos, verifique a tabela a seguir – baseada em informações do Centro de Educação sobre a Doença e Referência do Alzheimer, um serviço público do National Institute on Ageing.

Entretanto, esteja ciente de que esse resumo não inclui todas as informações importantes para o paciente e não deve ser usado como substituto do aconselhamento médico. Consulte o seu médico e leia a bula antes de usar qualquer desses medicamentos ou suplementos.

Nome do Fármaco	Tipo de Fármaco & Tratamento	Dose Recomendada pelo Fabricante	Efeitos Secundários Comuns	Possíveis Interações Medicamentosas
Namenda® (memantine). Bloqueia os efeitos tóxicos associados ao excesso de glutamato e regula a ativação do glutamato.	Antagonista do N-metil D-aspartarte (NMDA) prescrito para tratar os sintomas do Alzheimer de moderado a grave.	5 mg, uma vez ao dia. Aumentar para 10 mg/dia (5 mg duas vezes ao dia), 15 mg/dia (5 mg e 10 mg, em doses separadas) e 20 mg/dia (10 mg duas vezes ao dia) com intervalo de, no mínimo, uma semana, se bem tolerado.	Tontura, dor de cabeça, constipação e confusão.	Outros antagonistas de NMDA, incluindo o amantadine e o dexometorfano, prescritos para aliviar as tosses dos resfriados e a quetamina usada, algumas vezes como anestésico, não foram avaliados e devem ser usados com cautela quando combinados com esses medicamentos.
Excelon® (rivastigmine). Previne a decomposição de acetilcolina e do butirilcolina (um químico cerebral similar à acetilcolina) no cérebro.	Inibidor da colinesterase prescrito para tratar os sintomas do Alzheimer de moderado a grave.	1,5 mg duas vezes ao dia. Aumentar para 3 mg/dia a cada duas semanas, até 6 mg (12 mg/dia), se bem tolerado.	Náusea, vômito, perda de peso, perturbações estomacais, fraqueza muscular.	Nenhuma observada em estudos de laboratório; os NSAIDS (anti-inflamatórios não esteróides)" devem ser usados com cautela quando combinados com esses medicamentos.

Nome do Fármaco	Tipo de Fármaco & Tratamento	Dose Recomendada pelo Fabricante	Efeitos Secundários Comuns	Possíveis Interações Medicamentosas
Razadyne® (anteriormente conhecido como Reminyl®) (galantamina). Previne a quebra da acetilcolina e estimula os receptores nicotínicos a liberar mais acetilcolina no cérebro.	Inibidor de colinesterase prescrito para tratar os sintomas do Alzheimer de leve a moderado.	4 mg duas vezes ao dia (8 mg/dia). Aumentar 8 mg/dia após 4 semanas, para 8 mg duas vezes ao dia (16 mg/dia), se bem tolerado.	Náusea, vômito, diarreia, perda de peso.	Alguns antidepressivos, tais como a paroxetina, amitriptilina, fluoxetina, fluvoxamina e outros fármacos com ação anticolinérgica podem causar retenção de excesso de Razadyne no organismo, levando a complicações; NSAIDS devem ser usados com cautela quando combinados com esses medicamentos.
Aricept® (donepezil). Previne a decomposição da acetilcolina no cérebro.	Inibidor de colinesterase prescrito para tratar os sintomas do Alzheimer de leve a moderado.	5 mg uma vez ao dia. Aumentar, após 4-6 semanas para 10 mg, uma vez ao dia, se bem tolerado.	Náusea, diarreia, vômito.	Nenhuma observada em estudos de laboratório; os NSAIDS devem ser usados com cautela quando combinados com esses medicamentos.

MEDICAMENTOS ANTI-INFLAMATÓRIOS

Conforme anteriormente citado, a pesquisa de novos tratamentos para a doença de Alzheimer é intensa, com pesquisadores testando inúmeros novos medicamentos para impedir ou desacelerar o avanço da doença. Uma outra classe de drogas que estão sendo investigadas atualmente é a dos anti-inflamatórios não esteróides (AINEs). Esses medicamentos reduzem a formação, no corpo humano, de substâncias químicas com propriedades inflamatórias que podem danificar as células.

Há evidências significativas de que a inflamação no cérebro pode estar relacionada ao dano causado pelo Alzheimer. Por isso, muitos cientistas acreditam que um tratamento com AINEs possa ser um caminho para combater a doença. Infelizmente, há diversos efeitos colaterais associados ao uso dos AINEs, inclusive problemas cardíacos, o que faz com que ainda não haja um consenso se os AINEs poderão ser incluídos no arsenal teratêutico prescrito para os pacientes. O uso prolongado de AINEs como aspirina e ibuprofeno pode causar úlceras gastroduodenais. Portanto, o uso de AINEs deve ser feito com cautela.

TERAPIA COM HORMÔNIOS NATURAIS

Dois hormônios naturais estão se mostrando promissores na luta contra o Alzheimer: DHEA e melatonina (que eu citei rapidamente no Capítulo 6).

DHEA

O DHEA (dehidroepiandrosterona) é um hormônio produzido nas glândulas suprarrenais que há muito é estudado por causa das suas propriedades antienvelhecimento. O DHEA é mencionado em diversos livros de saúde e, popularmente, recebe crédito por diversos efeitos, desde o combate à obesidade até os efeitos energizantes. Evidências recentes indicam que ele desempenha papel essencial na manutenção das funções das células cerebrais. Em mais de um estudo, os resultados demonstraram que os níveis de DHEA – que decrescem com a idade – são mais baixos do que o normal nos pacientes com o mal de Alzheimer. Embora as pesquisas estejam em andamento, cada vez mais se acredita que o suplemento de DHEA possa desacelerar o progresso do Alzheimer e ajudar outros distúrbios da memória. O DHEA pode reduzir a depressão e a fadiga, sintomas comuns que acompanham o envelhecimento. Esses problemas, com frequência, são observados em pessoas com níveis baixos de DHEA no sangue. Medir esses níveis com precisão é fácil, com um exame de sangue simples, que você pode solicitar ao seu médico. Na maior parte dos países, exceto no Brasil, que não o vende comercialmente, o DHEA só está disponível com receita médica, e as doses variam de 5 mg a 50 mg por dia. O DHEA é ingerido via oral, em comprimidos, pastilhas ou tabletes. Em geral, é um hormônio de ingestão segura, mas a dose deve ser monitorada por médico, pois o excesso de DHEA pode resultar em acne ou pelos na face, que são sinais do excesso de atividade de hormônio masculino.

MELATONINA[62]

A melatonina, um hormônio envolvido na regulação do sono, é produzida pela glândula pineal. Ela combate os radicais livres, neutralizando-os e impedindo os seus efeitos nocivos sobre as células cerebrais. Também se liga ao metal – tais como o alumínio – e diminui a sua presença no cérebro. É importante notar que o excesso de melatonina está associado a um tipo de depressão chamada de desordem afetiva sazonal, bem como a outros transtornos de saúde. A melatonina, que é outra arma potencial na luta contra o Alzheimer, só deve ser ingerida em doses recomendadas, após consulta ao médico. A posologia varia de 1mg a 6 mg ao dia, e deve ser tomada

[62] A Resolução RE nº 305 da ANVISA, de 14 de fevereiro de 2003, diz que o registro de medicamentos contendo melatonina é contra a legislação vigente. Graças a isso, o uso desse medicamento no Brasil é limitado.

duas horas antes de dormir; em muitos países, as farmácias exigem a receita médica para vendê-la. A melatonina homeopática não tem o mesmo efeito da natural. A melatonina pode ser mais benéfica para as pessoas que sofrem de insônia crônica, ou para os que trabalham em turnos e que acreditam que as suas memórias estejam se deteriorando.

FÁRMACOS PARA DIMINUIR O NÍVEL DE COLESTEROL

Há algum tempo, a comunidade médica especula se os fármacos para diminuir o nível de colesterol – uma classe chamada de estatinas – podem diminuir a probabilidade de ocorrência do Alzheimer. Os resultados de pesquisas demonstram que esse **não** é o caso. Um estudo conduzido pela Universidade de Washington, publicado na revista *Archives of Neurology*[63], não encontrou provas de que esses fármacos influenciavam a probabilidade de desenvolver o Alzheimer. Uma pesquisa com duração de seis anos usou um banco de dados de cerca de 2.800 pessoas, com 65 anos ou mais, que não apresentavam sinais de demência. Ao longo da investigação, 480 participantes desenvolveram o Alzheimer, ou outro tipo de demência. Os resultados demonstraram que nenhum dos fármacos utilizados para reduzir os níveis de colesterol fez qualquer diferença na determinação de quais indivíduos ficariam doentes. Os pacientes que tomaram estatina desenvolveram demência ou mal de Alzheimer na mesma proporção dos que não a consumiram. Ao mesmo tempo, o estudo – que incluiu pessoas usando seis tipos de estatinas e três não estatinas – não encontrou evidências de que esses fármacos eram mais eficazes do que qualquer outro contra o Alzheimer. Eu não recomendaria o uso de estatinas por tempo prolongado para reduzir a probabilidade de demência, pois há modos mais seguros de alcançar esse objetivo.

[63] **Archives of Neurology.** Editora: American Medical Association (AMA).

Alguns dos meus pacientes que tomaram estatina para baixar o nível de colesterol descobriram que a memória deteriorou e que o processo de pensamento se tornou mais lento. Isso não me surpreende, pois o cérebro produz o seu próprio estoque de colesterol, que é essencial para o seu funcionamento. Se o uso de fármacos para reduzir o nível de colesterol, tais como a estatina, reduz a capacidade do cérebro de produzir o seu próprio colesterol, é compreensível que ele não funcione devidamente. Para informações sobre os fármacos que reduzem os níveis de colesterol e um programa natural para controlar o colesterol, recomendo a leitura do meu novo livro *Cholesterol the Real Truth*[64].

Os fármacos são o futuro da prevenção/reversão do Alzheimer? Eu diria que ainda não temos resposta para essa pergunta. A ciência e a medicina parecem estar focadas nesse objetivo, e há algumas novas opções de tratamentos promissores, mas, na minha opinião, não há evidência conclusiva para sustentar a afirmativa de que este ou aquele fármaco, ou mesmo que a combinação de dois ou mais fármacos, seja capaz de deter a marcha mortal do mal de Alzheimer.

Podemos depositar as nossas esperanças em uma solução farmacêutica para o Alzheimer, em especial em um fármaco ou em uma vacina que possa barrar a produção, no cérebro, da placa beta-amiloide. Entretanto, no momento, o melhor é tentar combater a doença com o meu **Programa de quatro ponto**s para a proteção e a melhoria do cérebro. Não estou recomendando que você deixe de tomar esses medicamentos controlados. Além disso, se o seu médico prescrever um ou dois deles, não sou eu quem vai discordar dessa abordagem. O que posso lhe garantir é que o meu programa pode ajudar, sempre, uma vez que siga as recomendações – com ou sem medicamento para o Alzheimer – e você, com certeza, vai acabar concordando comigo.

[64]Livro da dra. Cabot não traduzido para o português, em tradução livre: *A verdade sobre o colesterol.*

Capítulo 11

CUIDADOS E CONSIDERAÇÕES FINAIS

Cuidar de pessoas com Alzheimer é, no mínimo, uma tarefa difícil e pode ser complicada até para o melhor dos cuidadores. Embora eu não tenha lidado com esse tipo de situação, de modo direto, minha prática médica permite uma boa perspectiva da luta dos cuidadores e como eles podem lidar melhor com o paciente portador do mal de Alzheimer.

Durante a minha pesquisa, acessei com frequência um site da internet produzido pelo ADEAR, o Disease Education & Referral Centre, um serviço do National Institute on Ageing, do governo dos Estados Unidos. O site www.alzheimers.org inclui uma boa seleção de dicas para os cuidadores, compiladas com a ajuda do Centro de Pesquisa da Doença, de Joseph e Kathleen Bryan, da Universidade de Duke, e do Centro para o Mal de Alzheimer da Universidade de John Hopkins. A maioria dessas dicas vai ao encontro do que proponho e por isso empregarei várias delas neste capítulo.

Primeiro, gostaria de enfatizar dois pontos muito importantes, que todos os cuidadores de pacientes com o Alzheimer devem manter em seus corações.

1. A doença é a culpada – não o doente – pelas mudanças no comportamento e nas capacidades que criam as situações difíceis.

2. Maldizer, ficar frustrado e odiar a doença é comportamento normal – mas não perca o amor pelo doente.

Cada dia traz novos desafios, à medida que tentamos lidar com as mudanças que o paciente com o Alzheimer exibe. Como cuidador, você pode estar em risco de sofrer de depressão e de ficar doente – sobretudo se não recebe apoio constante de amigos, família e/ou dos profissionais especializados para tratar o Alzheimer.

Uma das maiores mudanças que você notará, como cuidador,

além dos problemas comportamentais do portador do Alzheimer, é a dificuldade que você e o paciente terão para gerenciar as atividades diárias, tais como o banho e a alimentação. Elaborar um plano para administrar o dia pode ajudar, reduzindo o estresse. Muitos cuidadores acreditam que desenvolver estratégias específicas para lidar com os comportamentos difíceis e as situações estressantes seja benéfico.

Na minha opinião, nenhum plano para o tratamento do paciente com o Alzheimer fica completo sem o meu **Programa de quatro pontos** para estimular, fisicamente, o cérebro. Mas há algumas sugestões que devem ser consideradas se você cuida de um familiar que recebeu o diagnóstico de Alzheimer.

LIDANDO COM O DIAGNÓSTICO

Descobrir que alguém que você ama tem Alzheimer pode ser assustador, estressante e oprimente. À medida que aceita a situação , você pode fazer isto.

- Fazer perguntas ao médico sobre o Alzheimer. Verifique os tratamentos disponíveis para aliviar, ou abortar, os problemas comportamentais.
- Contatar organizações, tais como a *Alzheimer's Association*, para informações detalhadas sobre a doença e recursos para os cuidadores. Alguns grupos da comunidade podem oferecer cursos para cuidadores, para resolver problemas e administrar situações específicas.
- Procurar um grupo de apoio, onde você possa compartilhar os seus sentimentos e preocupações. Os membros dos grupos de apoio, com frequência, têm ideias produtivas, ou conhecem recursos úteis com base nas suas experiências. Os grupos de apoio *on-line* dão orientação aos cuidadores, sem que haja necessidade de sair de casa.
- Observar o seu dia e verificar se pode desenvolver uma estratégia que facilite a sua vida. Se, em determinadas horas do dia,

a pessoa está menos confusa, ou coopera mais, planeje a rotina de modo a aproveitar melhor esses momentos. Lembre-se de que o nível de funcionamento do indivíduo pode mudar a cada dia. Portanto, seja flexível e adapte a sua rotina na medida do necessário.

- Considerar um local de assistência diurna, ou serviços de terceiros para aliviar as suas obrigações. Esses serviços permitem umas horas de folga, com a certeza de que a pessoa sob os seus cuidados estará sendo bem cuidada.
- Começar a planejar o futuro. Tente dar início ao meu **Programa de quatro pontos** para melhorar a função cerebral, mesmo que você só consiga inserir alguns pontos do programa, tais como a alimentação, os sucos e os suplementos para estimular o cérebro. Obtenha recursos legais e financeiros para investigar as opções de cuidados de longo prazo.

COMUNICAÇÃO

A comunicação com o paciente portador de Alzheimer pode ser um desafio – mas lembre-se de que isso é uma via de duas mãos. Você pode optar por palavras simples e frases curtas, com tom de voz baixo e gentil. Além disso, pode agir assim.

- Evite falar com a pessoa como se estivesse se dirigindo a uma criança, ou como se a pessoa não estivesse presente.
- Evite argumentar ou contradizer a pessoa, mesmo que o que ela fale não faça nenhum sentido ou seja ridículo. É impossível racionalizar com alguém que não esteja pensando com lógica e não tenha memória de curto prazo. As tentativas de fazer com que o paciente enxergue a realidade são perdas de tempo e podem frustrar e irritar. Uma vez fiquei impressionada quando visitei uma das minhas colegas, que cuidava, em tempo integral, da mãe com Alzheimer. A mãe estava no jardim revirando o lixo, procurando algumas roupas. Essa colega, gentilmente, ajudou-a a arrumar o lixo e disse que as roupas haviam sido lavadas e

colocadas no armário. Mais tarde, a mãe começou a falar sobre a visita que sua mãe, que havia muito falecera, havia lhe feito. A minha colega concordou e disse que seria muito bom, sem discutir que aquilo era algo impossível. Um minuto depois, o assunto estava esquecido, e a mãe se interessou pelo gato. Achei que esse era um plano sensível de viver o momento, quando a fantasia e a harmonia prevalecem sobre a realidade dura.

Esse tipo de psicologia pode parecer infantil, mas é muito inteligente e permite que o cuidador trate do paciente com compaixão e dignidade. É muito menos estressante do que o confronto. Afinal, por que brigar sobre um assunto que vai ser esquecido em dois segundos?!

- Reduza as distrações e o barulho – tais como o rádio ou a televisão – para ajudar a pessoa a se concentrar no que você está dizendo.
- Chame a pessoa pelo nome, e, antes de falar, assegure-se de que ela esteja prestando atenção.
- Espere pela resposta e não interrompa.
- Se o paciente está com dificuldade para encontrar a palavra, ou comunicar um pensamento, sugira a palavra que ele está buscando.
- Tente estruturar a questão e as informações de modo positivo.

BANHO

Embora muitos pacientes com Alzheimer não se aflijam com os banhos, para alguns essa pode ser uma atividade assustadora e confusa. O planejamento pode tornar a experiência mais relaxante – e cordata – tanto para o paciente quanto para você.

- Planeje o banho para quando o paciente estiver mais gentil. Seja consistente, tente estabelecer uma rotina.
- Respeite o fato de que o banho pode ser assustador e desconfortável para algumas pessoas. Seja gentil e respeitoso e não perca a paciência, em momento algum.

- Avise o que vai fazer e permita que a pessoa faça sozinha tudo o que for possível.
- Deixe tudo preparado de antemão. Assegure-se de que tudo o que você precisa esteja pronto e no banheiro, antes de começar. Se o paciente prefere tomar banho de banheira, encha-a com antecedência.
- Verifique a temperatura da água antes de começar a dar o banho. Aqueça o banheiro e tente manter toalhas extras e roupão por perto.
- Diminua os riscos e use um chuveiro de mão, apoios e barras, além de tapetes antiderrapantes. Nunca deixe a pessoa sozinha na banheira ou no chuveiro.
- Use uma esponja de banho. Talvez, os banhos não sejam necessários todos os dias. Um banho de esponja poder ser uma medida eficaz.

COLOCAR ROUPAS

Para o paciente com Alzheimer, colocar roupas pode ser um desafio: escolher o que usar, vestir e tirar as roupas e ajustar o botão ou o zíper. Reduzir o número de desafios facilita a vida.

- Tente fazer com que a pessoa se vista na mesma hora, todos os dias. Estabeleça uma rotina.
- Incentive o paciente a se vestir sozinho, o máximo possível, e não tenha pressa.
- Permita que a pessoa escolha a roupa de uma seleção limitada. Se ela tem uma roupa favorita, considere comprar diversas peças iguais.
- Arrume as roupas na ordem de colocação e ajude a pessoa com o processo.
- Forneça instruções, passo a passo e claras, quando a pessoa sob os seus cuidados precisa de estímulo.
- Escolha roupas confortáveis e fáceis de colocar e tirar. As roupas com elástico e velcro minimizam as dificuldades com o botão e o zíper.

ALIMENTAÇÃO

As refeições podem ser atividades problemáticas para o portador do Alzheimer – por mais de um motivo. Algumas pessoas com essa doença querem comer a toda hora, e outras precisam ser incentivados para manter uma alimentação adequada.

- Assegure-se de que as refeições sejam realizadas em local calmo. Fugir do barulho e de outras distrações pode ajudar a pessoa a se concentrar na refeição.
- Limite o número de alimentos e sirva porções pequenas. Você pode oferecer sucos crus, ou bebidas batidas, ao longo do dia, em vez das refeições tradicionalmente generosas. Inclua bastantes fibras, tais como as frutas cruas, as saladas, as frutas oleaginosas e o muesli, pois promovem a ação intestinal diária e completa.
- Assegure-se de fornecer os fluidos adequados para a prevenção da desidratação, que pode agravar a confusão mental. Um volume pequeno de líquidos, tais como chá e água, em intervalos regulares durante o dia, pode prevenir a sede excessiva durante a noite e reduzir a enurese noturna. Use canudos ou copos com tampa para facilitar.
- Se a pessoa tiver problemas com utensílios de cozinha, opte por alimentos que possam ser pegos com as mãos. Usar pratos fundos em vez de rasos pode facilitar a atividade.
- Mantenha lanches saudáveis por perto. Para incentivar, deixe esses petiscos à vista.
- Assegure-se de que o seu paciente vá ao dentista regularmente, para manter dentes e boca saudáveis.

ATIVIDADES

Muitos cuidadores temem a pergunta "O que vamos fazer hoje?". Escolher atividades que as pessoas com Alzheimer possam praticar – e achar interessante – pode ser mais difícil do que se imagina. Acredito que aperfeiçoar habilidades já existentes funciona melhor do que tentar ensinar algo novo.

- Não tenha grandes expectativas. As atividades mais simples, com frequência, são as melhores, em especial se as pessoas usam as suas habilidades.
- Ajude a pessoa a começar a atividade. Detalhe a atividade, passo a passo, e incentive cada etapa que for completada.
- Verifique os sinais de irritação ou de frustração. Se eles estiverem presentes, gentilmente, distraia a pessoa e inicie outra atividade.
- Incorpore na rotina diária atividades que pareçam ser prazerosas e tente realizá-las sempre na mesma hora.
- Tire vantagem dos serviços de cuidado de adultos, que oferecem diversas atividades para as pessoas com Alzheimer, e permitem a você tirar uma folga da sua rotina como cuidador.

EXERCÍCIOS

Incluir o exercício na rotina diária pode trazer benefícios para o cuidador e para o portador do Alzheimer. Junto com a melhora da saúde, o exercício pode ser uma atividade compartilhada. Pense sobre atividades que ambos possam desfrutar, tais como caminhadas, natação, tênis, dança, brincadeiras com o cachorro, ou jardinagem.

- Escolha a melhor hora e lugar para a atividade.
- Seja realista. Comece devagar, com uma caminhada no quintal, por exemplo, antes de andar pelo quarteirão.
- Fique atento para os sinais de desconforto ou de esforço excessivo. Nesses casos, converse com o médico.
- Permita toda a independência possível, mesmo que isso signifique que o seu jardim perca alguma beleza, que a casa fique desarrumada ou que o jogo de tênis acabe empatado.
- Verifique quais são os programas disponíveis na sua cidade. Os centros para adultos mantêm cronogramas de atividades para as pessoas que gostam de fazer exercícios em grupo. Os centros esportivos locais, com frequência, mantêm grupos para caminhadas e academias para uso nos dias de chuva.

- Passe bastante tempo ao ar livre sempre que possível, pois a luz do sol e o ar fresco fazem bem ao sistema imunológico e ao humor. A atividade física ajuda as pessoas a dormirem melhor.

INCONTINÊNCIA

Um dos sinais de que o Alzheimer está progredindo é a incontinência, ou a incapacidade de controlar a bexiga e/ou o intestino. A incontinência pode ser frustrante e difícil para o cuidador. Algumas vezes, a incontinência é devida a condições físicas, tais como constipação grave (retenção de fezes no intestino), infecções ou a diabete. Portanto, assegure-se de conversar sobre o assunto com o médico.

- Estabeleça a rotina de levar a pessoa ao banheiro, e não esmoreça. Não espere que ela peça.
- Procure os sinais de que a pessoa quer ir ao banheiro, tais como agitação, ou puxar as roupas. Responda com rapidez.
- Seja compreensivo nos casos de acidentes. Isso é muito importante. Mantenha a calma e tranquilize a pessoa, se ela ficar perturbada. Se você prestar atenção em quando e como os acidentes acontecem, talvez consiga evitá-los.
- Para prevenir a enurese noturna, limite os tipos de líquidos com determinadas substâncias, tais como a cafeína, à noite, e assegure-se de que o paciente vá ao banheiro antes de ir para a cama.
- Se você vai sair de casa com o seu paciente, verifique, se possível, onde existem banheiros e vista a pessoa com roupas fáceis de colocar e tirar. Leve roupas extras para o caso de acidentes.

DIFICULDADES PARA DORMIR

Para um cuidador exausto, em geral, a hora de dormir não chega nunca. Para as pessoas com o Alzheimer, entretanto, essa pode ser uma hora difícil. Colocar e manter o indivíduo na cama pode requerer planejamento. Para ajudar essa atividade, faça isto.

- Reduza o passo das atividades à noite para incentivar o sono. Mantenha as luzes fracas e elimine os barulhos altos. Toque música suave, se a pessoa gostar.
- Tente estabelecer uma hora para ir para a cama todos os dias. Desenvolver uma rotina pode ser benéfico.
- Incentive os exercícios durante o dia e diminua o número ou limite o tempo dos cochilos.
- Mantenha luzes noturnas no quarto, banheiro e nas demais áreas da casa para evitar que o paciente se assuste, ou fique desorientado, e acabe caindo.

ALUCINAÇÕES E DELÍRIOS

À medida que o Alzheimer progride, o paciente pode ter alucinações e/ou delírios. Identificamos a alucinação quando o indivíduo vê, ouve, sente o cheiro ou sente algo que não é real. Os delírios são as falsas crenças, das quais as pessoas têm certeza. Algumas vezes, as alucinações, os delírios e a piora na confusão são sinais de problemas físicos – causados por infecções, desidratação ou efeitos secundários de medicamentos – portanto, registre o comportamento da pessoa e verifique a temperatura com termômetro. Discuta as suas observações com o médico. Você também pode fazer isto.

- Evitar discussões sobre o que o paciente vê, ou não. Tente responder ao que a pessoa está sentindo, tranquilizando-a e confortando-a.
- Tentar distrair a pessoa e mudar de assunto ou de atividade. Mudar de local ou sair de casa para uma caminhada pode ser uma solução.
- Desligar a televisão, no caso de programas violentos ou perturbadores. Pode ser que a pessoa com o mal de Alzheimer não consiga distinguir o programa de televisão da realidade.
- Assegure-se de que o paciente não tenha acesso a nada que possa ser usado para machucar os outros.

PERAMBULAR

Manter o paciente com Alzheimer seguro é um dos aspectos mais importantes da prestação de cuidados. Alguns portadores dessa doença têm a tendência de sair de casa e perambular sem rumo, sobretudo nos estádios tardios da doença. Saber o que pode ser feito para limitar esse problema pode impedir que a pessoa se perca na rua.

- Assegure-se de que a pessoa sob seus cuidados use um bracelete médico, ou carregue algum tipo de identificação. Se a pessoa se perder e não puder se comunicar de modo eficaz, essa identificação possibilitará o contato imediato com os cuidadores. Os telefones celulares têm GPS, e, sempre que possível, a pessoa com Alzheimer deve manter o aparelho consigo para que possa ser encontrada.
- Guarde uma foto recente do paciente para facilitar o trabalho da polícia, caso ele se perca na rua.
- Mantenha as portas fechadas. Use uma tranca interna, ou colocada na parte mais alta ou mais baixa da porta. Se a pessoa souber abrir a tranca, troque-a.
- Assegure-se de guardar tudo aquilo que possa ser perigoso, dentro e fora de casa.

SEGURANÇA RESIDENCIAL

Os cuidadores de pacientes com Alzheimer, com frequência, têm que vasculhar a casa para corrigir possíveis erros de segurança. Criar um ambiente seguro pode prevenir muitas situações estressantes e perigosas.

- Retire todas as trancas dos banheiros, de modo que a porta não possa ser fechada por dentro.
- Use trancas seguras nos armários da cozinha e em qualquer lugar que armazene produtos de limpeza, remédios ou outros químicos.
- Coloque etiquetas nos medicamentos e mantenha-os em local

trancado. Assegure-se de que facas, tesouras e outros objetos cortantes, isqueiros e fósforos estejam em local seguro e fora do alcance.

- Mantenha a casa livre de obstáculos. Retire tapetes e qualquer outra coisa que possa contribuir para quedas. Mantenha a casa iluminada, por dentro e por fora.
- Considere a instalação de botão automático de desligar o forno e não deixe a pessoa sozinha na cozinha, tanto se ela estiver no estágio moderado como no avançado do Alzheimer.
- Instale um alarme de incêndio.

OPERAR VEÍCULOS

Tomar a decisão de que uma pessoa com Alzheimer não pode mais dirigir carros é difícil. Mas, se essa hora chegar, você deve comunicar a decisão com cuidado e sensibilidade. Mesmo que a pessoa fique aborrecida com a perda da independência, a segurança é mais importante. Os sinais de que a atividade não pode mais ser desempenhada incluem o fato de o indivíduo perder-se em locais familiares, dirigir muito depressa ou lentamente, não obedecer aos sinais de trânsito ou ficar com raiva ou confuso.

- Seja sensível aos sentimentos da pessoa com relação à perda da capacidade de dirigir, mas seja firme sobre a impossibilidade de continuar a realizar a atividade. Seja consistente – não adianta permitir que ela dirija nos "dias bons" e a proibir de dirigir nos "dias ruins".
- Se necessário, peça ajuda médica. Pode ser que o paciente com Alzheimer encare o médico como uma "autoridade" e esteja disposto a parar de dirigir, por recomendação dele.
- Se necessário, guarde as chaves do carro. Se ficar com as chaves for importante para o paciente, mantenha o chaveiro e substitua as chaves.
- Quando todo o resto não funcionar, mude o carro para um local onde a pessoa não possa vê-lo nem acessá-lo.

CONSULTAS MÉDICAS

Os exames médicos regulares são importantes para o paciente com Alzheimer. Como cuidador, você verá que o planejamento pode facilitar a ida ao consultório. Recomendo isto.

- Tente marcar a consulta para um horário em que geralmente a pessoa se sente melhor. Pergunte aos atendentes qual é a hora de menor movimento.
- Avise ao pessoal do consultório que o paciente está confuso. Pergunte se algo pode ser feito para facilitar a estada no consultório.
- Só avise sobre a consulta no dia, ou pouco antes de sair. Fale com segurança e despreocupação.
- Leve lanches e bebidas para o paciente e qualquer jogo de que ele goste.
- Convide familiares ou amigos para irem junto, para que alguém possa cuidar do paciente enquanto você conversa com o médico.

LIDANDO COM AS FESTAS DE FIM DE ANO

As festas de fim de ano são tempos difíceis para muitos cuidadores de pessoas com Alzheimer, pois as lembranças dos tempos felizes podem contrastar com as dificuldades presentes e as demandas de tempo e esforço adicionais podem oprimir. Descansar o suficiente pode fazer uma enorme diferença, e você deve tentar isto.

- Manter ou adaptar as tradições familiares importantes e incluir a pessoa com Alzheimer, tanto quanto possível.
- Reconhecer que as coisas serão diferentes e ter expectativas realistas sobre o que pode ser feito.
- Incentivar amigos e familiares a fazerem visitas, mas estabelecendo um limite de pessoas por vez e marcando as visitas para os momentos em que a pessoa se sente melhor.
- Evitar aglomerações, mudanças na rotina e ambientes desconhecidos, que podem causar confusão ou agitação.

- Esforçar-se para se divertir. Tente achar tempo para fazer as coisas que você gosta, mesmo que para isso tenha que pedir a amigos ou familiares que fiquem com o paciente enquanto você estiver fora.

VISITAS ÀS PESSOAS COM ALZHEIMER

Como acontece com a maioria dos indivíduos, o portador do Alzheimer se beneficia com as visitas. Pode ser que não lembrem quem são as pessoas que o visitaram, mas só o fato de ter tido contato com outro ser humano já traz benefícios. Seguem algumas recomendações para quem planeja visitar alguém que sofre do mal de Alzheimer.

- Planeje a visita para a hora em que a pessoa se sente melhor. Considere levar livros, ou álbuns de fotos, mas esteja preparado para não usá-los.
- Permaneça calmo e tranquilo. Evite falar em voz alta ou dirigir-se à pessoa como se ela fosse uma criança. Respeite o espaço dela e não se aproxime muito.
- Tente estabelecer contato visual e chame a pessoa pelo nome para conseguir sua atenção.
- Se a pessoa estiver confusa, não argumente. Responda ao sentimento que está sendo comunicado e procure distraí-la.
- Se a pessoa não o reconhecer, não responda com raiva nem ache que é pessoal. É a doença falando, não a pessoa.

ESCOLHENDO A CASA DE REPOUSO

Dependendo do estágio do Alzheimer no qual a pessoa se encontra ao iniciar o meu **Programa de quatro pontos**, e da rapidez de resposta a ele, pode ser que, um dia, você não possa mais cuidar dela. Escolher o local de internação – casa de repouso ou similar – é uma decisão importante, e pode ser difícil saber por onde começar. Juntar informações sobre serviços e opções, antes de a necessidade aparecer, pode facilitar porque você terá mais tempo para explorar todas as possibilidades quando tiver que decidir. Faça isto.

- Verificar as opções disponíveis na sua região. Os médicos, os amigos e os familiares, os assistentes sociais de hospitais e as organizações religiosas podem ajudar a identificar essas instituições.
- Listar as perguntas que quer fazer ao pessoal dessas entidades. Analise o que é mais importante para você, por exemplo, as atividades que são oferecidas, se há transporte e unidades de atendimento especiais para pessoas com Alzheimer.
- Contatar os locais que mais lhe interessam e fazer visitas. Converse com a administração, com as enfermeiras e com os residentes.
- Observar a administração da instituição e verificar como os residentes são tratados. Visite, sem avisar, e veja se você ainda pensa do mesmo modo.
- Verificar os tipos de programas e de serviços oferecidos para as pessoas com Alzheimer e suas famílias. Informe-se sobre a qualificação dos profissionais que atendem os pacientes com demência e consulte a política sobre a participação da família no planejamento dos cuidados.
- Averiguar a disponibilidade de quartos, o custo e a forma de pagamento. Pode ser que você queira deixar o seu nome na lista de espera, mesmo que não esteja pronto para decidir sobre o cuidado de longo prazo.
- Uma vez que tenha decidido, assegure-se de que tenha entendido os termos do contrato e o acordo financeiro. Pode ser que você queira que um advogado revise os papeis e verifique se há multas financeiras se as condições físicas do seu familiar melhorarem com o meu **Programa de quatro pontos,** de tal modo que seja possível voltar para casa.

ADARDS – UMA NOVA VISÃO EM CUIDADOS PARA O PACIENTE

A Adards é uma casa de repouso para portadores de Alzheimer. Ela fica localizada no sopé de uma colina, na parte leste da praia de Hobart, na Tanzânia, Austrália, bem longe dos caminhos tradicionais – tanto geograficamente quanto da linha de frente dos cuidados para o Alzheimer. Entretanto, foi na Adards que os cuidados para a doença fizeram uma curva de 180 graus. Em vez de tentar "orientar o indivíduo para a realidade", o pessoal da Adards "orienta a realidade para o indivíduo".

Qualquer pessoa que cuide de pacientes com Alzheimer conhece a "hora do entardecer", ou seja, a hora do dia na qual as coisas começam a desandar, por razões desconhecidas. A manhã pode disparar as memórias do colégio, e as tardes dos fins de semana podem trazer lembranças do esposo. Por exemplo, uma paciente da Adards, todos os dias, no mesmo horário, chorava porque tinha que ir para o ponto de ônibus.

A resposta convencional seria lhe dizer que não existe ponto de ônibus, que estava confusa e, talvez, usar medicamento para acalmá-la. Na Adards, a solução foi instalar um ponto de ônibus em um dos jardins, onde a senhora podia ficar sentada, uma hora ou mais, perdida em pensamentos felizes até que a enfermeira lhe comunicasse que o ônibus havia quebrado e não passaria naquele dia. "Uma alma atormentada ficou feliz", afirmou um dos administradores.

Em caso similar, um homem, todas as tardes, se lamuriava por causa dos passeios de carro, nos fins de semana, que ele costumava fazer com a esposa. Para que esse senhor encontrasse paz, foi colocado um carro velho no pátio da casa de repouso para que ele pudesse reviver esses passeios, com o rádio ligado.

"Mentimos para as pessoas", admite o diretor de atividades da Adards. "Usamos a doença e tiramos vantagem dos prejuízos na memória de curto prazo dos nossos residentes. Nosso objetivo é manter as pessoas felizes." Essa felicidade é promovida de diversas outras formas, tais como a consideração para com a necessidade de perambular e a ocultação das medidas de segurança de modo a que os pacientes não sintam que estão presos e possam manter as suas dignidades; a compreensão de que os pacientes com Alzheimer retêm a capacidade de sentir e propiciar liberdade para que possam se levantar às 2 horas da manhã para tomar chá, se é isso o que querem.

A restrição médica raramente é usada na Adards, assim como a física, mesmo quando os pacientes ficam muito descontrolados. As conversas gentis ou as idas à praia substituem os medicamentos e as camisas de força.

"Não resta dúvida de que o projeto, o pessoal e os métodos usados na Adards são um ponto de partida para a melhor prática no tratamento da demência", afirma Glenn Rees, a diretora executiva nacional da Associação para o Alzheimer da Austrália .

Eu concordo plenamente.

CONSIDERAÇÕES FINAIS PARA HOJE E PARA O FUTURO

O FUTURO

O século 21 trará grandes descobertas para a prevenção e o tratamento da demência e de outras formas de doenças neurodegenerativas.

Essas descobertas surgirão nas seguintes áreas.

- Medicina nutricional
- Novos fármacos
- Vacinas
- Engenharia Genética
- Tecnologia de Computador
- Nanotecnologia

Com relação ao Alzheimer, esses tratamentos futuros precisarão enfocar a proteção, o reparo e o aperfeiçoamento das partes do cérebro relacionadas com a memória e o pensamento – ou seja, os lobos frontal e temporal e o hipocampo. Falamos sobre o hipocampo na página 19, uma área do cérebro fascinante. É no hipocampo que a memória de curto prazo é transformada em de longo prazo, por meio de um processo chamado consolidação. Podemos descrevê--la como a transformação da memória passageira em permanente, sendo que, durante esse processo, as novas conexões entre as células cerebrais tornam-se permanentes (ou quase). Isso pode ser descrito como "gravação de novas memórias no cérebro". As pessoas com demência não têm a capacidade de gravar memórias. Os tratamentos futuros deverão priorizar o hipocampo para proteger e/ou restaurar essa função.

No futuro, muitos avanços no aperfeiçoamento das funções de memória no cérebro humano serão gerados no campo de Tecnologia de Computadores e Nanotecnologia. Pode ser que seja possível conectar um mecanismo de busca (como o Google) no cérebro humano que permita a evocação rápida dos fatos; na verdade, isso faria com que ficássemos superinteligentes! Para tornar uma "memória de mecanismo de busca" funcional, os programadores teriam que converter as experiências pessoais (o eu) em dados de computador, disponíveis à evocação.

OBSTÁCULOS PARA TRATAMENTOS MAIS EFICAZES E A POSSÍVEL CURA

1. O excesso de regulação na fabricação de suplementos nutricionais pelo governo e pelas empresas farmacêuticas. Isso faz com que os suplementos fiquem cada vez mais caros e não sejam acessíveis àqueles que precisam.

2. Tempo – os primeiros fármacos para a memória estão nos estádios iniciais de estudos clínicos, e, talvez, demore uma década para que eles sejam disponibilizados no mercado. Atualmente, não sabemos quais são os danos que o uso prolongado desses fármacos poderá trazer para o cérebro.

3. Os conflitos éticos entre os pesquisadores, os governos e as instituições religiosas podem desacelerar o progresso de pesquisas vitais na engenharia genética. Isso seria desastroso, porque a Engenharia Genética oferece esperança real para a prevenção e/ou reparo da demência.

4. A falta de recursos para a pesquisa; pergunte a qualquer pesquisador, e ele dirá que esse é o maior obstáculo. Os governos, as empresas farmacêuticas e a comunidade precisam agir de forma mais enérgica para obter incentivos financeiros para a pesquisa sobre a demência.

Refleti muito sobre um final para este livro e sobre o que eu poderia dizer neste espaço. Enquanto conversava comigo mesma, as primeiras coisas nas quais pensei foram as estatísticas e como milhares de pessoas sofrem com essa doença terrível. É difícil não lembrar, também, as pessoas que serão vítimas do Alzheimer na próxima geração, e de como, para cada vítima, existem 5 ou 10 pessoas, ou mais – familiares e amigos – que sofrerão também, e muito.

Há pesquisas sobre as causas e o tratamento para o Alzheimer, que são os objetivos de estudiosos das mais renomadas universidades do mundo. Esse é um assunto que, com certeza, faz parte do cenário geral do Alzheimer e sobre o qual penso com frequência. Além disso, há a idiossincrasia da própria doença – por que algumas pessoas ficam doentes e outras não... a fisiologia do desenvolvimento silencioso e terminando com a morte cerebral... os fatores de risco genéticos *vs* os fatores de risco do estilo de vida.

Para a maioria das pessoas, incluindo muitos profissionais da área médica, o Alzheimer é uma doença surpreendente. Por inúmeros motivos, na verdade.

Mas, como venho pesquisando o assunto nos últimos anos, fiz descobertas e cheguei a conclusões que levaram ao desenvolvimento do meu **Programa de quatro pontos**. Verifiquei que podemos falar (e, no meu caso, escrever) sobre o Alzheimer, indefinidamente. Entretanto, há pontos-chave que se sobressaem.

O mais importante é que o Alzheimer não deve ser encarado como uma sentença de morte automática ou o fim de qualquer prazer da vida. Por mais de um século, pois a doença só foi identificada e nomeada no início da primeira década de 1900, a comunidade médica acreditou que não havia como prevenir o Alzheimer e que, se a pessoa ficasse doente, estaria condenada à morte. Sem dúvida. Com o meu **Programa de quatro pontos**, retiramos o incontestável da equação e, pela primeira vez, pode haver um caminho para deter o Alzheimer antes que ele se inicie, ou, pelo menos, desacelerar, em muito, a destruição do cérebro. Isso nos permitirá atrasar o início da demência de modo que os pacientes, provavelmente, morrerão de outras causas, tais como infartos, com as capacidades mentais intactas. Além disso, as pessoas que apresentam sintomas de demência podem seguir um programa científico para salvar suas mentes, aumentar a expectativa de vida e, melhor ainda, levar vidas que valham a pena.

A prevenção do Alzheimer é a estratégia mais importante – e a razão principal do estímulo para escrever este livro – mas, ao mesmo tempo, devo enfatizar a necessidade de aplicar o meu **Programa de quatro pontos** para tratar as pessoas que já estão sob a influência do mal de Alzheimer e do seu poder de devastar o cérebro. Como parte desse processo, saiba que não importa quanto o Programa vai funcionar para o seu paciente com Alzheimer, mas esteja ciente de que os resultados serão melhores se for aplicado com amor.

GLOSSÁRIO

Mal de Alzheimer – Uma desordem cerebral progressiva que destrói gradualmente a memória e a capacidade de aprender, de raciocinar, de emitir julgamentos, de se comunicar e de desempenhar as atividades diárias. À medida que o Alzheimer progride, as pessoas podem passar por mudanças na personalidade e no comportamento.

Antioxidantes – São substâncias produzidas pelo organismo, ou sintéticas, que ajudam a proteger as células dos efeitos danosos dos radicais livres, que são compostos reativos produzidos durante o metabolismo celular normal.

Gene ApoE4 (apoliproteina E4) – Um fator de risco – dentre muitos – para o início tardio do Alzheimer. Como qualquer outro fator de risco, essa variação quatro do gene ApoE aumenta a probabilidade de ocorrência do Alzheimer... entretanto, não deve ser interpretado como se a pessoa, obrigatoriamente, tenha que ter a doença.

Axônios – São minúsculas células nervosas – parecem com contas em um colar – que despontam das células do cérebro e conduzem os impulsos de uma célula para a outra.

Placas beta-amiloides – São depósitos densos de proteína que se unem e se misturam com as células do cérebro, interrompendo a comunicação. As placas beta-amiloides prevalecem nos cérebros dos pacientes com Alzheimer.

Biomarcadores – São substâncias existentes nos líquidos corporais – sangue, urina ou líquor – que podem ser medidas para determinar se a pessoa tem uma determinada doença ou condição médica.

Cognição – O ato ou o processo de saber, que inclui a consciência e o julgamento. Simplificando: ter capacidade cognitiva significa conseguir entender as coisas e tomar boas decisões.

Exame de CT – É a tomografia computadorizada do cérebro, que permite aos médicos buscar evidências de tumores, de acidentes vasculares cerebrais, de coágulos e de redução de tamanho do cérebro.

Dendritos – Cada célula cerebral possui diversos dendritos – que parecem galhos de árvore – para receber as mensagens encaminhadas pelos axônios das outras células cerebrais.

DHEA – Hormônio produzido pelas glândulas suprarrenais, reconhecido por suas propriedades antienvelhecimento.

Ácido fólico – Chamado de folato quando ocorre naturalmente nos alimentos, o ácido fólico está relacionado com as vitaminas B e é essencial para o desenvolvimento e a manutenção do cérebro e do sistema nervoso.

Homocisteína – Uma proteína tóxica que causa dano ao cérebro. O excesso de homocisteína é causado por deficiências de ácido fólico e de outras vitaminas B.

Isoprostano –Marcadores de dano celular causados por radicais livres. Podem ser medidos tanto no sangue quanto na urina.

Melatonina – Hormônio produzido pela glândula pineal que ajuda a regular o sono.

MRI – O exame de ressonância magnética é uma técnica diagnóstica que gera imagens detalhadas e transversais da anatomia humana, inclusive do cérebro.

Mielina – Uma faixa de gordura que isola os axônios das células nervosas e ajuda a acelerar as mensagens no cérebro.

Nanotecnologia – O processo de manipulação de materiais, em escala molecular, para criar novos produtos que possam permitir a comunicação entre estruturas feitas pelo homem e pela natureza para unir o mundo das coisas vivas com o das sem vida. Quando aplicado ao campo da Medicina, a Nanotecnologia poderá, um dia, criar microcomputadores – ou nanorrobôs – que poderão viajar pelo sistema de circulação do homem, encontrando e matando cânceres, limpando as artérias ou, com relação ao Alzheimer, reparando os danos nas células do cérebro.

Novelos neurofibrilares – Os novelos são fibras retorcidas que se desenvolvem dentro e ao redor das células nervosas do cérebro. Eles interferem no sistema interno das células, orientando os nutrientes do corpo da célula até o axônio e de volta. Os novelos estão presentes em números fora do normal no cérebro dos pacientes com Alzheimer.

Neurônios – São células nervosas que formam a estrutura funcional do cérebro. Um neurônio consiste de um corpo celular, um axônio e dendritos – e é por meio da comunicação de bilhões de neurônios que podemos fazer tudo o que fazemos, desde enxergar, a falar, respirar e andar.

PET – O exame PET (tomografia por emissão de pósitrons) produz imagens da atividade cerebral, em vez de mostrar só as estruturas do cérebro.

Fosfolipídios – São gorduras vitais para a saúde do cérebro e do sistema nervoso. Junto com o colesterol, os fosfolipídios formam a bainha de mielina que isola os axônios.

Presenilina 1 – Um gene herdado que, quando presente, pode aumentar a probabilidade de ocorrência do Alzheimer de início precoce.

Selênio – Um mineral encontrado naturalmente em alimentos e como suplemento. Esses alimentos incluem os grãos integrais, a castanha-do-pará, frutos do mar e cogumelos. É um antioxidante poderoso e essencial na preservação do cérebro.

Tau – Uma proteína encontrada no líquido cefalorraquidiano que é liberada à medida que os neurônios do cérebro (células nervosas) se degeneram. Altos níveis dessa proteína podem ser um sinal da presença do Alzheimer.

ÍNDICE

A

Acidente vascular cerebral 49
Ácido fólico 142
Ácidos graxos ômega 3 131
Ácidos graxos ômega 6 132
Acuidade mental 99, 223
Adards 258
Alho 213
Alimentação 249
Alimentos com alto teor de antioxidantes 138, 141
Alucinações 252
Alumínio 53
Antioxidantes e o cérebro 136
Apneia 56
Aptidão mental 229
Aspartame 145
Atividades 249
Avaliação mental 95
Axônios 35

B

Bacopa monnieri (brahmi) 209
Banho 247
Bebidas batidas 200

C

Causas da perda de memória 11
Cérebro com o mal de Alzheimer 39
Cérebro normal 27

Chá 215
Colina 145
Colocar roupas 248
Comunicação 246
Considerações finais 259
Cuidados 244
Cúrcuma 214

D

Dendritos 35
Depressão
.... e demência 58
.... e o Alzheimer 66
.... lista de verificação 60
.... sintomas 62
.... tratamento 63
DHEA 240
Diabete 47
Dieta 53
Dificuldades para dormir 251
Disfunção tireoidiana 52

E

Escolhendo a casa de repouso 256
Estimulação mental
.... bebidas batidas 200
.... suplementos 204
Estímulo mental 219
Estudos clínicos 233
Exames de imagem do cérebro 91
Exercícios 250

F

Fatores de risco para o Alzheimer 45
Festas de fim de ano 255
Filtro de água 144
Forno de micro-ondas 144
Fosfatidilserina 215
Fosfolipídios 134
Futuro do tratamento para o Alzheimer 259

G

Genética
.... fatores 55
.... teste 89
Ginkgo biloba 208
Glicose no sangue 145
Gorduras
.... e o cérebro 122
.... proporção saudável para o cérebro 122
.... deficiência de 123

H

Hemisférios cerebrais 29
Hipocampo 33
História médica 87

I

Incidência do mal de Alzheimer 47
Incontinência 251
Inibidores de colinesterase 236

J

Jogos com palavras 228
Jogos para o cérebro 219

L

Lecitina 212

M

Magnésio 218
Mal de Alzheimer
.... alterações cerebrais 40
.... avaliação mental 95
.... e depressão 66
.... fatores de risco para 45
.... frequência 22
.... grave 82
.... início precoce 89
.... início tardio 90
.... leve 79
.... moderado 80
.... os quatro estádios do 42
.... sinais de alerta 71
.... sintomas de 68
.... testes para 84
Margarina 146
Medicamentos 233
.... anti-inflamatórios 240
.... redução do nível de colesterol 242
.... uso de drogas e álcool 54
Médico
.... consulta 255

Melatonina ... 89
Memória
... fármacos para melhorar ... 260
... perda ... 11
... perda anormal ... 20
... perda, causas ... 11
... como melhorar ... 16
Mudanças nos pacientes com Alzheimer ... 68

N

Neurônios ... 35
Neurotransmissores ... 15, 37
Novelos neurofibrilares ... 40

O

Obstáculos para os tratamentos futuros ... 260
Óleo de peixe e cérebro ... 124, 210
Operar veículos ... 254

P

Peixes com alto teor de ômega 3 ... 147
Perambular ... 76
Peso do cérebro ... 205
Pesquisa da Clínica Mayo ... 94
Placas beta-amiloides ... 40
Pressão alta ... 51
Programa de quatro pontos ... 104
Ponto 1. Estilo de vida ... 104
Ponto 2. Alimentos & Receitas para o cérebro ... 120
Ponto 3. Suplementos para estimular o cérebro ... 204

Ponto 4. Jogos para o cérebro 219

Q

Quatro estádios do Alzheimer 42
Químicos 144

R

Radicais livres e o cérebro 135
Receitas de sucos crus 194
Receitas para salvar o cérebro 146

S

Segurança residencial 253
Selênio 212
Sinais de alerta do Alzheimer 63
Síndrome metabólica 47
Sintomas
.... do Alzheimer 68
.... mais comuns 73
Suplemento de aminoácidos 218
Suplementos para o cérebro 204
.... tipos de 207

T

Tabela de antioxidantes 143
Tabelas de fármacos 238, 239
Terapia hormonal 240
Testes de avaliação mental 95
Testes laboratoriais para o Alzheimer 84

Teste para o mal de Alzheimer 84
.... testes genéticos 89
.... testes de imagem 91
.... testes de laboratório 88
.... testes que não devem ser realizados 101

U

Uso de drogas e álcool 54

V

Vinpocetina 216
Vírus 56
Visitas 256
Vitamina B 211
Vitamina C 208
Vitamina E 208

Z

Zinco 217